翱翔 神舟我领航

一位神舟飞船专家的故事

陈祖贵　著

宁夏
黄河出版传媒集团
宁夏人民出版社

图书在版编目（CIP）数据

翱翱神舟我领航／陈祖贵著. — 银川：宁夏人民
出版社，2012.1
ISBN 978-7-227-05073-5

Ⅰ.①翱… Ⅱ.①陈… Ⅲ.①陈祖贵–自传 Ⅳ.
①K826.16

中国版本图书馆 CIP 数据核字 (2012) 第 000111 号

翱翱神舟我领航　　　　　　　　　　　　　　　　陈祖贵　著

责任编辑　唐　晴　刘建英
装帧设计　项思雨
责任印制　李宗妮

黄河出版传媒集团
宁夏人民出版社　**出版发行**

地　　址　银川市北京东路 139 号出版大厦（750001）
网　　址　http://www.yrpubm.com
网上书店　http://www.hh-book.com
电子信箱　renminshe@yrpubm.com
邮购电话　0951-5044614
经　　销　全国新华书店
内文制作　成都圣立文化传播有限公司
印刷装订　四川西南建筑印务有限公司

开本　700mm×1000mm　1/16　　印张　20　　字数　300 千
印刷委托书号（宁）0009193　　印数　2000 册
版次　2012 年 2 月第 1 版　　印次　2012 年 2 月第 1 次印刷
书号　ISBN 978-7-227-05073-5/K·679

定　　价　42.00 元

神舟六号回收后和青年科技人员合影(4位博士)

神舟五号飞船发射成功后
回京在北京西郊机场合影

神舟六号执行飞控任务期间
和青年科技人员合影

神舟五号在酒泉卫星发射中
心结义的三人合影

神舟五号飞船转运到垂直总装厂房的转运途中

神舟五号飞船穿上船衣好像新嫁娘

奔向太空

神舟五号飞船腾飞——中国人圆飞天梦

神舟六号飞船成功回收后和航天科技集团公司正副总经理合影

神舟七号飞船发射期间和航天科技集团公司正副总经理合影

神舟五号发射期间和沈荣骏中将、王永志院士等合影

神舟五号飞船成功回收后和"两弹元勋"王希季(右2)、屠善澄院士(右3)在北京航天城合影

热爱中国的奥地利老人、
我的好朋友克林格尔太太

在德国友人许太太家做客

德国朋友乌尔夫先生等三人到我 40 平方米陋室做客

1992 年，参加国际会
议时和美国著名航天专家德
布拉教授以及我国"两弹元
勋"杨嘉墀院士合影

神舟六号发射期间接受台湾东升电视台卢秀芳女士采访

神舟六号发射期间接受台湾东升电视台卢秀芳女士和中央电视台著名主持人白岩松采访

神舟五号飞行试验成功后和航天英雄杨利伟合影

神舟六号飞船成功回收后和英雄航天员费俊龙（左）、聂海胜（右）合影

1980年，实践二号卫星系统试验

1983年，专心研究工作

1992年，在返回式卫星发射成功总结会上发言

1990年，在返回式卫星方案讨论会上作报告

1994年，在成果鉴定会上作报告

1996年，在飞船工作计划会上

1998 年，在实验室做飞船控制系统的数学计算

1999 年 10 月，在神舟一号飞船故障分析会上发言

1999 年，神舟一号飞船发射期间在酒泉卫星发射中心

1999 年，神舟一号飞船发射期间和
范如鹰研究员讨论技术问题

2002 年，神舟二号飞船发射临射前和战友讨论技术问题

2007 年，神舟七号飞船发射晚上值班，站好最后一班岗

目 录

第二辑 那些充满阳光和历经风雨的日子 ● ● ● ● ● ● ●

PIANPIANSHENZHOUWO
LINGHANG 第一辑

翩翩神舟我领航 〉〉〉

你真神，你说飞船能回来，
飞船就真的回来啦

　　1999 年 12 月 10 日，神舟一号飞船试验队的专列返回北京，南苑火车站前挤满了欢迎的人群，我也加入了迎接胜利归来的战友的行列。

　　站前广场上空浮着两个红色大气球，气球下悬挂着两条醒目的大标语，一条是"热烈庆祝神舟一号飞船发射回收成功!"，另外一条是"热烈欢迎神舟一号飞船试验队胜利归来!"。

　　中午 12 时，随着一声汽笛长鸣，神舟一号试验队的专列徐徐进站，手持鲜花的男女青年和欢迎的人群纷纷拥上站台，战友们热烈拥抱，互相祝贺。在站台上，我与结拜的三妹王南华（我国著名的女航天控制专家）以及四弟范如鹰（我国著名的计算机软件专家）正在一起照相留念，这时一个试验队员从人群中挤了过来，将手中的鲜花献给了我。过来的队员是五院机关的老孙，他紧紧握住我的手说："陈老总，你真神，你说飞船能回来，飞船就真的回来啦!"

　　我紧握老孙的手用四川口音笑着说："啥子老总哦，格老子是假的，你千万别这样叫，弄不好，王海打假打到我头上来啦。"

　　我这样说，绝不是谦逊，实际上我真的不是老总，我从来也没有当过什么老总，没有当过总设计师。

　　"不! 不! 你是我们心目中的真老总!"老孙非常认真地说。

　　说起人们为什么叫我"老总"，其实这是沾了我的家门、老乡陈毅元帅的光。陈毅元帅是四川人，我也是四川人，人们叫陈毅元帅老总，所以也带着把叫我陈老总。

　　不过飞船系统的战友们说之所以叫我"老总"，不仅是因为我和陈毅是老乡，还因为我的技术水平以及四川人火辣辣的性格。我认为正确的事，就"一根筋"据理力争，坚持到底，是有名的"炮筒子"，特别是我不畏权势、

宁折不弯、坚持真理的性格，使我赢得了"尊称"。

在神舟载人飞船的研制队伍中，几乎没有一个人不知道我这个"假"老总的。

为什么老孙要说"陈老总，你真神，你说飞船回来，飞船真的就回来了呢"？

故事得从1999年我国要发射神舟一号飞船说起。那一年的6月份，在神舟一号出厂发射前夕，中国载人航天工程办公室的领导要我到中国载人工程办公室去汇报工作。

神舟一号飞船是一艘试验飞船，飞船制导、导航和控制分系统是载人飞船的关键分系统，它负责完成飞船的全部飞行控制任务，由它把飞船从太空控制回来，该系统对于载人飞船来说太重要、太关键了。神舟一号试验飞船的主要试验项目就是飞船的返回控制技术，说穿了就是为制导、导航和控制系统做返回控制技术试验的。制导、导航和控制系统关系到能不能够把飞船安全地控制回来，神舟一号试验飞船能不能完成预定的飞船返回试验任务，主要取决于该系统。我负责的系统正常与否是这次飞行试验成功与否的关键，因此，中国载人航天工程办公室领导要对我进行单个教练，主要的问题是能不能够把飞船安全地控制回来。

我认为这是事关全局的问题，不应该让我这个普通的技术人员来回答，如果飞船的总设计师或者飞船的总指挥们不去回答，至少也应该由具体负责制导、导航和控制系统的飞船副总设计师去回答。我向上级领导反映了自己的意见，飞船工程的领导不同意，就是要我一个人去汇报。

我认为这个问题非常重大，关系到神舟一号飞船能否发射，由我一个人去汇报不太合适，又提议请总公司、院所一级领导派一个人和我一同去，以便遇到难以回答的问题时好有人商量商量。总装备部921工程办公室的领导坚持只要我一个人去。这时我才明白，领导要听我这个长期在基层第一线干具体技术工作的人的汇报，怕有基层的领导在场我不说实话。

在取得飞船总设计师戚发轫的同意后，我一个人去接受中国载人航天工程办公室领导的单个教练。汇报的地点是回龙附近的一家宾馆。在会议室门口迎接我的是中国载人航天工程的领导、副总师陈炳中，总装备部921工程办公室主任谢茗苍少将，副主任林树少将以及921办公室的工程技术人员，其中有冉隆燧、周晓东和包贤栋等，都是老熟人、老朋友。

谢主任首先讲话，他说："老陈，今天这个会是一个调查会、研究讨论会，今天请你来的主要目的是要了解你们 GNC 系统准备工作的进展情况。要在今年九十月份发射神舟一号飞船，看你们 GNC 系统是否具备了出厂发射的条件。你们还有什么困难，包括技术上的和物质上的，有没有问题需要我们921 办帮助解决。"

谢主任停了一下，看了看我，接着往下说："你应该知道，今年中央政治局拟定了三大政治任务：一个是建国 50 周年大庆，第二是庆祝澳门回归，第三就是发射神舟一号飞船。完成前面两个政治任务没有问题，而发射神舟一号飞船这一重要政治任务能否胜利完成，老陈，在很大程度上就要看你们GNC 系统的啦。神舟一号飞船又叫做返回技术试验飞船，也就是说试验我国GNC 系统的飞船返回控制技术。你们 GNC 系统的性能和表现直接关系到这次飞行试验的成败，关系到今年我国三大政治任务的完成。当前整个神舟一号飞行试验工程的短线在于飞船系统，飞船系统的短线又是你们 GNC 系统，因此你们 GNC 系统是整个神舟一号飞船飞行试验的短线中的短线。你是 GNC 系统的主任设计师，是这方面的航天控制专家，我想问你一个直截了当的问题，就是到时候你有没有把握从太空把神舟一号飞船安全地控制回来？"

面对这样一个重要的问题，一向心直口快的我，这下可愣住了。这个问题在当时实在不好回答，因为当时飞船控制系统的软件还没有编完，系统试验更谈不上做完，而且还有几个重要的技术问题没有彻底解决。如果回答说到时能够把飞船控制回来，那也太不负责，因为参加飞行试验的控制系统还没有研制出来；如果回答到时候没有把握把飞船控制回来，肯定会影响领导下飞船出厂发射的决心。这个问题直接关系到神舟一号飞船的发射，直接影响当年我国三大政治任务的完成。我低头思考，很长时间没有吭声，在考虑如何回答谢主任的问题。

看着谢主任等领导同志期待的目光，经过长久思考之后，我终于抬起头来，回答道："谢主任，从理论上讲，我看神舟一号试验飞船有可能回来。"

谢主任听了摇摇头说："老陈，你这话等于没有说，理论上回得来是什么意思？我问的是神舟一号飞船回得来回不来，而不是理论上回得来回不来的问题。"

我说："谢主任，你提的问题我知道，但是目前我只能这样回答。我说理论上回得来是因为我国已经成功发射回收了 16 颗返回式卫星，其中有 7 颗卫

星的姿态控制系统都是由我负责设计的，它们都成功地回来了，我设计的航天器从老大到老七都回来了，还怕老八它回不来吗?! 何况在飞船的制导、导航和控制系统中，我们不仅采用了我国返回式卫星的成功经验，而且在提高可靠性上下了很大的功夫，性能上有了很大的改进，所以我说理论上讲可以回得来。那为什么又说是理论上回得来呢? 因为到目前为止我们的软件还没有编完，我们的系统试验还没有做完，我们的控制系统方案设计得再好，但是如果软件编制没有按系统设计要求来编制，系统技术设计不符合方案设计要求，那方案设计再好也没用。软件编制有没有按系统设计要求来编制，系统技术设计符不符合方案设计要求，这些问题都要等软件编制完成，并且经过评测，做完系统试验之后，才能得出能否把飞船安全控制回来的结论。目前还有另外 5 个技术问题没有解决，有的问题不是技术问题而是人际关系问题，作为技术人员我是解决不了人际关系问题的，这些问题还要请你们领导来协助解决。因此目前我只能实事求是地讲，神舟一号试验飞船理论上回得来，而不能说，保证回得来。"

我接着又一个一个地详细汇报了需要解决的技术问题。

谢主任又问:"从现在起到飞船发射还有 4 个多月的时间，在这期间你们能否把软件编制、系统试验做完，并将那 5 个技术问题解决掉呢?"

我用坚定的口气回答说:"软件到目前为止基本上编完，主要的工作是完善和提高软件的可靠性，我看最多还有一个月的时间就可以全部完成。系统试验其实已经做了一部分，再有一个月就可以完成。至于其他 5 个技术问题，其中有一个是属于管理问题，只要得到领导支持，很好解决，剩下的 4 个技术问题我们可以在发射前全部解决，请领导放心。"

到了第二天，总公司飞船办公室主任又单独召见了我，要我回答的同样是这个问题。

回来后，我向研究所的领导和负责 GNC 系统的飞船副总设计师汇报了这两次被领导召见的情况。

这次的工作，时间是如此的紧迫，任务是如此的艰巨，责任又是如此之大，关系到中央三大政治任务的完成，让我深感身上的担子重、压力大、责任大。

当时工程领导常说:"载人航天工程的短线在飞船，飞船的短线在制导、导航和控制系统，而制导、导航和控制系统的短线又在软件。"

这无形中给我们增加了压力。整个飞船看着我们的 GNC 系统，整个国家在看着我们的 GNC 系统！

既然飞船 GNC 系统计算机软件是整个载人飞船工程中短线中的短线，那就集中主要的技术力量进行软件的攻关，下决心要在飞船发射前两个月拿出合格的软件。

在攻关的动员会上我传达了两次领导召见的情况，我激动地说："我们所承担的工作关系到神舟一号飞船飞行试验的成败，关系到我国今年三大政治任务的完成，责任之大，犹如泰山压顶。工作责任大说明我们承担的工作重要，承担的工作光荣。我们这支队伍在返回式卫星的研制中经受过锻炼，立下过赫赫战功，我们一定要在飞船发射前拿出合格的 GNC 系统，也一定能够拿出合格的 GNC 系统，用神舟一号飞行试验的圆满成功向党和人民交出一份完美的答卷，在圆我中华民族几千年飞天梦想的伟业中建立新功。"

在 1999 年的 6—7 月间，我和 GNC 系统的方案设计人员、技术设计人员、软件研制人员、系统试验人员和软件评测人员共 30 多人全部集中到唐家岭中国航天试验中心，一场拼速度抢时间的 GNC 系统软件研制会战开始了。

在以后的 30 多天时间里，我和 30 多个攻关技术人员吃在唐家岭、住在唐家岭、战斗在唐家岭。当时位于北京唐家岭的航天城中国空间技术试验中心刚刚建成，生活条件相当差。全体参试人员团结一致、不分你我、大力协同、共同攻关，为了一个共同的目标——就是要在 1999 年 8 月 20 日前完成 GNC 系统的软件编制和系统试验任务。

老陈，你们控制系统的姿态发散了

越忙越出乱子，在这期间又发生了 GNC 系统姿态控制系统发散的重大技术问题。在整个飞船进行电性能的联合试验时，发现飞船的姿态不能稳定在正常运行姿态附近，而是越来越偏离正常运行姿态，这个问题技术上叫做姿态发散。如果在太空飞行时发生这个问题，飞船就会找不到方向，肯定不能返回地面，这是一个重大技术问题。这个问题在通知我以前就被直接汇报到了国家航天工程办公室，飞船工程总体室的领导亲自给我打电话过问此事。我当时很生气，心想这样的技术问题为什么不先通知我们，就直接捅到上面

去了呢?

我在电话里说:"我们的系统肯定不会发散,这个技术已经经过了7颗返回式卫星飞行试验的考验,已经是成熟的技术,肯定不会发散!"

飞船工程总体室的领导说:"你说不会发散,那就请你到试验现场来看一看吧。"

我感到很纳闷,心想,这个技术在7颗返回式卫星上都用过,都没有问题,都非常成功,姿态控制得非常稳定,非常精确,为什么把它用到载人飞船上就不灵了呢?我急忙赶到试验现场,向有关技术人员问明了试验的情况,查阅了试验记录数据和试验记录曲线。当我看到飞船姿态控制系统试验的记录曲线时,这下可傻眼了,脸立刻沉了下来,飞船姿态确实是发散啦!

经过仔细分析研究,我和战友们通过短暂的讨论,立刻发现问题所在,脸上的阴云消去了。我抬起头来对在场督战的工程领导说:"问题的原因我们知道了,我们姿态控制系统没有问题,问题出在地面设备上,地面设备不会随着飞船上天,因此天上不会出这个问题,方案没有问题,没有必要修改。"

"明明飞船姿态发散了,你怎么说你的控制系统没有问题呢?你怎么证明你的方案没有问题,而是地面设备的问题呢?"工程领导问道。

我回答道:"我这样说,当然有根据,看看这个试验记录曲线你就清楚了。你看看地面飞船动力学仿真计算机输出的飞船姿态是多少,再看看飞船控制计算机算出的飞船姿态是多少。飞船控制计算机没有及时反映飞船真实的姿态,它总要过一段时间才能算出前一时刻的姿态,这个时间差,我们叫做时间延迟。这个问题就是由系统时间延时过大引起的。整个飞船在做系统试验时,用了多台计算机,计算机间通讯产生了信号的传播时间延迟,使系统间的延时环节增多,引起整个系统的时间延时过大。而我们的姿态控制发动机是开关式的喷气式发动机,用开关式的发动机最怕系统时间延时,所以在飞船整船系统试验时会引起姿态控制系统发散。这样的系统天上飞行时没有地面这样多的测试用的计算机,没有这样大的延时,飞船在轨道上飞行时肯定没有这个问题。"

接着我又通过仿真试验来证明我的判断是正确的。

可是飞船姿态失控将直接影响飞船飞行试验的成败,像这样重要的问题,你一句话说天上没有这个问题,领导就放心啦?肯定不行!在地面就必须解决。要做到天上行、地面也行,领导才放心。这也是领导通常所说的要"眼见为实"。工程领导说："现在时间很紧，希望你们在两天内解决这个问题，最好今天就能解决。"

系统的延时大是非线性开关式控制系统中最难解决的问题。两天内解决这个问题谈何容易！

我和战友孙承启教授等从返回式卫星就开始研究这类问题，像这类控制系统设计中的重大难题，在我们的脑子里早就挂了号。问题的机理清楚，解决问题的措施心中就有了数。

我和老孙等商量后，对工程领导说："用不到两天时间，半天就够了，今天下午就完成修改任务。"

这个问题不到一天的时间就解决了。我们拿出了解决方案，在计算机上进行数学仿真计算，证明解决问题的措施确实有效。经上级审查批准后，修改软件，再进行系统试验，最后彻底解决了这个问题。

在解决了这个问题后，我和有关领导开玩笑说："这个技术问题是富贵病引起的。我们在研制返回式卫星时，由于经费紧张，地面设备比较简单，一般用一台 PC 机进行系统测试，因此地面测试设备引起的时间延迟比较小。现在可不一样了，由于钱多了，地面测试设备已经今非昔比了，计算机相当普及，航天器的地面测试普遍采用了地面计算机联网技术。用多台计算机完成过去用一台计算机完成的系统试验任务，因此计算机间的通讯时间延时就成了问题。不是常说要与时俱进嘛，我看我们的飞船卫星试验技术也到了该与时俱进的时候啦！"

在酒泉卫星发射中心

我们不分白天黑夜地奋战在 GNC 系统试验室，解决了一个又一个的技术难题。飞船于 1999 年 7 月 20 日准时出厂，我和一部分同志乘专列随大队人马一道奔赴酒泉卫星发射中心，其余的同志留在唐家岭继续完成 GNC 系统的软件编制任务。留下的技术人员由 GNC 系统副主任设计师范如鹰负责，他们的任务是在 8 月 20 日前把合格的计算机软件送到酒泉卫星发射中心。这在中国和世界航天史上可能真是开天辟地第一次，也可能是空前绝后的一次，在控制系统的软件没有编制好、控制系统试验没有做完之前，飞船就运到发射场

准备发射。

一个月后，留在家里的同志完成了软件编制任务，将神舟一号试验飞船的 GNC 系统软件按时送到了发射基地。

在基地用正式的 GNC 系统软件做系统试验，一开始就遇到麻烦，不是与地面通讯有问题，就是接收不到其他系统发来的数据或指令，解决这些问题都需要时间。整个试验队伍都看着 GNC 系统，等着 GNC 系统，你可以想象 GNC 的研制人员心里是多么着急。大戈壁滩上骄阳似火，天气异常炎热，加之工作劳累紧张，压力又大，负责软件研制工作的 GNC 副主任设计师范如鹰研究员满嘴长满了泡，还要加班加点地工作。

那时候我们起早摸黑，加班加点，非常辛苦。到食堂吃饭，我们总是最后一批。食堂的大师傅说："GNC 系统的人来了，后面就没有人啦。"

我们面临的外界压力，有时实在难以承受。把一个按规定不能上天的电性能试验飞船拿来发射，在关键的控制系统没有试验完，软件处于研制阶段，就把飞船运到发射场发射，这是打破常规的事。在这样的条件下，飞船的控制系统在试验时会不出问题吗？

飞船控制系统在飞船工程中非常重要，所以，飞船工程领导不止一次对 GNC 系统的研制人员说："神舟一号飞船飞行试验能否成功，关键在于你们 GNC 系统。"

神舟一号飞船的软件终于研制成功了。在研制总结会上，飞船的总指挥袁家军说："你们 GNC 系统的工作量最大，工作难度最大，你们的责任也最重，飞船飞行试验成功后，你们的功劳也最大！"

对于航天器研制试验中出现的技术问题的处理，航天科技集团公司制定了两个条例：《航天产品技术归零的五条标准》和《航天产品管理归零的五条标准》，一般称为《归零》双五条。《航天产品技术归零的五条标准》要做到定位准确、机理清楚、故障复现、措施有效和举一反三。如果在地面试验时发生问题，做到定位准确还好一点，但是航天器在天上出问题，要做到准确定位就困难了。要做到故障复现，有时容易，有时就很难，真的是难于上青天。干扰本来就是随机的，你非要它准确地复现，那不是强人所难吗？而且鉴于我负责的 GNC 系统的重要性，关心的人很多，因此要通过的各级评审就多，要回答的各式各样问题就多。如果参加评审会的专家不是控制方面的专家，他对飞船控制不熟悉，他提的问题就更难回答。

我一方面要按上级设计师系统的要求做好技术问题的归零工作，一方面又给战友们鼓劲加油。我常对战友们说："在地面发现问题不可怕，在地面发现问题是好事，并不是坏事，发现问题并在地面解决就能保证飞行试验的安全和成功。关键的问题是飞船在上天后不能出问题。飞行试验要确保圆满成功，成功才是硬道理。"

在酒泉卫星发射中心飞船测试过程中，我们解决了飞船控制系统的几个重大技术问题，对自己的系统完成飞船的飞行控制任务更有信心了。飞船发射前夕，我因是神舟一号飞船飞行控制组的副组长，要赶回北京去执行飞船的飞行控制任务。临行前我对王总说："王总，我要回北京参加飞控工作去了，但是我们GNC系统还有一个影响飞船飞行试验成功的问题没有解决，这个问题涉及几个大系统，我作为一个分系统的主任设计师解决不了这个问题，所以现在来请你出面解决。"

王总问："什么样的大问题会影响到飞行试验的成功？你还解决不了？"

我回答道："是一个比较简单的技术问题，解决起来并不困难，但是涉及几个大系统，解决只能找你。测控通讯系统有一根短波天线正好放在我们GNC系统光学姿态敏感器的视场里面，把敏感器的视场遮挡得死死的，一点东西也看不见，没有办法测量飞船的姿态，没有信息，就没有办法控制飞船，所以我们请求去掉这根天线。"

王总问："这根天线是干什么用的？"

我回答："是航天员通话用的天线，在神舟一号飞行试验中要用来做航天员的通话试验。这根天线属于测控系统，航天员系统用，安装在飞船上，由测控分系统负责，问题涉及三个大系统，因此我们解决不了，只有请你出面啦。"

王总笑着说："我以为是什么大问题，今年航天员又不上天，通话试验神舟二号可以继续做，把它去掉，问题不就解决了吗？"

我说："王总，我就是要听你这一句话。"

接着王总召开了飞船七大系统总设计师和总指挥联席会议，研究解决这个问题。会议最后决定将这根天线撤掉，等待神舟二号飞船飞行时找一个合适的地方安装再做试验。

至此，我说的5个技术问题已经全部解决，等着的就是神舟一号飞船的飞行试验成功啦！

回得来吗?

离飞船发射的日子越来越近,人们对飞船飞行试验的成功与否就越来越关心。由于飞船 GNC 系统对于飞行试验成功起着关键作用这一点是人所共知,所以 GNC 系统的技术负责人这时成为大家关注的焦点。

我总喜欢在晚饭后和战友们一道去东风公园或者黑河边遛弯,一路谈得最多的,都是飞船能否回得来的问题。一路上碰到了好些试验队员,从领导到一般的试验队员甚至于机关的干部,有我认识的,有不认识的,他们问我的第一句话都是:"陈老总,飞船回得来吗?"

我听到这些问话后,总是从容不迫地回答说:"没有问题,我们 GNC 系统能够把飞船控制回来。"

同行的战友和我开玩笑说:"陈总,看来你该改名字啦,都问你飞船回得来吗,你就改名为'回得来吗'算啦。"

神舟一号发射时,我担任飞控组副组长,飞船发射升空后,我要在北京航天控制指挥中心负责飞船的飞行控制工作,所以在飞船发射前要提前返回北京。临行前我去向王永志总师辞行。我说:"王总,如果其他分系统不出问题,我保证把飞船控制回来。"

同行的一位同事说:"老陈,你的话是不是说得太满了一点?"

我回答说:"没有呀,我对 GNC 系统把飞船安全控制回来是充满了信心的。"

最后,神舟一号试验飞船不仅安全地从太空回来了,而且飞船的落地点与预定着陆点相差仅 11.2 公里,一举达到世界的先进水平。我的庄严保证兑现啦!

兑现给航天员许下的两个诺言

2003 年 10 月 16 日，神舟五号飞船载着我国的第一位航天员杨利伟在太空遨游了 21 个小时后，安全返回到内蒙古四子王旗预定回收区。这时我和战友们正在北京指挥大厅，北京航天城测控大厅沉浸在欢乐的海洋中，照相机闪光灯到处闪烁，战友们在温家宝总理刚才站过的主席台上一起合影留念。

正在欢庆胜利的时刻，航天员系统总设计师兼总指挥、航天医学工程研究所的宿双宁所长跑过来紧紧握住我的手说："陈总，你在飞船发射前向航天员许下的两个诺言现在都兑现了。你说，不仅要让他们从太空安全准确地回来，还要让他们舒舒服服地回来。杨利伟安全舒适地回来了，身体状况良好。现在我也要给你许下两个诺言，第一个是让杨利伟单独和你照相，第二个是杨利伟要送给你有他亲笔签名的首日封。"

我紧紧握着宿总的手说："非常感谢，非常感谢！"

航天员回到北京后由于庆祝活动多，社会活动多，因此在一段时间里没有安排我和杨利伟见面。

在这期间，中国空间技术研究院要举行有关神舟五号飞船研制过程中先进事迹的报告会。飞船的 GNC 分系统要我作为代表发言。我发言的题目是"翩翩神舟我领航"。其实这个报告题目不是我取的，我没有胆子选这样的题目去作报告。你领航，你把飞船的这些总师、副总师、总指挥和副总指挥放在了什么地位？他们不领航，你领航？这个题目是上一级的政工部门定的。报告原来的题目不是这样的，上级政工部门把它改了，我只得服从。在我的报告中就有这样一段话，标题是：我兑现了向航天员许下的两个诺言。

事情要回到 2001 年，当时我负责给航天员讲课，内容是有关载人飞船制导、导航与控制系统的组成和基本工作原理，还要给他们讲授航天员的手动

运动控制系统，并培训航天员如何用手动运动控制系统操纵飞船。

由于航天员们都知道载人飞船制导、导航与控制系统的重要性，航天员进入太空后，他们能否安全返回地面，在很大的程度上都要靠 GNC 系统，所以我在讲课时航天员们听得特别认真，提问题也非常踊跃。他们关心 GNC 系统的安全性可靠性，能否有把握把他们从太空控制回来。我对他们讲："请你们放心，我们的控制系统安全性非常高，出现一个故障时系统照样正常工作，出现两个故障时能够把你们从太空安全地控制回来。如果 GNC 系统发生 3 个以上的故障，我们还设计有航天员的手动运动控制系统，航天员还可以操纵手动运动控制系统，把自己从太空安全地控制回来。请你们放心，我负责设计控制系统的 7 颗返回式卫星都安全地回来啦，我负责设计的 GNC 系统一定能够把你们从太空安全地控制回来。"

通过讲课，加深了对航天员的了解，我和航天员建立了深厚的师生情谊，我更加感到自己的责任重大。

有一天，航天员在离心机上做试验，该试验模拟航天员从太空返回地面时由于大气的阻力使飞船减速的过程，主要试验航天员在减速过程中承受减速的负加速度的能力。拿行话说，就是试验航天员承受减速过载的能力。什么叫过载呢？过载是航天员承受的加速度和标准重力加速度的比值。一般飞船正常返回，航天员承受的过载小于 4 个 g，这意味着，如果航天员的体重是 50 公斤，那么，此时再称他的体重，体重就成了 200 公斤，为正常体重的 4 倍。飞船非正常返回，就是飞船的 GNC 系统不能正常地控制飞船返回，而用弹道式返回，航天员承受的过载会达到 8 个 g，这会损害航天员的身体健康。因此航天员要做承受返回过载能力的试验。可能是领导要加强我的责任感，所以专门叫我去看这个试验。

在宿双宁总设计师的陪同下，我来到离心机试验室。参加试验的航天员是吴军。我从试验的闭路电视上看坐在离心机上的航天员，当离心机产生的过载从零上升到 1 个 g，他的脸色还正常，没有什么事；过载上升到 2 个 g 时，他也没有事；但是当过载达到 3 个 g 时，我看到吴军脸色有些发黄，露出难受的神色；当离心机的转速增加，过载达到 4 个 g 以上时，吴军的脸有些变形，眼睛开始眯眼了。与朋友谈起这件事时，我说当时我心情很复杂，一方面为我们的航天员为了发展我国的航天事业而作出的贡献感到钦佩，另一方面看到他们承受过载时难受的脸色，更加感到自己的责任重大。如果自己设计的控制系统出问题，在飞船返回过程中航天员所承受的减速过载超过了安全值，这不仅会损伤航天员的身体，甚至于会影响他们的生命安全。

在航天员吴军走下离心机后，我疾步走上前去，握着航天员的手，并对在场的所有航天员说道："请你们放心，只要这 GNC 系统由我负责设计，我不仅让你们安全地从太空回来，而且还要让你们从太空舒舒服服地回来！"这是一个老航天人对航天员许下的庄严的诺言，这也是一个老航天工作者对党对人民许下的庄严的承诺。当人们还对我国的第一次载人飞行成功与否提心吊胆的时候，用他们的话是如履薄冰的时候，我就大声地向航天员许诺："我不仅要让你们安全地从太空回来，而且还要让你们从太空舒舒服服地回来！"

在神舟五号飞船即将发射的前夕，我和战友孙承启教授、袁正宁女士受到了中国载人航天工程总设计师王永志和原中国载人航天工程副总指挥沈荣骏将军的召见，地点是在酒泉卫星发射中心第一招待所。王永志总设计师和沈副总指挥非常关心航天员的安全，又问我是否有把握把航天员从太空安全地控制回来。我笑着回答："王总，你记得吗？在四年前神舟一号飞船发射前你曾经问过我，能否把神舟一号飞船安全地从太空控制回来，当时我回答你的是如果其他分系统不出问题，我保证把飞船控制回来。现在有了神舟一号到神舟四号四艘飞船的成功经验，而且为了确保航天员的生命安全，我们在提高 GNC 系统的安全性和可靠性方面采取了许多措施，现在我可以向你保证，我们 GNC 系统完全有把握把神舟五号飞船安全地从太空控制回来，能够确保航天员的生命安全。"

这两个诺言经过了载人航天飞行的考验，我和我的战友们兑现了向祖国、向人民、向航天员许下的诺言，飞船安全地回来了！航天员从太空舒舒服服地回来了！

我国具有
世界先进水平的飞船 GNC 系统

　　神舟号试验飞船已经成功发射并回收 7 艘飞船，飞船的飞行结果证明我国的 GNC 系统具有世界先进水平，使我国成为世界上第三个独立研制成功载人飞船 GNC 系统的国家。

　　我国开展载人航天工程有三大任务：一是突破载人航天技术，把中华民族几千年的飞天梦想变为现实；二是推动我国科学技术的发展，特别是空间科学技术的发展；三是培养一支年轻的航天科技队伍。飞船 GNC 系统在完成上述三大任务的过程中取得初步成功。

　　7 艘飞船的飞行试验中，GNC 系统圆满地完成了飞行控制任务，特别是在神舟五号和神舟六号的两次飞行试验中，航天员杨利伟、费俊龙和聂海胜安全、舒适地返回地面，飞船的返回落点精度和再入减速过载都达到当今世界先进水平。6 艘飞船的返回落点精度平均不超过 10 公里，我国飞船的再入过载不超过 3.2g。其中神舟六号飞船的落点精度不超过两公里。比较才知道高低，下面将我国的第一艘载人飞船的飞船技术数据分别和国外第一艘飞船以及当今最高水平的飞船联盟 TM 进行比较。

与国外第一艘载人飞船技术性能对照表

	水星号（美国）	东方号（前苏联）	神舟五号（中国）
控制功能	控制功能	控制功能	制导、导航和控制
返回落点精度	30km	30km	4.8km
减速过载	>8g	>8g	3.2g
返回控制方式	弹道式（不可控）	弹道式（不可控）	半升力式（可控）

　　从上面的比较看出，我国的第一艘载人宇宙飞船神舟五号的返回落点控

制精度和减速过载远远优于美国和前苏联的第一艘载人宇宙飞船的水平，而中国神舟五号载人飞船，航天员在返回过程中承受的过载比俄罗斯和美国第一艘飞船航天员承受的过载小很多，因此比他们安全舒适。中国的神舟一号载人飞船的制导导航控制系统在设计时就把目标瞄准了当今世界先进水平，因此，飞船的返回控制技术直接采用半升力式控制返回技术，而不是外国第一艘载人飞船所采用的弹道式返回技术。由于落点可以控制，我国飞船的落点精度很高，地面回收区可以很小，在飞船回收时便于寻找航天员。我国神舟五号飞船的过载控制在航天员所能够承受的安全线以下，因此，杨利伟从太空返回来后身体健康，飞船的 GNC 系统功不可没。

我国的第一艘载人飞船的控制系统比国外第一艘载人飞船的水平高。把神舟五号飞船的 GNC 系统和国际公认的水平最高的俄罗斯联盟 TM 飞船进行比较，比较结果见下表。由该表可以看出：神舟五号飞船的落点精度优于俄罗斯 TM 飞船。

与俄罗斯联盟 TM 飞船比较

	联盟 TM 飞船	神舟五号飞船
控制功能	制导、导航和控制	制导、导航和控制
返回落点精度	30 km（3σ）	4.8 km
减速过载	3—4 g	3.2 g
返回控制方式	升力控制　纵向导航	升力控制　纵向导航

我清楚地知道，神舟五号 GNC 系统的返回落点精度高，并不意味着我国目前技术水平就比他们高，而只是我们充分地利用了当今的航天科学技术的最新成果。说明我们依靠自己的力量有创新精神，研制成功的 GNC 系统达到了世界先进水平。

神舟五号飞船的 GNC 系统达到世界先进水平绝对不是偶然的，我国连续成功回收了 6 艘飞船，这 6 艘飞船的返回落点控制精度艘艘都达到世界先进水平，而且愈来愈好。这 6 艘飞船的飞行试验结果比较见下表。

神舟一号到神舟六号 GNC 系统飞行试验结果统计表

	神舟一号	神舟二号	神舟三号	神舟四号	神舟五号	神舟六号
飞行时间长度	1 天	7 天	7 天	7 天	1 天	5 天
过 载 G	3.2	3.2	3.25	3.2	3.2	3.2
落点误差（公里）	11.2	20.18	14.34	8.604	4.8	1.8

注：6 艘飞船中，神舟二号落点误差较大，这是由轨道舱在排气时产生的干扰所引起的。经过改进设计后，神舟三号到神舟六号飞船的返回落点精度都很高。

飞船返回控制落点的精度达到世界先进水平

神舟一号试验飞船飞行试验成功后飞船返回落点精度 11.2 公里，达到当今世界先进水平，GNC 所取得的成绩受到我国航天专家们的高度肯定及赞赏。有一次我到航天科技集团公司开会，遇到了我国著名的航天控制专家梁思礼院士。他看见我就走了过来，握着我的手说："老陈，这次你们 GNC 系统工作太出色了，你们返回控制系统的精度达到了世界先进水平。以后我们要搞高精度的航天器制导、导航与控制系统时，和你们空间技术研究院合作。"

2003 年 6 月，一次飞船气动力问题汇报会，我国的空气动力学权威庄逢甘院士和航天控制专家梁思礼院士出席了这个汇报会，当他们两个看见我在场时，庄逢甘院士大声地说："你们飞船系统中达到世界先进水平的，我们承认的，就是你们 GNC 系统的飞船返回落点控制精度。"

这样精度的导航技术，得到了我国空间技术研究院的两弹元勋杨嘉墀院士、王希季院士、屠善澄院士以及林华宝院士的高度肯定。

我国第一个
航天员手动运动控制系统

　　飞船的航天员手动运动控制系统对我国来说是一个新鲜事物，可以说既没有研究基础，更没有技术储备。航天员手动运动控制系统是航天员生命安全的最后保障，没有这个系统载人飞船不能上天。世界上只有俄罗斯和美国的载人飞船上过天，中国要掌握航天员手动运动控制系统技术，中国要成为世界上掌握航天员手动运动控制系统技术的第三个国家，这个任务责无旁贷地落到了 GNC 系统的身上。我作为飞船 GNC 系统的主任设计师，而且在"曙光一号"飞船的研制任务中曾经负责设计"曙光一号"的手动运动控制系统，因此，设计神舟号飞船航天员手动运动控制系统这个任务义不容辞地落在我身上。

　　可是我一直忙于飞船 GNC 系统的自动控制部分的攻关、设计、研制和试验工作，抽不出时间来搞手动运动控制系统的设计，心想航天员上天还早着哩，先抓住主要矛盾吧。先把飞船 GNC 系统的自动控制部分研制出来，再腾出手来研制航天员手动运动控制系统。

　　当时，航天系统的某些单位知识产权的保护工作还处于开始阶段，有时根本得不到合理的保护。例如你把某一个系统设计方案写出来，把报告交出去了，别的单位或别的人就可以把你的电子文档拷贝去，把设计者的名字一改就变成别人的设计方案了。因此，我也不愿意过早地把航天员控制系统的设计报告写出来。可是，飞船没有航天员的手动运动控制系统方案设计怎么行呢？飞船工程的总设计师王永志着急了，直接来找飞船 GNC 系统，要我们去汇报手动运动控制系统的方案设想，不去不行。

　　最后由负责飞船 GNC 系统的飞船副总设计师向飞船总设计师戚发轫请示，征得戚总的同意后，我们才到总装备部去向 921 工程办公室的领导和工程总设计师王永志等作汇报。和我一同去的有飞船 GNC 系统的三个主任设计师，他

们是王南华、孙承启和范如鹰，同去的还有调度袁正宁。

在去总装的路上，我们还在研究向工程领导汇报的方法。我带去一份文件，名叫《神舟号飞船航天员手动运动控制系统方案设计初稿》，大家决定把这个文件的封面取下来，证明我到目前为止没有什么方案，因此，汇报只是口头汇报，在汇报完后我们把文件也带走。

到了总装备部921办公室，我向工程领导汇报了有关飞船航天员手动运动系统方案设计的一些初步设想，包括手动控制系统的任务、设计的原则、系统的构成和关键的原部件、系统的工作模式和系统安全性及可靠性设计等。同时回答了王永志总设计师最关心的一些问题。

汇报回来后我到昌平一个招待所开921的技术协调会。一天早上，飞船的副总指挥刘济生看到了我，对我说："贵，昨天晚上王大总师来听飞船研制进展情况汇报，他在会上表扬了你们GNC系统，说你们对于航天员手动运动控制系统的工作抓得很紧，安全性可靠性考虑得很全面。"

时间回到1998年，神舟一号飞船1999年就要发射，这时候飞船的手控系统不能再不设计了，我在调查了美国和俄罗斯飞船的航天手动控制系统方案的基础上，利用"曙光一号"飞船时期的研究基础，正式提出了《921工程飞船航天员手动运动控制系统的方案设计报告》。

设计方案不是照抄美国和俄罗斯的，而是比他们的要先进得多。1998年的电子技术水平比他们设计的那个时期先进多了，手控系统的控制器用计算机取代了外国飞船所用的电子线路，计算机的计算能力、逻辑功能比国外的电子线路强多了。我在设计时充分发挥了计算机的计算、逻辑和控制功能，不仅设计了与自动控制系统完全独立的航天员手动运动控制系统，还设计了和美国"水星号"飞船的全部控制功能相当的半自动控制系统。美国的第一艘载人飞船"水星号"以及俄罗斯的第一艘飞船"东方号"，它们只有航天员纯手动控制模式，航天员要不停地操纵姿态控制手柄，控制飞船姿态，十分困难。具有半自动工作模式，航天员只需控制几个开关，设置飞船的初始姿态和状态，飞船就可以自动地控制回来。这大大减轻了航天员的劳动强度。神舟五号载人飞船航天员手动运动控制系统具有全姿态捕获能力，可以通过全姿态捕获重新建立飞船正常工作姿态，保证航天员安全，这是应用我们发明的具有我国独立知识产权的"地—地型"全姿态新技术的结果。这样大大地提高了系统的安全性。

在设计纯手动运动控制模式时，航天员的目视观察仪表，美国用的是潜望镜，俄罗斯用的光学瞄准镜，它们都有伸出舱外部分，在飞船回收前把它去掉。这对结构上提出难题，且不安全。因此，我们希望设计一种纯光学的航天员的目视姿态观察仪表，航天员用它能够确定飞船的三个姿态角和飞船的飞行高度，但是该仪表全部放在舱内，没有伸出部分。长春光机所的技术人员完成了这个仪表的设计和研制工作，这个具有中国特色的光学瞄准镜成功地应用在神舟五号和神舟六号飞船上，航天员杨利伟说："这个仪表很好！"

神舟五号飞船的显示仪表采用了液晶显示的电子显示仪表，其功能、可靠性比俄罗斯的联盟 TM 先进。

神舟五号航天员手动运动控制系统获得了国防科学技术进步一等奖。

成果鉴定该系统的主要技术进步点有以下七点。

一是采用共享部分自动系统部分资源、配备必要的手控专用设备、由航天员选定的系统构成总体方案，形成了与自动控制系统相对独立的、具有多种组合的手动控制系统。

二是系统具有半自动控制模式，减轻了航天员操作，使手动控制功能和性能达到一般返回式卫星自动控制系统水平。这是区别于俄罗斯的最大特点，为"神舟首创"。

三是在半自动模式中成功地应用了我国首创的"地—地型"全姿态捕获技术，使手动控制系统具有优良的全姿态捕获能力，保障航天员安全。

四是光学瞄准镜采用了全舱内结构的总体方案，在简化裁作和安全性方面优于俄罗斯同类设备。

五是采用了防止误手控命令、与自动控制系统故障隔离等技术，保证了系统的高安全。

六是采用可变系数的全姿态图形，具有超前校正的控制规律，保证手控系统人机功效性能。

七是采用人—船—地闭环试验方法及系统，实现了对航天员手动控制系统的全面、充分和真实的实验。

鉴定委员会认为该系统在技术上有重大创新，在技术方案设计、软件产品的研制和地面试验等方面达到国际先进水平。该系统的研制成功，标志着我国已成为继俄罗斯和美国之后世界上第三个独立自主掌握航天员手动运动控制系统技术的国家，为我国载人航天工程发展奠定了良好基础。该系统可

直接用于我国载人航天第二期工程的运输飞船、空间站。

　　由于飞船 GNC 系统任务复杂、艰巨、难度大，在系统的设计、生产试验过程中需要采用许多新技术、新材料和新工艺。飞船 GNC 设计师在决定这些新技术、新材料和新工艺的取舍时，必须正确处理好继承与创新的关系，这还涉及像载人飞船这样重要的工程任务如何确定技术指标要求和如何使用新技术的问题。技术指标如果要求不合理，过高，那问题就复杂，要满足过高的技术指标要求，系统设计采用的新技术就多，要用的新材料、新部件也就多，需要采用的新工艺就多。如果飞船不采用新技术，那么飞船就谈不上有什么高新技术，也谈不上会推动科学技术的发展，但是大量采用新技术又会带来安全性可靠性方面的问题，不能为了先进而先进。因此，飞船 GNC 的设计者们必须正确处理好继承与发展的关系。

　　在 GNC 系统研制过程中我们大胆地采用了许多新技术，研究试验成功了许多新技术，为推动我国航天控制技术发展作出了贡献。

上海失踪记

　　1999 年，神舟一号飞船发射的准备工作已经进入关键阶段。试验飞船推进舱验收会在上海举行，我作为特邀代表到上海参加验收会。从北京专程到上海去参加验收会的有飞船总设计师戚发轫、总公司飞船工程办公室主任张宏显以及飞船总体部工程技术人员一共十多人。

　　第二天开会，由上海的载人飞船副总设计师宣布大会验收评审组、测试组和专家组的名单。宣布完名单后，到会的人不是评审组的成员就是验收组的成员，唯独我哪个组都不是。我坐不住了，站起来走到戚发轫总设计师面前，对戚总说："戚总，请给我找个车，我要回闵行招待所。"

　　戚总一看我的脸色知道有问题，忙叫随行管理质量的路秀臻女士给我找辆车，把我送回闵行招待所。我对路秀臻女士说："我是他们特别邀请来的，来了后又没有我的事，我明天就回北京。"

　　我就立刻订了第二天的飞机票，准备飞回北京。

　　没有过多久，上海航天局的某某处长来到了招待所，对我说："陈总，请你原谅，下面的同志没有经验，会议没有安排好，请你原谅。"

　　我说："和下面的同志没有关系，会议是你们主持的，出席会议的人是你们定的，下面的同志只是按你们的指示办事而已。"

　　当知道我已经订票准备第二天回北京时，某处长说："推进分系统和电源分系统还有好多技术问题需要和你协调，陈总你明天不能走。"

　　我说："我们系统有很多的事情等着我回去处理，协调的事以后再找时间吧！"

　　我为什么会对这样一件小事反应如此之大呢？其实我以前来过两次上海，上海有少数人对外地人特别势利，伤了我的心。这次又遇到了。我第一次到上海是在 1969 年，我为调研"曙光一号"飞船的显示仪表来到上海，由于我

的穿着问题，在商店给儿子买玩具时受到冷遇。第二次到上海是 1975 年的春节，应上海 4101 工程处邀请去作有关卫星计算机姿态控制技术的学术报告。我的领导章仁为教授是上海人，他提醒我说："贵呀，上海和北京不一样，你的穿着是否注意一点？你那头上的狗皮帽子是否不要戴了，脚下的那双大头鞋，我看还是脱了好。"我听了笑着回答："有必要吗？我的鞋就带了这一双，脱了穿什么呀！"

我住在上海一家著名的大宾馆，同行的其他人进出宾馆都没有问题，我进宾馆服务员可是盘问又盘问。有一天我和老章一起上电梯，宾馆的一个负责保卫的干部把开电梯的人叫住，指着我用上海话叽里呱啦说了一通，我一句也听不懂，还以为那个干部是在向我问好哩，我向那位保卫干部点点头。事后章仁为教授告诉我说："那人是向开电梯的人打听你是住在这里的吗。"

这次上海邀请我来开会，又受到如此接待，我哪里还有心情和他们协调工作？赶快回北京吧！晚饭前，邀请单位的有关领导又来向我表示歉意，而且为了缓和关系，还专门邀请我到领导就餐的桌子上去用餐。

第二天早上我一个人离开了上海，乘飞机返回了北京。

1999 年 6 月的一天，在北京航天城中国空间试验中心，飞船的副总师、原上海航天局的一位副局长见到了我，又邀请我去上海，我仍然准备谢绝，这时飞船的总设计师戚发轫对我说："老陈，再一再二不能再三，别人邀请几次了，不能再推辞了！"因为神舟一号快要发射了，推进分系统的点火试验不能再推迟，时间没有了！我最终决定去把重要的问题协调好。

这次去，还上演了一场"上海失踪记"。

1999 年 6 月 12 日下午 4 时，我乘坐国航飞机飞上海，5 点左右到达上海虹桥国际机场。我走到机场的出口处，看遍了所有接客牌子，没有一个是我的名字，坏了，没人来接！对方的地点不知道，这个单位我又没有去过，不认识，只好再等一下。等了一会，还不见有人来，我赶紧给上海航天局有关单位打电话，已经下班，电话没人接。我又赶紧给老朋友臧家亮所长家打电话，还是无人接，这时我才傻眼了！又等了一会，天已经渐渐地黑下来了，时间已过了 6 点，还没有人来接。常言道：未晚先投宿，鸡鸣早看天。天已经晚了，还是找住处住下为妙。这时我看见北京有个研究所的人在机场迎接到上海开会的代表，我想他乡遇故知，能否先到他们会议的招待所住一晚，明天再说。我去联系，对方说不行。这样只好到机场住宿接待处去看了，一看这些地方显然不是我这样的工薪阶层住的，住宿费一个晚上多则七八百，少则三五百，我是研究员，每天住宿费只能报销60元。

我只好走出机场到附近去找便宜的住处。我提着行李走出机场，此时机场四周已是华灯初放，上海机场笼罩在一片夜色之中。我提着行李，边走边看，突然发现距机场大约100米左右有一家宾馆，门前有一张桌子，前面立了块牌子，上面写着住宿登记，每天的住宿费不多不少，正好是60元。这真是所谓"比着箍箍买鸭蛋"。我登完记，缴了钱，接待的小姐请我上车，这时才明白，住的地方不在这里。不管在哪里，现在我只好跟她走了。上了一辆小面包车，汽车在马路上没有开几分钟，拐进了一个弄堂，到了，真的还不远。下车到门前一看挂有一个大牌子，上面写着：上海虹桥机场老干办招待所。

办完住宿手续之后，我赶紧给家里打了一个电话，报告平安到达，同时还告诉夫人，我到上海后又没有人接站，暂时住在一个招待所里。第二项任务就是找个地方吃晚饭，因为这个招待所没有餐厅。走出招待所东找西寻，反正离睡觉还有一段时间，先溜达溜达吧，找到附近一个小饭馆吃晚饭。晚饭后我回到宾馆先洗个澡，也无心看电视，睡吧，明天早上买飞机票回北京！不知不觉之间我已经进入梦乡。

我睡得正香，突然一阵紧急的敲门声把我从梦中惊醒。

门外有人问："陈总住这里吗？"

我说："这里没有什么陈总，只有一个姓陈的住在这里。"

我打开门一看，来人正是上海航天局派来的司机，说要接我到他们安排的住处去住。我说："对不起，你看我已经睡了，明天再说吧。"

司机说领导要求他今天晚上一定要找到我，这是他们局领导交给他的任务，后来由于我坚持不去，这位司机只好回去了。

我后来才知道，我给太太打电话后，她就将我到上海后的遭遇告诉了所里主管飞船的科技处田野副处长，田野副处长又将此事汇报到了院里，戚院长知道后有些生气了，因为我本来就不愿意去上海，是看在他的面上才去的。

上海有关领导接到戚院长电话后，就下了个死命令，在当天晚上，一定要把我找到。天呀！这样大的上海，找人犹如海里捞针，上海方面又是怎样找到我的呢？

上海的同志问502所的田野副处长："陈总平时喜欢住什么样的宾馆？"田处长告诉他们，在那一带哪家旅馆最便宜，就到哪家旅馆去找。

　　上海的朋友根据这一重要信息，就到虹桥机场附近 60 元能住一天的旅馆和招待所去找。经过对这些招待所的逐一查找，终于在机场老干办招待所里找到了我。

　　第二天一大清早，头晚上来的那位司机就在招待所等着我，怕我一早又买机票飞回北京了。汽车直接将我送到了发动机点火试验场地，我在那里才遇到了我的朋友、老所长臧家亮教授。臧家亮教授握着我的手说："老兄昨晚到哪儿去了？整个北京和上海都说你老兄失踪了哩！"

　　臧家亮教授说他们所的办公室主任到机场去接我了，但是错过了，所以没有接到，而他的夫人一般晚上都在家，可是昨天正巧他们老同学聚会，所以家中也没有人，这只能说是无巧不成书了。

空中惊魂

1999 年，从上海回北京，飞机下午 5 点左右起飞。飞机是从日本飞往北京的过路客机，机上座位很空，我找了个靠近窗口的位置，虹桥机场美丽壮观的夜景尽收眼底。飞入云端后，我戴上耳机，听着音乐，不知不觉快到首都机场了。这时从广播里传来播音员的声音："乘客同志们，再过 15 分钟就要到首都机场了，机场地面温度摄氏 30 度，华氏……"哈哈，快到了，快回家了。

飞机在下降，首都机场的灯光隐约可见，我心里不由感到十分高兴，协调任务完成了，飞机很快就要降落了。机场的跑道出现在眼前，跑道两边的导航灯闪烁，就在飞机即将着陆之际，飞机的机头突然向上拉了起来，飞机改变了飞行方向，直冲云霄。我把准备要鼓掌欢呼安全着陆的双手放了下来，心也感觉到扑通一下，说了一声："出问题了。"乘客们都把目光盯住了空姐们，可是她们谁也不说话，飞机上寂静无声。乘客们真是好样的，在这危及生命安全的紧急关头，没有惊慌失措，非常沉稳，都静静地等待机场发布正式消息。这时候飞机在首都上空盘旋。不久喇叭里传来了机长的声音："乘客同志们：由于机场地面准备工作没有做好，飞机要在大约 30 分钟后降落，请大家放心。"但是谁都知道不是机场地面没有准备好，而是飞机上的机械出了问题。机舱内安静得一点声音都没有，可以说是寂静无声，这充分看出了中国人临危不乱、危难时同舟共济的素质。时间一分一秒地过去，飞机在首都机场上空盘旋了将近半个钟头，没有降落的迹象。过了 30 多分钟，飞机还没有降落，这时机上的喇叭传来了机长的声音："我是本机的机长，由于飞机起落架发生故障，我们正在排除，我们会尽最大的努力保证大家的安全。"

我猜想的事终于被证实了。既来之则安之，听天由命吧！空中小姐给大家讲解在飞机强迫着陆时的自我保护工作。这有点像是前些时候在上海机场

上空有一架飞机因起落架放不下来而强迫着陆那一幕重演。空中小姐要乘客们取下了眼镜、手表，掏出钢笔，脱鞋子，将双手抓紧前面座椅的靠背，头紧紧地压在自己的两个手臂上，两脚紧蹬地板，并告之紧急着陆后紧急疏散的方法。倒霉的事遇上了，又有什么办法呢！我按照空姐的要求，取下眼镜，把头紧紧地压在两个手臂上。当时自己的头脑中一片空白，机舱里的空气好像也凝固了。

时间就这样一分一秒地流逝，半个钟头过去了，一个钟头又过去了，飞机仍然在首都机场上空盘旋，机舱内死一样地寂静。时间一长，我的手发麻了，手臂也酸了，干脆抬起了头，戴上了眼镜，一切恢复常态，心想等强迫着陆时再说。心里还在嘀咕："你老在天上转什么？要掉你干脆就掉了算了，老折磨人干什么！"

飞机在机场上空盘旋了将近3个钟头，直到将燃料箱里的燃料耗光，这时机长又通知乘客飞机准备强迫降落。我按要求做好了一切自我救助的准备，飞机开始降落。在这紧急关头，飞机舱内没有任何骚动，一切都听从空中小姐的指挥，除了飞机发动机的轰鸣声外，听不到任何其他的声音。飞机慢慢地减速下降，机场灯光闪烁，跑道隐约可见，飞机对准跑道飞驰而去。令人惊异的是，飞机落地竟然非常平稳，真是有惊无险。但是这时也没有平时飞机着陆时的欢呼声和掌声。突然，坐在我身边的一位女士哇的一声哭了起来，可能是喜极而泣吧。我轻轻地对她说："飞机已经安全落地了，要欢喜才对。"通过舷窗看到飞机两边全是消防车和救护车，问题确实严重。反正已经平安着陆，一切已经过去了，等飞机停稳后，乘客们很有秩序地下了飞机，提着行李，向出口走去。我提着一个小包直奔出站口。我找到接我的司机时，司机说："在机场已经等了将近4个钟头，在此期间，开来了不少的消防车和救护车，出站口附近一律不准停车，布满了警察。机场也进行了交通管制，在此期间飞机不准起飞，不准降落，可担心啊。"

第二天的《北京青年报》报道说：由于雷击损坏了起落架的遥测装置，地面监控中心误认为起落架未放下，由于天色已晚，目视看不清楚，为了对乘客的安全负责，所以才出现了昨天晚上首都机场上空演出的空中惊魂那一幕。看了此报道我才恍然大悟，真是谢天谢地，还要感谢机场的监控人员对乘客生命负责的态度。

事后有人问我："飞机在天上盘旋的时候，你心里在想什么？"

我说："当时脑子里一片空白，什么也没有想。只是脑子曾有过一丝闪念，我在上海机场买的20元保险买对了，我给自己的太太留下了20万。"

事后我告诉老伴这件事时，老伴听了立即打断了我的话说："我要的是你这个人，谁要你20万？"

通过首都机场上空盘旋3个多钟头的历险，我对飞机起落架显示遥测没有备份引起了高度认识。我们国家有一颗返回式卫星控制系统就是由于关键部件没有适当的备份，以至于当一个部件发生故障时这颗卫星没有成功回收。如果那架飞机上起落架的状态显示参数有一个备份，机上人员就不会经受那3个多钟头的生死考验了。如果飞船发生这种情况，飞船不能回收，航天员在太空谁去救援他们呀？联想到如果飞船有一个部件失效，就会造成航天员回不了地球，船毁人亡的严重后果，那怎么行呀。这次空中历险，给我的飞船制导、导航和控制系统设计提出了更高的要求。载人飞船要把我们的航天员送上天，必须保证其安全，因此在设计飞船的控制系统时，我们必须坚持"安全第一"的设计思想，把确保航天员的生命安全放在首要的位置。必须做到当发生第一个故障时，系统能够正常工作，在发生第二个故障时，能够保证航天员安全。因此系统必须有足够的备份。

"搅黄"对外合作谈判

飞船的制导、导航与控制系统是我们依靠自己培养的科技人员,发扬独立自主、自力更生的精神研制出来的。整个系统共有50多个部件,有10多个A级、B级软件,全是我国自己研制的。飞船GNC系统的研制成功谱写了一曲独立自主、自力更生精神的凯歌。

载人飞船的研制、发射在我国是首次,政治影响巨大,要求一次成功,自己没有这方面的经验,希望能够得到外国的先进技术,使我们的工作更可靠、更扎实。科学无国界,寻求外援无可非议,我也不主张闭关自守,急切希望得到外国先进技术的借鉴。但是希望是一回事,客观上能否实现又是一回事。从921工程的经验来看,航天高技术用钱是买不来的。美国能卖给你吗?根本不可能。友好的国家能卖给你吗?谈一谈还可以,要动真格的也不可能。我曾经访问某个友好国家不下七八次,参观了航天员培训中心和飞船地面测控中心,但是得到的真东西很少很少。

在1998年,我国研制发射飞船是大姑娘上轿头一回,没有经验,没有把握,想把我们设计的飞船让俄罗斯有关单位评审、把关。要把飞船7个大系统的分系统的设计方案和一些重要的单项技术拿到俄罗斯去评审,GNC系统的设计方案自然在评审项目之中,指名要我去负责GNC系统对俄合作谈判工作。方案评审需要的评审文件比较多,包括原始数据、技术指标要求、设计的计算公式、计算结果等,我听了这些要求脑子一下子有点发蒙了。因为GNC的计算公式、设计的方法在国内也没有公开过,它是502所几十年来在航天控制领域取得的研究成果、卫星控制技术的结晶,是我国的核心技术,怎么能够无偿地送给外国人,去请他们评审,而且还要倒给外国人钱呢?

我立刻表态说:"我不去!"

飞船系统的总设计师对我说:"老陈,这是我交给你的第一个任务,你不去，我要通报批评你！"

我心里想：你通报批评就批评吧，反正我不去。

隔了两天总公司 921 办公室主任张宏显来找我，动员我到俄罗斯去。张宏显主任说："古为今用，洋为中用。他们的先进东西如果愿意卖给我们，我们也需要，那你就要用，为什么不用呢？合作谈判，既然是谈判就要尽量得到我们所需要的东西，双方都有利就合作，对我们没有利就不合作。至于拿出去的评审文件你们可以进行技术处理，既让对方能够工作，又不至于把我们的关键技术外露。"

他还说："毛主席还说过'打得赢就打，打不赢就走'。对我们有利就谈，对我们没有利你也可以走嘛！你这个人才怪！其他人听说出国，有病的都没有病了，你倒好，叫你出国，挨批评都不去！"

从领导的谈话中我知道了领导的意图，而且从领导口中听出来在这个问题上领导之间的意见并没有完全统一。

我国 40 多个专家组成一个代表团在施金苗团长的带领下，去了莫斯科，去和有关单位谈判。飞船系统去参加对俄谈判的有飞船副总师张柏南、救生分系统主任设计师李颐黎、GNC 系统主管设计师胡军和我。

谈判是在航天员培训中心会议厅举行的，在双方代表团全体会议结束后就开始分组，一个项目、一个项目地进行谈判。我们 GNC 系统的方案设计评审被放在最后一个谈。

前面的项目谈判进行得比较顺利，而且俄方要价也不算高。例如我们提出购买"联盟 TM"的某个大纲，俄方说你给 10 多万美元就卖给你；又例如要购买他的飞船的某一个技术，他也说你给多少钱就卖给你。

最后剩下运载火箭控制系统的一个项目和飞船 GNC 系统的方案评审时，谈判就难以进行了。

就飞船 GNC 系统的方案评审这个项目，对方提出的报价是 165 万美元，仅就这个报价在国际上完成一个航天器控制系统的设计方案评审，要价确实不高，但是我们花了这 165 万美元到底能够获得什么东西呢？

请听对方是如何说的："我们评审的结果是告诉你们如下结论：你们的设计方案是'ДА'或者是'НЕТ'。如果是'ДА'，你们的飞船可以发射，没有问题；如果结论是'НЕТ'，那么你们的设计就有问题，不能发射，发射就会失败！"

俄文的"ДА"相当于英文的"Yes"，也就是说行，没问题。俄文的

"HET"相当于英文的"NO",也就是说不行。

我忍不住问了一句:"你们能够告诉我们方案为什么行为什么不行吗?用俄文说就是能够告诉我们'ПОЧМУ'吗?"

我是问他们能不能告诉为什么行,为什么不行的问题。对方那个负责经济合同谈判的官员,回答很肯定:"不!如果要知道为什么,那165万美元就不够了,钱就要大大地增加。这是我们'KNOWHOW'(核心技术),知识是值钱的。"

对方看到我长时间不说话,就说:"陈教授你对我们的报价有何意见?"要我对他们的报价给予答复,这个价可真不好回呀!我只好咬着牙,回答说:"请您把小数点左移一位,再除以2,余下的小数点后就四舍五入。我还的价是8万美元。"当时我真担心,怕对方万一同意这个价钱,怎么办呀!

对方认为我没有诚意,我心想:今天只有这句话你说对了,我本来就不想和你们合作。

这个项目没有谈成。对方和我们已经签了的其他协议书、谈成了的其他几十个项目对方也不承担,这样,双方合作谈判就没有谈成。第二天我就和张柏南一道提前回国了,因为神舟一号的发射准备工作还等着我们。

这件事看来简单,但是好多人都为我捏把汗呀!

神舟一号发射成功后的2000年春节,返回式卫星的总设计师林华宝院士给我打电话,他在电话里说:"贵呀!我们都给你捏把汗呀,国家研制飞船花了多少钱呀,花这点钱去请人评审飞船,你给搅黄了,神舟一号发射成功了,没有你的事,如果失败了看你如何交账!"

说实在话,当时我一心一意想保住我们国家的机密,确实没有考虑过万一神舟一号飞船飞行试验失败如何办的问题。我之所以敢于去搅这一趟浑水,是因为我对我们的GNC系统能够圆满完成飞船的飞行控制任务充满信心。

事实证明神舟号飞船的制导、导航和控制系统并不比外国人的水平差,神舟一号落点误差11.2公里,神舟六号在2公里以内,不比俄罗斯的差。2003年,"联盟TMA"飞船落点误差400多公里,而我们的神舟五号飞船的落点精度为4公里,像这样具有世界先进水平的系统还用得着要别人评审吗?

我不同意外国专家评审我们的GNC系统,绝对不是什么闭关自守,而是出于对我们中国科技人员聪明才智的高度信任。事实证明我们的GNC系统并不比外国的差,有的指标比他们还先进。

航天技术和美妙幻想的完美结合

神舟一号试验飞船发射窗口选择的争论

1999 年，在神舟一号试验飞船发射的前夕，在酒泉卫星发射中心飞船试验队技术组开会，会议主要内容是讨论神舟一号飞船的发射窗口选择问题。所谓飞船的发射窗口就是飞船的发射日期和选定发射那天飞船允许发射的时间区间。我是神舟一号发射场质量控制组和飞船试验队技术组的成员，因此参加了飞船发射窗口的讨论会。

会议由工程总师王永志主持，参加会议的有中国载人航天工程办公室"总体室"的领导、技术人员，载人飞船系统的总师、总指挥，飞船系统有关分系统的主任设计师或技术负责人，神舟一号发射质量组组长徐克俊以及其他大系统的技术负责人。会议上首先由载人飞船系统总体技术人员汇报发射窗口选择的依据和选择结果。总体部报告的初步选择结果是，在 11 月 10 日早上 6 点钟左右发射，可以发射的时间区间为 30 分钟左右，第二天凌晨 3 点过回收，而且只有这一个发射窗口。

我不负责飞船发射窗口的选择，选择飞船的发射窗是飞船总体分系统的任务，按道理应该听从负责单位的意见，但是我感到选择这个窗口实在不太好，主要回收时刻是在深夜，对于地面回收部队搜索寻找返回舱十分不利，茫茫大戈壁，伸手不见五指的黑夜里如何去寻找它呀！加之是在深夜返回，电视记者根本拍摄不到在 2000 多平方米大降落伞悬挂之下的神舟一号飞船在蔚蓝色天空中徐徐下降的壮观场面。我想如果飞船能在白天回收，在金色的阳光照耀下，色彩斑斓的降落伞吊着返回舱在天空中徐徐下降，那将是一幅

多么美丽壮观的图画啊！想到这里我就提了一个问题，能不能选择另外一个发射时刻，使飞船在白天回收？

飞船系统总体部的技术人员回答得很肯定，在这个季节的这个时候发射飞船，一天就只有一个发射窗口，而且飞船只能在早上发射，深夜回收。不可能选择到一个能在白天回收的发射窗口。

神舟一号试验飞船存在第二个发射窗口吗？

我不负责飞船发射窗口选择工作，而且又不是飞船轨道动力学的专家，我没有具体进行发射窗口设计的计算工作，因此只能根据物理直观的推测来发表意见。我认为只有一个窗口的说法可能不一定对。原因很简单，因为飞船发射窗口的选择主要取决于与太阳光入射线相对飞船轨道平面的夹角，保证飞船有足够的能源供给和飞船 GNC 系统的光学姿态敏感器能够正常工作。为此飞船发射窗口受到太阳光入射线和轨道平面夹角的限制，要求在整个飞船飞行过程中这个角度都要小于某一个给定值。既然早上 6 点钟能发射，太阳光入射线和轨道平面的夹角满足要求，那么晚上 6 点发射也应该满足要求。假定太阳近似不动，地球转了 180 度，这时再发射飞船，飞船的轨道平面和太阳夹角应该和早上 6 点钟发射近似相等，因此晚上 6 点左右就可能是飞船的第二个发射窗口。如果早上 6 点钟能够发射，那么晚上 6 点钟前后也应该能够发射，相差 12 小时发射，太阳与轨道平面的夹角是一样的。为了证明我的推断正确，我利用球面三角推导出飞船发射窗口的解析计算公式，进行了计算。计算结果证明了确有第二个发射窗口存在。于是我把推导的结果公式写了出来，并计算出了发射窗口曲线，交给飞船总师。我在会议室介绍了我的计算结果，在黑板上画了地球、飞船的运行轨道以及太阳方位之间的图形。这张图在 4 年之后发射神舟五号时还在黑板上没有被擦掉，因为使用油性的签字笔画的，擦不掉！

我还把自己推导的全部公式和计算结果写了出来交给了五院的院长和戚总。经过分析讨论得出结论：神舟试验飞船存在着第二个发射窗口，飞船可以在下午 5—6 点钟发射，在第二天的 4 点钟左右回收，飞船可以在白天回收。

对于我的意见有人支持，主要是总装备部飞船工程办公室的同志和工程总师王永志。反对的人也不少，这点丝毫不奇怪，一个新的计算方法出来，人们有一个认识、熟悉和接受的过程。

飞船控制专家不懂轨道！

在讨论过程中院长找我说："贵呀，人家说你是航天控制的专家，你对轨道方面的技术问题还不太熟悉，关于发射窗口的选择就由责任单位负责，你不要再坚持自己的意见了。"我说："我只是提个方案供领导决策和大家讨论参考，我没有坚持什么呀！"

通过讨论得出结论：确有第二个发射窗口存在，时间在下午6点到7点之间。这样如果选在这个窗口发射，飞船回收在4点左右，这时候正是白天。证明我的意见是正确的。

现在就等待飞船工程两系统的领导下决心了。在这关键时刻，负责领导飞船电源分系统研制工作的飞船副总师发言说："在晚上发射飞船，飞船在阴影区入轨，阴影区的温度低，我们没有做过低温下的太阳帆板展开试验，如果太阳帆板在阴影区展不开，飞船就没有能源，神舟一号飞行试验就会失败。"

我立即拿出有关俄罗斯联盟 TM 飞船的发射资料，他们在晚上成功发射飞船已经有几十次，不存在晚上发射飞船太阳帆板展不开的问题。此时又有人拿出了杀手锏："能源是飞船飞行成功的基础，任何一个系统没有能源都不行，因此我们不同意用晚上的窗口发射。谁决定在晚上发射后果就由谁负责。"

谁愿意承担飞船发射失败的风险呢？我认为在阴影区展开太阳帆板肯定没有问题，但是我没有资格来拍板！负责的同志说太阳帆板在阴影区恐怕展不开，所以飞船在晚上发射自然就被否定了。

最后工程领导决定：神舟一号飞船在 11 月某日早上 6 时发射。关于发射窗口的讨论到此结束。

神舟一号飞船按预定的发射窗口发射并成功回收了，但这并不是说希望选择一个发射窗口，使得飞船能既在白天发射，又能在白天回收的设想是不正确的。我曾和能源分系统的主任设计师开玩笑说："老×，你们为了向总装备部要钱修建一个太阳帆板低温展开试验室，你可是放弃了神舟一号一个好的发射窗口。"

在神舟一号试验飞船飞行试验成功后，中央电视台播放神舟一号飞船回收的画面时，由于飞船在晚上回收，没有拍摄到飞船回收降落的画面，播了一段回收飞船降落的动画。有人在网上对此大发议论说：回收的画面显然是动画，是假的，既然这个是假的，谁知飞船回收是否是真的呀。如果选择在白天回收的窗口，这样的问题就提不出来了。

扩大飞船发射窗口新技术的诞生

由于神舟一号发射窗口的讨论，我想到了这样一个问题，为什么飞船的发射窗口这样小，可不可以把飞船发射窗口扩大，如果飞船可以在全天的任何时候发射，这样有利于飞船发射段的救生和返回段的落地精度，提高了飞船发射段和上升段的安全性和可靠性。到了飞船的二期工程实施飞船与目标飞行器的交会对接，这时要求飞船的发射时刻应该满足的条件更多，这时主要的限制条件应该是完成交会对接任务对飞船入轨条件的要求，如果再把其他限制条件加上，就可能找不到合适的发射窗口了。因此我就给自己提出一个课题，就是要研究出一种扩大飞船发射窗口的新技术，使飞船的发射窗口不再受太阳矢量相对飞船轨道平面夹角的限制，可以在任意需要的时刻发射飞船。

我的这个设想得到飞船工程办公室的大力支持，飞船工程办公室周建平主任对我说："陈总，你研究的这个课题很重要，不仅有利于提高飞船上升段和返回段的安全性，而且对于飞船二期工程完成航天器在太空的交会对接任务更为重要，我们飞船工程'总体室'出经费资助你！"

我听了非常感动，但是我对周主任的好意婉言谢绝，我说："周主任，我非常感谢你对我们工作的支持，但是经费资助我心领了，我不能接受，我为国家干了一些工作，有些还是特别重要的工作，没有得到有关领导应有的承认，我只希望有关领导能够承认我的工作。我不需要你们的经费支持！"

我不是一个不食人间烟火的外星人。

1994年我发明的"返回式卫星全姿态捕获技术"飞行试验成功，在试验队的宴会厅里队员们敲打着酒盅和筷子，齐声喊着我的名字，排着长队敬酒。老院士紧紧握住我的手说："贵，你为提高我国飞船和卫星的安全性和可靠性开辟了新的技术途径。这一技术，是我国航天技术领域内一项具有重大实用价值的开创性工作，很少有其他的单项技术可以和它相比。"可是在 1994 年 8 月 7 日《人民日报》头版介绍这个新成果时，竟然把该技术发明人的名字"陈祖贵"给删掉了。有关领导在《人民日报海外版》谈到这项重大技术成就时，也没有说这个技术是谁研制成功的。这个重大的成果没有得到国家科技进步奖，怎么不令人遗憾！1999 年，我国在发射中国和巴西合作的"资源一号"卫星时，卫星在太空多次发生姿态翻滚，用了我们设计的我国第一个卫星应急控制器，多次抢救卫星，把卫星的太阳帆板对准太阳，保证了卫星的能源供应，给地面抢救人员留下足够的时间查清并排除故障，挽救了这颗价值近 10 亿人民币、政治意义极为重大的卫星。

我研究新技术希望能够得到本单位领导的承认，得到国家的承认，如果本单位的领导不承认，就得不到国家的承认。在实际生活中，无论你有多大的成就，本单位领导的认可最重要，否则谁来向上级领导推荐呀？谁来向媒体做宣传呀？

我不要经济资助，因为我提出这项课题时支持的人不多，反对的人不少，特别是有的领导并不支持我这项研究工作，如果接受了总装备部的经济资助，会给别人留下话柄——"老陈搞科研就是为了钱"。

说干就干，要解决扩大飞船发射窗口的新技术这个问题，必须从发射窗口受到哪些因素限制开始。有能源系统的太阳帆板对太阳光照的要求；有 GNC 系统的光学姿态敏感器对太阳光照的要求，有的敏感器希望太阳光能够进入其探测元件的视场，有的敏感器则不允许太阳矢量进入该敏感器的视场内；也有温控系统对飞船收受晒因子的要求。经过分析这三个系统对发射窗口的要求，以能源分系统的要求最严。如果能源分系统的要求满足了，其他两个系统的要求自然满足。因此，关键是放宽能源分系统对发射窗口的要求。

能源分系统对发射窗口的要求是飞船整个任务的关键。太阳矢量与飞船轨道平面的夹角必须小于某一给定的角度，这个要求对于太阳同步轨道卫星和地球同步轨道卫星来讲，是比较容易满足的。例如太阳同步轨道卫星轨道平面相对惯性空间的转动和太阳的公转运动同步，也就是在卫星飞行过程中太阳相对轨道平面的夹角保持不变，因此只要发射入轨时太阳矢量和轨道平面的夹角满足要求，以后就永远满足要求，在太阳与卫星入轨时刻轨道平面的夹角小于给定值的任意时刻发射都行。可是对于飞船和某些中低轨道的应

用卫星，由于在飞船和卫星飞行过程中轨道平面的转动和太阳公转不同步，因此发射条件在发射时刻满足要求，飞行一段时间就不满足要求了，如果要求在整个飞行期间都要满足对太阳角的要求，那么飞船可以发射的机会就很少，甚至于没有可以发射的时间了。

为了扩大飞船发射窗口，就必须解决飞船在长期飞行过程中太阳帆板始终能对准太阳的问题。俄罗斯的"联盟 TM"飞船在飞船入轨后就把整个飞船控制到对太阳定向，这样太阳帆板就始终对准太阳，保证飞船在长期运行期间的能源供给。在飞船变轨或回收时，再把飞船控制到对地稳定的姿态。飞船在对太阳定向期间，飞船（包括航天员）对地球的方向不断变化，航天员有时头对着地球，有时脚对着地球，不利于他们对地观察。此外由于天线在空中的方位不断地变化，不利于地面对飞船的测控，飞船由于从地球定向转到对太阳定向，又由对太阳定向转到对地球定向，需要经常进行对太阳和地球的全姿态捕获操作，可靠性受影响。因此俄罗斯的方法可行，但不是最好的。

美国的飞船用的是燃料电池，用液氢和液氧燃烧发电，燃烧的副产品水用于航天员饮用。因此发射窗口不受能源的限制。但是液氢和液氧是可燃气体，安全性差。而飞船的安全性设计应该放在第一位，这个方案不能选取。

第三个方法就是采用具有两个转动自由的太阳帆板，这样帆板通过两个方向的转动就可以在太阳相对飞船轨道平面有较大夹角的情况下，把太阳帆板始终对准太阳。

我们知道太阳光相对飞船太阳帆板有两个方向的运动，一个是飞船绕轨道平面的法线的姿态转动飞行引起的在轨道平面内太阳光入射线投影与帆板发线间夹角的变化，另一个是由于太阳公转和飞船轨道平面在惯性空间的转动（称之为轨道运动）引起的太阳光线相对轨道平面的夹角发生变化，前一个飞船绕轨道平面发现的姿态运动引起的帆板太阳角的变化可以通过帆板绕飞船的俯仰轴的转动来控制，太阳光相对轨道平面的夹角则需要在与前一个转轴垂直方向增加一个转动轴，就可以控制使之为零。用能够向两个方向转动的太阳帆板，就可以在任何状态下把太阳帆板对准太阳，这就需要应用双自由度的太阳帆板驱动机构。但是双轴转动的太阳帆板驱动机构，国内当时尚处于预先研究阶段，没有现成产品可用。

我设想太阳帆板需要另外一个转动轴，太阳帆板装在飞船上，飞船在太空可以三个自由度转动，本身就有三个转动轴，用飞船的一个转动轴当作帆板的另外一个转轴，太阳帆板不就有了两个自由度的转动了吗？在飞船轨道平面有较大的运动角度的条件，太阳帆板也就可始终对准太阳了，绕飞船三个转动轴中的哪一个轴转动比较好呢？飞船的俯仰轴和太阳帆板的转动轴重合，不能选。由于飞船滚动大姿态机动后，红外地球敏感器就看不到地球，时间长了，飞船就会失去姿态基准，因此飞船姿态也不能绕滚动轴转动。剩下就只有偏航轴了。通过飞船的偏航姿态机动和太阳帆板绕帆板驱动轴的转动，这样就构成了一个等效的双自由度太阳帆板驱动机构了。这样从根本上消除了能源分系统对飞船发射窗口的限制，原则上采用这一新技术后，飞船基本上可以在全天任何时刻发射。由于飞船在进行偏航大的姿态转动过程中，飞船的偏航轴对准地球，地球敏感器能够正常工作。选择通过飞船绕偏航轴的大姿态机动的方案，叫做偏航机动控制技术。

采用了这一新技术后，飞船可以在全天任何希望的时刻发射。但是要实现飞船姿态在大范围内的姿态机动，有一个关键技术问题必须解决，这就是如何解决在偏航大姿态机动过程中确定飞船的偏航姿态角的问题。由于飞船在太阳照射不到的地方，偏航太阳敏感器不能工作，飞船没有偏航姿态测量信息，这时只能应用国际上公用的"轨道罗盘原理"，通过测飞船的滚动姿态间接地估计出飞船的偏航姿态。但是"轨道罗盘原理"只适用于飞船或卫星小姿态角变化的情况，现在飞船在进行偏航机动时，飞船的偏航姿态可能在正负180度的范围内变化，这个限制条件就不能满足，因此在飞船上要能用偏航机动控制技术来扩大飞船的发射窗口，我们要做的第一个重要工作，就是必须发展并推广常用的"轨道罗盘原理"，使之能够适用于飞船大姿态角运动的情况。这个工作在国内没有先例，在国外虽然有人肯定做了这方面的工作，但在公开文献上未见过报道。我们依靠自己的力量解决了这一难题。另外一个重要的难题必须解决，这个难题和载人飞船的飞行任务有关。飞船在完成轨道飞行任务之后，需要返回地球，工程领导要求 GNC 系统把飞船安全准确地控制返回到预定回收区，对飞船返回落点的精度提出了很高的要求。由于我国的导航器件的精度不能满足这个要求，因此在飞船轨道运行期间，对飞船的惯性导航器件必须自主进行标定。在飞船进行大姿态过程中对惯性导航器件进行在轨标定，这个工作在国内外均没有人做过，这是我们要扩大飞船发射窗口的第二个重大技术难点。我们迎着困难上，在完成神舟二号飞船发

射任务的同时，解决了上面的技术难题。一个扩大飞船发射窗口的新技术方案就这样诞生了。

方案出来了，我自己编程序，自己进行仿真计算。有人问我这样大年纪干吗还自己上计算机算题？这是我多年的习惯，我一方面放手青年科技人员工作，但自己也动手，自己对问题了解得比较清楚，试验中出了问题也便于分析，容易很快取得成果。我发明全姿态捕获技术是这样干的，研究计算机卫星姿态控制技术是这样干的，设计卫星应急控制器是这样干的，设计载人飞船 GNC 系统也是这样干的，扩大飞船发射窗口的方案设计还是这样干的。这个新技术经过专家评审，得到了很高的评价：该技术不仅解决了飞船发射窗口扩大难题，还解决了非太阳同步轨道卫星和非地球同步轨道卫星的能源供应问题。在一大类应用技术卫星中有着广阔的用途。该技术研究成功的"扩展的轨道罗盘原理"具有重大的推广价值。

我建议在神舟三号飞船轨道舱留轨运行期间进行这项新技术的飞行试验，经过飞船总师系统的批准，就开始了软件的研制，进行系统试验，一切都很顺利，在 2001 年神舟三号飞船轨道舱的留轨飞行试验中，一次试验成功。飞船轨道舱在太空长期飞行期间，控制系统通过飞船的偏航机动控制，将太阳帆板始终对准太阳，在飞行过程中不再像神舟二号飞船那样每隔 15 天左右转换一次飞行控制模式，一会儿通过太阳捕获使轨道舱进入到对太阳定向模式，一会儿又通过全姿态捕获转入对地定向模式，在模式变换过程中不仅需要消耗燃料，而且频繁地进行大姿态机动，对轨道舱工作环境不利。在太阳定向飞行模式中，当轨道舱对太阳定向飞行时，飞船的测控天线不可能始终对准地面，不利于测控系统对轨道舱的监视，而且应用系统对地球观察的科学试验也无法进行。采用了偏航机动新技术，在整个轨道舱飞行过程中对地观察窗口始终对准地球，应用系统的效率相当于提高了一倍。

一项航天控制新技术就这样诞生了。在神舟四号飞船的飞行试验时用返回推进舱的 GNC 系统控制整船偏航机动，做整船偏航机动试验，也获得圆满成功。现在只等必要时应用偏航机动技术来扩大飞船发射窗口，飞船可以在白天发射白天回收，人们可以看到蔚蓝天幕下，金色的阳光照耀着神舟飞船在五彩斑斓的降落伞吊挂下徐徐下降那美丽壮观的图画，到那时人们可以真正地看到科学技术和美丽幻想的完美结合。

这项自主创建的新技术试验成功后，获得各方面的高度评价，召开了成果鉴定会，还获得了中国人民解放军的全军科技进步二等奖。请看成果鉴定会的鉴定结论：

2004 年 4 月 6 日，总装 921 办在北京组织召开了"扩大飞船发射窗口新技术"项目鉴定会。鉴定委员会听取了该项目的技术报告，审阅了相关文件，一致认为：

1. 该项目在国内外首次提出了利用飞船偏航机动飞行扩大飞船发射窗口的新方案，消除了能源供应对飞船发射窗口的约束，扩大飞船发射窗口，方案先进，可靠，经济。

2. 该项目首次提出了"扩展的轨道罗盘原理"新方法，扩大了"轨道罗盘原理"的应用范围，解决了飞船在大姿态机动情况下，飞船姿态估计和惯性带航器件的在轨标定问题。

3. 研究成果成功地应用于 921 工程第三、四次飞行试验，以及首次载人航天飞行，证明方案正确可行，在确保上升段救生可靠性、提高返回段搜救安全性、增强有效负荷对地观测性能等方面都发挥了重要作用。

鉴定委员会一致认为，该项目提出的偏航机动扩大飞船发射窗口的新方法以及偏航大姿态机动过程中惯性器件在轨标定技术达到了世界先进水平。该成果为 921 工程后续的交会对接等任务奠定了良好的基础。

神舟一号的"拉大底事件"

　　神舟五号飞船飞行试验成功后，中央电视台播放的电视片《撼天记》和总装备部拍摄的大型电视系列片《飞天之路》中都提到了神舟一号"拉大底事件"。这个事件还牵涉了我，并使我成了反面教员。

　　"拉大底事件"发生在 1999 年的 9 月 27 日，那天在酒泉卫星发射中心垂直厂房进行飞船系统模拟飞行试验，在系统通电后发现液浮 IMU 有一个陀螺马达电流的遥测电压不正常，输出姿态数据也不正常。通电两个小时后陀螺各项技术指标才逐渐恢复正常。在对实验记录数据进行分析研究后认为陀螺线路有问题。GNC 系统立即向上汇报到飞船系统的总设计师和总指挥，同时上报到神舟一号飞船飞行试验指挥部。

　　IMU 是控制系统的关键部件，在飞船快要发射前夕，出现这样的质量问题很难处理。因为飞船的"防热大底"已经合上，这时为了弄清故障原因，要补做试验已经很困难，更换部件更不容易。这里要简单介绍一下什么叫做"防热大底"。飞船从太空返回地球的过程中要穿过大气层，大气的摩擦阻力把飞船的飞行速度从第一宇宙速度降低为零，气动摩擦将飞船动能转化为热能，使得飞船迎风面的温度高达 2000 摄氏度以上，为了防止高温传到返回舱，必须采用先进的防热技术。神舟号飞船在返回舱的大头方面安装有一个用烧蚀材料做成的圆形盖子，在返回大气层时，由于起动阻力气动摩擦产生的高温将它烧蚀融化，将热量带走，从而保证返回舱内部温度正常，这个防热的盖子安装在返回舱的底部，所以叫它为"防热大底"。

　　这个问题的发现引起各方面的高度重视，各个级别的专家组纷纷从北京飞抵酒泉卫星发射中心，液浮 IMU 承制单位的主要领导和 GNC 系统承制单位的领导都火速飞抵酒泉。我是 GNC 系统的主任设计师，也回到酒泉卫星发射中心。

试验队成立了故障分析小组，由负责该设备的技术主管王德钊研究员负责。产品没有拆下来检查，做试验要准确找出故障的真正原因，有一定的困难。这个陀螺是不是已经失效？失效了如何处理？没有失效又如何处理？如果失效了是整个装置全换还是只换失效的那个陀螺？这些问题都需要一个一个地回答。总公司的专家组也抓紧对该问题进行分析处理，一场艰难的技术问题归零攻坚战开始了。按照总公司技术问题归零的五条标准进行归零，要按先后顺序记住这五条已经是不容易了，要真正做到定位准确、机理清楚、故障复现、措施有效、举一反三就更是困难了。如果不拆下该陀螺，故障定位要是定到液浮 IMU 陀螺的遥测数据不正常很容易，但是要是定到该陀螺的马达电流遥测电路有问题，或者是该陀螺本身有问题就很难定位了。如果把液浮 IMU 拆下来，则负责飞船总装的卫星总装厂必须做拆卸液浮 IMU 的风险分析。由于飞船返回舱防热大底已经安装好，要拆卸该设备必须重新把防热大底拉开，显然发射时间必然受到影响，而且也有可能带来新的质量问题。如果把陀螺拆下来后，故障不能复现，由于现场已经破坏，分析故障更困难。如果把液浮 IMU 拆卸下来更换备用件，液浮 IMU 的承制单位表态不同意用备份的液浮 IMU。因为承制方认为备份设备的质量不如主份设备好，如果用备份液浮 IMU，能否完成飞船的导航控制任务没有把握，而且更换了设备，液浮 IMU 的参数必须重新标定，因此 GNC 计算机有关液浮 IMU 的校正参数也必须重性装订。控制系统的导航控制计算机的存储器芯片已经固化落焊，需要撤下，重新写入新的程序，重新焊接。这显然有风险。同时由于飞船防热大底已经合上，操作十分不方便，工人需要盲目操作，风险更大。因此也有同志建议这个问题暂不处理，飞船照样发射。后来弄清楚其中主要代表性人物竟然是忘记了这件事的我。

在各个方面意见已经发表出来后，拍板定问题的时机成熟了。最后一次评审会在酒泉卫星发射中心 8 号厂房会议室进行。执行神舟一号试验飞船发射任务的所有高层领导基本上都到齐了，参加会议的有中国载人航天工程总设计师王永志，副总指挥沈荣骏中将，总装备部胡世祥副部长中将，总装载人航天工程办公室主任谢名苞少将，基地司令员刘明山少将、副司令员张建启少将，发射场系统总师兼发射试验任务质量组组长徐克俊少将，航天科技集团公司总经理王礼恒、副总经理张庆伟，飞船系统的总设计师戚发轫、总指挥袁家军等，总公司的惯性器件专家组成员参会，GNC 系统作为受评审的对

象也参加会议。

　　我一直认为自己已经回北京参加飞船飞行控制准备工作去了，不在酒泉，所以我认为自己没有参加这次会议。但是在神舟五号飞船发射回收成功后，中央电视台播放的这次会议纪录片中有我在会上发言的录像，显然我是参加了这次重要的故障分析处理决策会议。当有人告诉我说："中央台有批评你发言的镜头，你在会上还有长篇发言，说你不同意拉大底，不同意更换液浮 IMU 的原因。你在会上首先表态不同意更换被怀疑有问题的陀螺，接着你说不同意更换的原因有三。第一，该陀螺是失效还是遥测数据不稳定，还没有搞清楚，因此更换该陀螺的根据不足。第二，就是该陀螺发生故障并不影响神舟一号飞行试验的成功，GNC 系统的惯性导航系统已经做到了有一个陀螺失效，GNC 系统照样能够正常完成飞行任务，再有两个同轴的陀螺失效，也能保证神舟一号安全返回，这就是说 GNC 系统已经做到了载人航天对控制系统的一个故障工作，两个故障安全的可靠性要求，而且被怀疑有问题的那个通道有四重冗余，即使那个陀螺坏了该通道仍然能够完成飞船的控制任务，GNC 系统设计有功能极强的故障自主诊断，故障自主隔离技术，能够保证飞船安全。我们的卫星一般只允许发生一个故障，用四个陀螺还可以飞上一两年，现在飞船用了八个陀螺只飞一天，而且失效那个陀螺还有三个备份，也就是在神舟一号飞船飞行过程中，还可以做到'发生一个故障是正常工作，发生两个故障时保证飞船安全'。因此可以不更换，飞船飞行安全运行，安全返回完全有保证。第三点是飞船返回舱的大底已经合上，要重新拉开，是有风险的，不仅发射时间推迟，而且还有可能带来新的不可靠因素，此外 GNC 系统控制计算机的芯片已经焊接固定，如果要更换则需要将存储器芯片拆下，重新焊接新的芯片，这样对计算机的可靠性会有影响。因此你建议不用更换，就用现在的液浮惯性测量单元。"

　　我的朋友说："从中央台的电视节目上看到，在你发言后，接着有领导讲话对你的发言进行了批评。有人叫我不要告诉你，怕你知道后生气。"

放心睡觉吧！等着去捡飞船

1999 年 11 月 20 日 6 时 30 分，我国第一艘宇宙飞船神舟一号试验船在中国酒泉卫星发射基地升空，当时在北京航天指挥控制中心的测控大厅中，我紧紧地盯住飞船姿态数据显示屏，从扩音器中传来了发射点火倒计时的读秒声：10，9，8，7，6，5，4，3，2，1。点火！只听得一声巨响，飞船点火起飞。随着火箭发动机的轰鸣声，长征二号 F 运载火箭托举着神舟一号飞船腾空而起，扩音器不断地在报告："抛逃逸塔成功，一级发动机分离，抛'整流罩'成功，二级点火，二级发动机关机，游动发动机关机，飞船和运载火箭分离，飞船入轨。"顿时北京航天指挥控制大厅中响起了雷鸣般的掌声。

神舟一号的两大任务之一——飞船上得去的任务已经完成了，下面一个任务就靠 GNC 系统以及推进分系统和回收分系统了。我看到 GNC 系统按照自己设计的控制规律准确地完成了飞船消除入轨的姿态偏差，及时准确地捕获到地球，建立了飞船正常运行姿态之后非常高兴，大声地报告："GNC 系统圆满完成飞船入轨的控制任务，GNC 系统工作正常！"这时候航天指挥控制中心又响起了长时间的热烈掌声。

这时我心里的一块石头已经放下，因为根据多年从事返回式卫星飞行控制的经验，我已经知道神舟一号飞船试验肯定成功了。这时指挥控制大厅中，从中央领导到与自己并肩战斗的战友，都迫切希望从 GNC 系统那里听到好消息，飞船入轨开始直到返回开伞以前，主要看我们的表演了。所以，我和战友们每当 GNC 系统完成一个重要控制任务，就用洪亮的声音汇报。

根据我多年控制返回式卫星的经验，只要飞船入轨后建立了正常运行姿态，飞船就肯定能成功地返回地面了，我此刻忍不住高兴和激动，对数管系统的主任设计师王九龙说："九龙，现在可以回去睡觉了，到时间我们去捡飞船就得了，飞船肯定会回来的。"

在别人都感到如履薄冰的时候，你老陈竟公然宣布飞船飞行试验肯定成功了！王九龙听了感到古怪，因此反问道，"陈总，真的？"

我笑着回答道："当然是真的。"

不久飞船的太阳帆板正常展开，GNC 系统控制太阳帆板准确地对准了太阳，飞船所需的能源确有保障。接着数据注入成功，飞船进入姿态的精确控制模式，GNC 系统正在对飞船的惯性导航系统进行在轨标定，一切都按我们设计的程序按部就班地进行，我们的飞船首次飞行试验正向圆满成功的目标前进。

飞船绕地球飞行 8 圈之后，王九龙同志对我说："陈总，你的话看来已经兑现一半了。"

我说："不是一半，从目前飞行状况判断，肯定百分之百地成功！"

我对自己的工作总是充满信心。每次飞船发射前领导找我谈话时我总是回答："没有问题，保证完成任务。"在神舟三号飞船即将回收前夕，新华社记者在北京航天控制中心采访了我，请看记者报道："坐在大厅第二排控制台前的陈祖贵此时显得异常冷静。这位满头华发的航天专家，是'神舟'飞船的制导、导航和控制系统的主任设计师。经过他和同事们的共同努力，这套系统在'神舟'一号飞船回收时，落点控制精度达到了国际先进水平。'这一次，我们一定要干得更好！'陈祖贵满怀信心地说。"

在广东人民广播电台的《声报》上有记者白云和江曼青的一篇文章，题目叫"神舟五号发射前夕独家图片直击发射基地"，文中也提到了我对神舟五号飞行试验成功充满了信心。文中写道："也是在第九层，我们遇上了科学家陈祖贵。我们见到他的时候他正好一个人站在栏杆边上，我们打了一声招呼，他马上回报真诚的笑容，大家仿佛一见如故。陈祖贵瘦高身材，头发已经全白了，脸上架着厚厚的眼镜片，身上的 T 恤有两个红色的小字写着'神舟'，衣服已经很旧了，原来这是研制神舟一号时的工作服。一问，真是出乎意料，我们遇上了研究神舟控制系统的负责人，他参与了神舟一号到五号的研制。神舟上天以后，能否按轨道运行，能否准确回到目的地，这是一个多么重大的课题，而研究这个重大课题的人就站在我们面前，我们不由肃然起敬。一提起神舟五号，语气谦和的陈祖贵立刻变得中气十足。他说，在美国和俄罗斯经受挫折之后，中国仍然发射神舟五号，这说明了中国的决心，这是一个了不起的举动。说到神舟的安全，陈祖贵立即毫不犹豫地回答，控制系统绝对保证安全。从神舟一号开始，一直在为载人飞行做准备，并且已经达到载人的要求。提到宇航员，更是出乎意料，陈祖贵是他们的老师，他给宇航员们上课，讲解飞船的控制系统。"

在神舟五号发射前，俄罗斯的飞船"联盟 TM－A"返回过程中发生故障，飞船落点误差达到了 400 多公里；美国挑战者号航天飞机在返回过程中爆炸，7 名航天员魂断太空。在这个时候我国要进行第一次载人飞行试验，领导们迫切地需要知道，我们的飞船会不会发生类似问题。为此我给工程领导写了一篇报告，在报告中我说："神舟五号飞船绝对不会发生他们那样的问题。"

我说话是有根据的，神舟一号、神舟三号到神舟四号飞船安全准确返回，都说明我负责的飞船 GNC 系统是叫人放心的，是值得信赖的。

那一嗓子喊得太及时了

神舟一号试验飞船在绕地球飞行了14圈之后，该返回神州大地啦。通过14圈的飞行证明飞船系统全部正常，可以返回了。这时候的北京航天指挥控制大厅，坐满了前来参观指导的中央领导、各部委领导和北京市的领导。飞行控制组的人员全部到位，等待着飞船回收这一关键时刻的到来。按规定，控制系统要及时报告回收每一个关键动作执行情况，由 GNC 系统副主任设计师孙承启报告。这一任务是非常艰巨的，因为他不仅要报告控制动作正常的好消息，还要报告故障，终止返回进行启动故障应急的对策。汇报要求准确无误。

这时候的指挥控制大厅里异常安静，真是鸦雀无声。突然听到指挥员的口令：飞船回收开始！接着传来一次调姿指令发出和一次调姿指令执行的报告声。我们从指挥控制大厅巨大的数据显示屏上清楚地看到，GNC 系统准确地沿着设计的理论曲线完成了飞船第一次姿态调整任务。当孙承启同志用洪亮的声音汇报：第一次姿态调整任务完成。暴风雨般的掌声在指挥控制大厅响起。"轨道舱分离"，扩音器中又传来测控站的报告声，我们的 GNC 系统消除了轨道舱分离对飞船产生的姿态扰动，稳稳当当地控制住飞船。接着又听到报告：第二次调姿指令发出！

只见飞船的返回舱，在 GNC 系统的控制下，沿着理论设计曲线精确地完成了飞船第二次姿态调整任务。孙承启副主任设计师再次报告：飞船第二次姿态调整成功！

大厅里再一次响起暴风雨般的掌声。紧接着从扩音器里传来了制动火箭点火的报告声，这时候指挥控制大厅安静得能听到一颗绣花针掉到地上的声音。因为这是飞船整个飞行过程中最重要的时刻，如果飞船制动成功，飞船就回来了，如果不成功，那后果不堪设想。这时候，推力为5000牛的发动机工作，强大的扰动力矩作用在飞船上，想让飞船姿态偏离设计的方向，而且在推进舱上的两块大型太阳帆板在外扰力矩的作用下也晃动起来，使得整个飞船更难控制，这时候我们不仅要控制飞船的姿态，同时要控制飞船的制动速度增量。关键时刻方见英雄本色。只见 GNC 系统稳稳地控制飞船的姿态，飞船渐渐地改变其飞行方向，朝着返回神州大地的方向飞去。当宣布飞船制动成功时，北京航天指挥控制大厅好像爆了棚，欢呼声和掌声响彻整个大厅。神舟一号试验飞船就要回来了！

从南非上空制动起到飞船飞进卡拉奇上空这一段时间大约要飞近 20 分钟，而且这中间有一段时间飞船飞离了地面测控区，没有飞船的状态消息，人们焦急地等待着太空中传来的好消息。当飞船返回舱进入卡拉奇站的测控范围，我从遥测显示屏上的数据看出飞船的返回舱和轨道舱已经分离，并且将飞船的姿态调整到进入大气层所需的姿态，这个姿态我们称之为"配平"姿态。我高兴极了，这时忍不住用浓厚的四川口音大喊了一声："飞船配平攻角调整成功！"这一嗓子好像一声春雷响彻了整个指挥控制大厅，接着是长时间的暴风雨般的掌声。我的那一嗓子就宣告了我国第一次飞船飞行试验已经取得成功。飞船于 21 日凌晨 3 时 14 分在内蒙古中部预定的着陆区，准确、安全着陆。当飞船安全落地的喜讯传到北京航天指挥控制大厅时，我和战友们的手紧紧地握在一起，胜利的喜悦早已把一切不快一扫而光，我那受伤不久的腰也好像不疼啦。这时我国载人航天工程办公室的林树副主任握着我的手说："老陈，你刚才那一嗓子喊得太及时了，我的心都快从嗓子眼跳出来了。你们 GNC 系统真是太棒了！太棒了！"

在一旁的武平副局长说："我要给你请功哩！"

这时推进分系统的金广铭副主任设计师和电源分系统的马季军副主任设计师过来和我握手说："陈总，你们 GNC 系统这次完成任务棒极了，在你们大脑的指挥下，我们推进和电源分系统像你们控制系统的手足一样圆满完成了任务，你们指挥得好。"我说："我们合作、配合得很好，GNC 系统没有发动机那真是寸步难行，没有电源谁也没法工作。希望我们在发射神舟二号和三号飞船的任务中合作得更好。"

神舟一号试验飞船发射返回成功标志着我国航天技术，特别是载人航天技术获得重大突破，也标志着集中体现航天高新技术的制导、导航和控制技术的重大进展，在我国航天技术发展史上树立了一个重要的里程碑。在试验飞船飞行过程中，作为飞船的关键分系统 GNC 系统，从起飞到返回全过程中十分出色地完成了全部控制任务，将神舟一号飞船安全准确地控制到了内蒙古预定的回收区，落点精度为 11.2 公里，达到了当今世界先进水平，为祖国和人民赢得了荣誉。

一次生动的汇报会

神舟一号飞行试验成功之后，航天科技集团总公司的王礼恒、张庆伟、马兴瑞等领导专门到五院祝贺，在五院院部小礼堂开了一个汇报会。我参加了这次会议。

飞船总设计师戚发轫首先汇报了神舟一号飞行试验的情况，接着飞船总指挥袁家军副院长汇报了研制工作、飞船发射组织试验工作、神舟一号的飞行控制工作等。会场气氛十分热烈和愉快。

王礼恒总经理问道："你们飞船这次飞行试验取得了圆满成功，请你们谈一下这次技术上取得的成果，谈一下技术进步点。"

有一位副总设计师汇报说："飞船比起其他卫星来说，是十分复杂的，飞船上的电缆就有好几十公里长，飞船的插头比卫星多得多，光接触点就有多少万个，软件语句就有 10 多万条……"

我接着汇报了飞船 GNC 系统取得的技术成果：神舟一号飞船的落点控制精度为 11.2 公里，俄罗斯联盟 TM 飞船平均 30 公里，神舟一号的落点精度达到当今国际先进水平。

神舟一号飞船返回大气层内的减速过载为 3.2g，远远优于总体 4g 的技术要求，达到国际先进水平。飞船的姿态稳定度达到相当高的数量级。

还汇报了飞船各种工作模式的工作情况，GNC 系统圆满完成了飞船各飞行阶段的控制任务，研究成功的故障诊断、系统重构、惯性器件在轨资助标定、惯性导航系统自主瞄准、飞船离轨制动和返回自适应控制等新技术试验都取得成功，对飞船安全返回起了重大作用。在我汇报时，总公司的领导报以热烈掌声，加以鼓励。

我最后又念了自己写的另外一首诗，把汇报会推向了高潮。这首诗名叫"贺神舟一号飞船飞行试验成功"，现将这首诗抄录如下：

神舟飞船欲起飞，
诸君纷来问安危。
自信成功有把握，
还有隐患待查清。
耿耿忠心提建议，
风平浪静更小心。
不愧疆场指挥官，
明察秋毫细入微。
疑点一个不放过，
问题个个全归零。
首发必胜保成功，
航天史上第一回。
果然飞船听号令，
探访广寒载誉回。
万众欢呼颂神舟，
航天史上树丰碑。

留不住人才，心里难过

神舟一号飞船飞行试验成功之后，飞船 GNC 系统有好几个技术骨干离开了飞船队伍。有的奔赴异国他乡，有的跳槽另谋高就。有一位博士后在离开北京去美国前夕，和夫人来到我住处辞行，他含着眼泪对我说："陈老师，你对我们国家航天事业的贡献有多大呀！我们要多久才能赶上你呀！你现在还是这个样子，我们还有希望吗？"

那位博士说着说着掉下了眼泪。

我想："自己认为这辈子过得还可以，而且比起同龄人来，是很幸运了，可能是自己和年轻人讲自己的过去讲得太少了。"

看到那位来辞行的年轻博士，我心里难受，他是我从火箭技术研究院控制技术研究所要来的，他工作很认真，很不错，在完成飞船"零高度"救生控制技术的研究工作中成绩显著。他之所以要离开是这次评研究员时，他没有评上，而他是博士后，又刚完成了"零高度"救生试验这样重要的任务，自己以为一定能评上，可是同样的一个博士评上了，他是博士后却没有评上，这有点无脸见江东父老的感觉。我没有能力帮助他，心情十分沉重，职称评定委员会有几个我的朋友，但也起不了多大作用。我感到内疚，对年轻人的关心不够。而"尊重知识、尊重人才"流于形式，如何留住这些年轻科技人才，确实是一个重大课题。

这位博士后认为我混得不怎么样，其实他是误解了我。我自己认为我这一生为国家发射成功了 13 颗卫星，其中 7 颗卫星的姿态和轨道控制系统方案是我负责设计的。我为国家发射回收成功了神舟一号载人飞船，为发展我国载人航天事业作出了应有的贡献。我还为国家发明、研制成功了多项重要的航天控制新技术，如卫星计算机姿态控制技术、卫星全姿态捕获技术，又如"卫星双矢量姿态确定"和在轨姿态估计技术、扩大飞船发射窗口的新技术以及载人飞船航天员手动运动控制技术、卫星应急控制器等，这些技术现在正在为我国的航天事业作着贡献，可以预料，在未来好多年内，这些技术还将继续为我国航天事业作出贡献。

虽然我当时的临时住房只有 40 多平方米，但那是过渡性的住房，新房正在修建。条件很快就要改善。虽然我没有混个一官半职，但我可以骄傲地说："我这一辈子没有冒用别人的成果去换取任何荣誉地位，我也最鄙视那种人。有的人什么都要：官要！职称要！劳动模范要！什么功臣也要！什么专家都要！我要对得起国家给自己的荣誉，要对得起国家人民对自己的培养。"

到这间小屋来向我辞行的还有飞船技术总体系统的一位年轻技术人员，也是到美国去了。我在送走这些年轻有为的青年时，心里很难过。我们自己培养的博士和硕士不能留在自己的国内，却流往其他国家，我怎能不难过！

作家和科学工作者的友谊

在神舟一号发射期间，我在东风卫星发射中心偶然遇到了我国著名的军旅作家陈晓东先生。说来也巧，在神舟一号试验飞船发射期间，陈晓东先生担负繁重的采访任务，主要负责采访工程的领导和各大系统的总师、总指挥。在我即将离开东风返回北京的前夕，我去向工程总设计师王永志院士汇报工作。陈晓东约定那天去采访王总，王总开会未归，陈晓东坐在王总的办公室等候，我去找王总汇报工作，就遇到了陈先生。经过飞船工程总体室冉隆燧将军介绍，我们彼此认识，交谈了大约 10 分钟，王永志回来了。这短短 10 分钟的交谈，由于我们都是四川人，彼此谈得很投机，大有相见恨晚之感，回到北京后我们就互相联系，从此成了好朋友。

回北京后陈晓东先生和他夫人多次到我家，他看到我的住房狭窄，感叹不已："这就是你的家吗？"我说："这是暂时的，两三年后我就会搬到新房子里去了。"

在 2000 年的 3 月 8 号那天，我和夫人应邀到陈晓东家去参加生日派对。到场有作家、导演、新闻工作者，还有演艺界的朋友，这是我第一次和文艺界的朋友一起聚会。

以前我对文艺界不了解，通过这次聚会才知道文艺界人们的思想。我听到文艺家们忧国忧民的声音。他们对电视台被一些无聊的电视剧和电影占据不满。他们也看不起那些以义演为名骗取名利的所谓名演员，他们认为我们的科学家、航天科技工作者才是国家的脊梁，我们的电视应该多留给这些人。

其中有位北京人民艺术剧院的女同志，据说是满清皇族的后裔，是格格。她谈到自己教育孩子的情况。她要求孩子从小就要学会尊敬人，要学会自立，不要依靠家长。她说一次陪同孩子骑自行车上街，到了一个路口，有一位大爷正在穿行，她的小孩不断按车铃，喊："让开！让开！"她立即叫孩子停下来，要他向那位大爷赔礼道歉，批评孩子对老人没有礼貌。教育孩子应该礼让别人，若要别人让路，一定要先说一个"请"字。我听了很感动。

座中有个科普作家名叫沙锦飞，据说他曾经当过航天科技集团公司庄逢甘院士的秘书。他说，他尊敬那些有真才实学的科学家。有的人名气很大，但是真正的东西很少，他不尊敬这号人。他说他曾经为了拍一个电视片采访一个有名的专家，可是在采访之后他感到没有办法写这个报道，这个片子也没有办法拍了。因为那位科学家除了在国外读博士时的那点东西外，拿不出其他的重要成果。问他那篇博士论文里面的成果在哪里应用过呢？回答是在他所在的大学的实验室里。沙锦飞先生说他真的没有办法写，除了写这位科学家曾经当过什么工程的总师，见过某某工程领导外，还能写什么呀！你当过什么总师、什么指挥，那是你的职务，你是一个科学家，就应该讲点你在科学上的发明创新，你在重大工程中解决的重大技术问题。他还说在神舟一号发射成功后，他看到美国纽约的一家报纸说，中国飞船的控制技术先进，美国的水星号飞船只能在海上降落回收，避免飞船砸到房屋，砸伤人。中国的神舟一号飞船第一次回收就敢在陆地上回收，证明中国人对自己的飞船控制技术充满了信心。

陈晓东先生立刻插话说："老陈正是神舟一号飞船制导、导航和控制系统的主任设计师，飞船就是他控制回来的。"

我说："飞船不是我一个人控制回来的，而是我们设计的控制系统控制回来的。"在这次聚会上，陈晓东先生朗诵了他为我写的一首新诗：《我为航天谱风流》。他说这首诗是他在神舟一号飞船发射期间在酒泉卫星发射中心一次喝酒醉后写的。在诗中，陈晓东这样写道：

魂悠悠

梦悠悠

魂牵梦绕一个酒

酒泉有我心中的爱

我为航天谱风流

身披大漠寒

手挽沙暴走

生命化胡杨

> 风骨永不朽
> 辉煌背后壮士泪
> 金弓银箭射神舟
>
> 魂悠悠
> 梦悠悠
> 魂牵梦绕一个酒
> 酒泉有我心中的爱
> 我为航天谱风流
> 谁说边关远
> 喧闹在心头
> 说说边关苦
> 孤独当美酒
> 辉煌背后壮士血
> 金弓银箭射神舟。

当我听到"辉煌背后壮士泪"这一句时，非常有感触，我用手摸着自己摔伤的腰，心想这才是深入生活的军旅作家。

这首诗还由著名作曲家谱曲，一位著名女高音歌唱家演唱。在神舟三号总结会时，我把这个录音带送到中国载人航天工程办公室，希望能够把这首歌曲送到中央电视台播放，以表示对作家们的支持。

不久陈晓东先生连续三期在《海内与海外》杂志第一版登载他写的介绍我在国外工作情况的文章，标题是："一个中国航天专家在欧洲"。这是他在采访神舟一号飞船发射后的第一篇采访报道。

八一电影制片厂赖导演到我当时只有40平方米的住所采访之后，很有感触，便写了一篇文章叫《我心目中的英雄陈祖贵》。由于我自认为是一个普通的神舟飞船研制人员，不是英雄，因此建议赖导演不要发表这篇文章。

神六飞船飞控组副组长

　　到了 2005 年，神舟六号飞船要出场发射了，主管飞船 GNC 系统研制工作的飞船系统副总设计师胡军来找我，征求我对神舟六号飞船发射工作中对我们下来的几个老同志的安排意见，以及试验队，特别是对"飞控试验队"组成及领导安排的意见。

　　对他安排刘良栋、王南华和我到酒泉卫星发射中心试验队，孙承启、范如鹰到飞行控制试验队，我表示没有意见。我建议他要充分发挥王南华研究员的作用，我说："飞船系统方案部分，你已经掌握了，我去不去酒泉卫星发射中心都没有关系了。但是在硬件和系统试验方面王南华老师经验丰富，年轻的技术人员这方面有差距，陀螺仪表，她听声音就知道有无问题，年轻人目前还做不到。要好好发挥她的作用。"

　　把试验队的名单交到飞船工程项目办公室后，项目办公室的领导要我留在北京，参加总装组织的神舟六号飞船飞行控制组，任命我为神舟六号飞船飞行控制组副组长。我在执行任务的前期到酒泉卫星发射中心去，在飞船快要发射时才返回北京。希望飞行控制组里有一个老同志把关，说："陈总坐在那里，我们放心。"

　　这样，我成为了神舟六号飞船飞行控制组的副组长

　　我感到责任重大，因为神舟一号试验飞船发射时我是神舟一号飞控组的副组长，在神舟六号飞船飞行试验时我又是飞控组的副组长，这样我国载人飞船工程的第一次飞行试验和第六次飞行试验我都是飞控组的副组长，参与神舟六号飞船飞行试验将为我自己的航天事业特别是为载人航天事业画上一个圆满的句号。

　　飞行控制组的第一次会议在北京航天城的"航天协作楼"会议室举行，飞行控制组的组长是北京航天指挥控制中心的主任、我的老朋友席政，副组

长有朱民才、林宝星等。除我以外飞行控制组的其他成员全是中青年科技工作者，在座的唯一的一个白发老头就是我。

我同时参加了飞船系统的飞行控制试验队，试验队的领导基本上全是总体部的同志。飞行控制试验队的队长是飞船的副总设计师张庆君，在飞船系统年轻的副总设计师中，我对他的印象比较好，他工作认真负责，技术一流，待人诚恳，谦虚谨慎，对老同志比较尊敬，我们合作配合得很好。其他的领导如程民章副总指挥等都是我的老朋友，大家熟悉，配合得也很好。

拒绝神舟六号 3 天返回方案

在神舟六号飞船发射的前 3 天，神舟六号飞行任务控制组同志开会，讨论飞船总体部提交的一个文件，这个文件是"神舟六号飞船 3 天正常返回协同工作方案"。我一听就认为这有点问题，神舟六号正常飞行的天数是 5 天，飞船在太空的飞行程序都是按照飞行 5 天来编排的，所有的地面试验都是按照飞行 5 天来进行的，航天员的操作训练也是按照 5 天来训练的，为什么突然要编写一个 3 天飞行方案，还要让我们来讨论呢？

临阵改变作战计划是兵家大忌，发射飞船更不能突然改变计划呀！既然拿来评审那就应该按航天产品的研制管理办法来进行。我看这个方案只有报告，配套的文件一个没有，首先没有任务书，没有技术要求。没有设计任务书，没有技术要求，就是设计没有输入文件，这样的设计报告没有资格参加评审。

我就问："神舟六号飞船 3 天飞行方案设计任务是谁提出的，有没有任务书？"

回答："没有任务书，这个工作是上面通知这样做的。"

我说："没有任务书按航天产品研制管理的规定，这个设计报告不符合航天产品设计规范，航天产品设计规范规定方案设计一定要有输入文件，要有任务书和技术要求，没有任务书和技术要求的设计报告没有资格拿来评审。所以今天这个评审会，不能开。"

总装有关部门领导看会开不下去，着急了，因为这个飞船工程的最高领导指示要设计神舟六号飞船 3 天正常飞行方案。据说这个任务提出后，飞船工程的技术领导向这位最高领导汇报说他们已经设计了 3 天应急返回的方案。

这位最高领导说："你们没有理解我的意思，我要你们研究 3 天正常返回的方案。"

这样，这个任务就往下布置。

这位领导干部说："3 天正常返回的方案是工程最高领导布置的，我们必须执行。"

我说："任何人布置的任务都要有一个正式的文件，因为这是方案性的更改，而且是在飞船临发射前修改发射方案，关系飞行试验成败，关系航天员的生命安全，出了问题谁承担责任。你说是哪个工程高级领导说的，没有文件为依据，出了问题他说是你们听错了，你们理解错了，怎么办？要红头文件，要白纸黑字。"

我想大家都是搞航天的，航天部门的一些规章制度大家都是熟悉的。没有设计任务书，能进行航天产品的设计吗？我们载人飞船系统规定，凡是天上要做的工作，在酒泉卫星发射中心必须进行试验，凡是要在酒泉卫星发射中心做的试验，在北京航天城航天试验中心必须进行测试。飞船所有的试验都是按照 5 天飞行试验进行的，而且飞船上计算机的软件都是按照 5 天的正常飞行来设计的。现在你要突然改成飞行 3 天，试验做过吗？北京没有做过，在酒泉卫星发射中心没有做过，谁敢拍板就这样把飞船发射上天？现在飞船的计算机软件都固化了，飞船已经运到发射阵地了，即使想要补做试验，已经做不了啦！因此如果不推迟飞船的发射时间，不把飞船运回北京，按照新的任务要求重新设计的话，目前 3 天返回的方案不能讨论。如果要讨论，必须下达新的任务书。

在会上我看到与会的人都是不同意 3 天返回方案的，这些领导大部分是军人，军人就不敢不执行上级的命令，纸面上的也好，口头上的也好。

他们中间有的和我辩论，我看也是走过场，大家心里都清楚，现在改飞行方案就等于战前突然改变作战计划，实在不可取。

我说："在神舟六号飞船即将发射的时刻我们必须集中精力搞好 5 天飞行试验的一切准备工作，不应该再分兵去搞什么 3 天返回的方案。"

我请到会领导转告工程最高领导，请他放心，飞船进入太空后，飞行 3 天和飞行 5 天，只要航天员生活用品够用，没有差别，安全返回有保证。

这样这个会没有开下去，会后也没有人再提起 3 天返回的方案了，这个问题就不了了之了。

这位领导同志的心是好的，他想的是如何能够更加安全地完成神舟六号飞船的飞行任务，见好就收，飞 3 天总比飞 5 天的安全性高。但是应该在下达神舟六号飞船研制任务时就提出 3 天飞行任务，而不是在临发射前才来改飞行方案。

6S 贯彻到了航天城指挥控制大厅

在神舟六号飞行试验期间，要贯彻 6S 的管理规定。什么叫做 6S，当时我实在不知道，只知道这次在执行神舟六号飞船发射任务期间，严格控制进入北京航天指挥中心指挥控制大厅人员的数目。据说以前 5 次飞船发射期间，指挥控制大厅太乱，不像一个搞航天高技术的样子。以前在指挥大厅工作台的后面还可以安放一排凳子，这样除了具体操作人员在执行任务时可以进入大厅外，二岗把关的技术人员或技术领导还可以坐在后面的凳子上，讨论解决发生的技术问题，免得需要解决问题时到处去找人。在前几次发射飞船时大家经验不多的情况下，这种做法未尝不可。

而我在国外各航天指挥中心看到，国外的指挥控制大厅，就只是技术人员讨论问题、观察数据的地方，不论来的官有多大都到二楼贵宾席就座。6S 不限制各级领导，反而限制干活的，不知是谁的规定。

但是既然是规定就得执行。我们控制系统分配进入指挥控制大厅的每班有三个人，两个具体操作、观测飞行数据的技术人员，这两个人到标有 GNC 系统标志的工作台就位，执行任务。我是飞船飞行控制组的副组长，给我一个飞行控制副组长的岗位，我也可以进入指挥控制大厅。可是在发射前的一天我看到我的岗位突然换了个牌子，变成了飞行控制决策岗，我去问飞行控制组的组长是怎么回事，他说："为了加强飞行控制组的领导，又任命了几个副组长和两个技术顾问，如果照原来的飞行控制组长岗位设置，有两个顾问就进不到指挥控制大厅了。飞行控制决策岗给你们飞船系统两个岗位，你和负责飞控的副总师是一岗。一个飞船总师顾问和一个新增的飞控副组长是二岗。这样这个顾问就可以进入指挥控制大厅了。"

可是到了发射那天，我们飞船试验队的调度宣布的和飞行控制组领导的

安排完全不同，他们把这两个飞行控制决策岗全给了总体部，没有一岗和二岗之分，一个岗位给负责飞控的副总师，另外一个岗位给飞船总师顾问。能不能另外给我增加一个位置，还正在向总装备部申请，暂时把我的岗位安排到前面 GNC 系统的监视岗。我一听感到不妙。本来我们 GNC 系统可以进去三个人，那样只能进去两个人而且要我这个老头子去观察数据，老眼昏花，显然我完不成在显示屏上监视飞船飞行数据这个任务。以前几次飞船发射我都进指挥控制大厅，我不能占青年人的岗位。应该让年轻人多锻炼锻炼，对以后的飞行控制任务有利，因此我提出来我这次就不要进入指挥控制大厅了，让两个年轻技术人员进去。

总装备部某部的部长听到我不进指挥控制大厅的消息后，他说："陈总不进指挥控制大厅可不行，飞船飞行没有事则罢，如果出了问题，需要解决时，到哪里去找他呀？"

这样，也只有违反 6S 的规定，破例在 GNC 的岗位后面给我单独安排了一个座位。所以在神舟六号飞行期间，人们从电视上看到北京航天城指挥控制中心的画面时，看到一个白发老头孤零零地一个人坐在后排座位上，特别显眼。我的朋友们一眼就认出了我。

接受电视台采访

在神舟六号飞行期间我接受台湾东升电视台著名记者卢秀芳的采访。采访的地点是在北京航天城航天指挥控制大厅。

这次采访是违反规定的，因为在任务期间一位管宣传的负责人告诉我，这次神舟六号飞行期间宣传的重点是飞船的××部。我心想自己现在已经退居二线，在一线时你们都没有来宣传过，现在退居二线更不用说了，你们愿意宣传谁就宣传谁好啦，跟我说这些干吗！对于谁接受哪个电视台的采访，谁到哪个电视台做嘉宾，都由政工部门专人安排。原来准备由我到中央电台做飞船现场广播的嘉宾，但是我有值班任务，不能去。我就在航天指挥控制大厅中值班。

这天，台湾东升电视台的著名记者卢秀芳女士到北京航天城航天指挥控制中心采访，据说这是经过有关领导特批的。采访时由中央电视台的著名记者白岩松陪同。他们是被安排去采访北京航天指挥控制中心主任席政和副主任朱民才的。

席政主任和朱民才副主任在接受采访完毕后，席政主任对中央电视台的白岩松说：我们这里还有一位著名的飞船控制专家，飞船的控制系统就是他负责设计的，你们愿不愿意采访他？

有采访任务，他还能说不愿意采访吗？这样，席政就把他们带到我的工作台前了。席政对我说："陈总，中央电视台的名记者白岩松要采访你。"

我站起来和白岩松、卢秀芳女士握手。我有点难办了，因为我知道接受采访要上面安排才行，如果拒绝又太没有礼貌。席政主任还告诉我，卢秀芳女士来采访是中央政治局常委李长春特批的。我接受了他们的采访。

卢秀芳女士听了非常高兴，紧紧握着我的手，叫摄影师赶快拍摄，她紧握着我的手往上举，说："神舟六号飞船专家揭秘。"

意思是说以前都没有向大家介绍过干具体活的神舟六号飞船的专家，今天由她第一个来揭开这个秘密。

在采访完后她又拿出本子要我在上面签名留念。

席政主任又带他们去采访了飞船救生专家李颐黎，可能老李给他们介绍了飞船故障诊断的情况。因为老李负责飞船的故障诊断工作，而且他对故障诊断已经达到入迷的程度，所以我老叫他"李故障"。

采访老李后，白岩松他们又向我走过来，继续对我进行采访，原来是与故障诊断有关。我告诉白岩松说："刚才你们采访的那位专家，我们叫他'李故障'，因为他是飞船故障模式设计及故障诊断的专家，我和他正相反，我对'正常'感兴趣，我的工作就是要让老李失业，让飞船不出故障，让飞船安全运行，安全返回。"

白岩松笑着问我："你们是不是一直在斗争？"

我说："不错，我的目的就是要打败他，以前几艘飞船我们都胜利了，在神舟六号飞船飞行试验中我们也要打败他，让他失业，故障失业了，飞船就安全了。"

"神六"飞船安全落地

在飞船回收那天，吴邦国委员长、政协主席贾庆林和吴官正、黄菊等党和国家领导人又来到航天城观看飞船回收的实况。

飞船回收是非常关键的时刻，这时在场的所有目光都集中在我们 GNC 系统的身上，神舟六号飞船能否顺利回来，就看我们 GNC 系统的了。但是此时的我们一点也不紧张，我非常有信心，我负责设计的 GNC 系统一定不会辜负党和人民的期望，一定会把飞船安全地控制回来，把航天员费俊龙和聂海胜安全、舒适地控制回来。这不是用决心来保证的，而是用科学、用扎实的工作来保证的。说实话，除了神舟一号飞行试验时我还有些担心外，从发射神舟二号到发射神舟六号我已经没有什么如履薄冰的感觉了，而是满怀信心夺取胜利。

果然 GNC 系统在接收到第一次姿态调整的命令后，顺利地完成了飞船一次调姿，接着又完成了二次调姿、飞船制动、配平攻角调整、进入大气层后的升力控制以及飞船回收主伞张开后对飞船消旋等控制任务。当年轻的副主任设计师陈朝晖用洪亮的声音报告一个一个的好消息时，大厅里不时响起一阵一阵热烈的掌声。

当飞船准确回收的消息传到北京航天指挥控制中心时，主席台的屏幕上立刻出现了"热烈祝贺神舟六号飞船飞行试验圆满成功"的大幅标语。吴邦国等党和国家领导人登上主席台和大家一起庆祝。

吴邦国等党和国家领导人接见了在场的飞船飞行控制组的技术人员代表。

这时的北京航天指挥控制大厅成了一片欢腾的海洋，人们互相握手祝贺，并在庆祝胜利的大屏幕前合影留念。

飞船的 GNC 系统这次更没有辜负党和人民的期望，把飞船安全准确地控制到预定的回收区，落点精度达到 2 公里以内，达到当今世界的先进水平。两

个航天员安全舒适地回到神州大地，向党和人民交了一个完美的答卷，我为自己的载人航天事业画上了一个圆满的句号。

这正是：

　　　　神舟六号返神州，
　　　　航天健儿最风流。
　　　　大功告成名不就，
　　　　白发老头乐悠悠。

过渡房里待外宾

我原来居住在科学院中关村红楼区，由于国家对知识分子的关心，拨款改造旧房，我家也在搬迁之列，于是我住进了中关村901丁108室这间临时性的过渡用房。住在40平方米的过渡房里，我嗜书之性不改，在明亮的灯光下，还进行科学研究工作。研制"神舟飞船"控制系统的重任在肩，不敢稍有懈怠。偶有休息，也在书堆中度过，翻一翻古书，其中也获得不少乐趣。我手中捧着新版《古文观止》一书，阅读唐代著名文学家刘禹锡的名作《陋室铭》：

山不在高
有仙则名
水不在深
有龙则灵
斯是陋室
唯吾德馨

读到这里，联想到现在住的斗室，心情分外激动，将原文下面几句稍作修改，变成我的《新编陋室铭》，修改后的下面几句变成：

四十平方米
一室又一厅
贤士来相聚
接待有外宾
斗室幽且静

读书至夜深

神舟飞船咱设计

身居陋室搞发明

航天健儿绘新图

庸才重写陋室铭

提起这间临时的过渡房，我还要对我们所的领导表示深深的感谢。因为按规定拆迁户要自己去找过渡用房，所领导不仅在唐家岭给我一间房子存放家具和东西，还考虑到我年纪较大，上下班不宜奔波，又在所的附近给我找了这间房子，还进行了粉刷和改造。因此我对所领导始终是十分感激的。

在这40多平方米的过渡房内，我一住就住了将近4年，在这里我还接待了不少国内外的朋友哩！在2000年初，我到清华大学去作神舟一号飞船发射成功的报告，会后清华大学有的同学来我家做客，其中的陈荣德博士还成了我的忘年之交。

著名作家陈晓东先生和夫人来过我的家里，我们在这里建立起了作家和科学工作者之间的友谊。

在这间房子内我接待过3个外国朋友。那是2000年，我在德国的好朋友乌尔夫先生和夫人以及他姐姐要到中国来旅游，他们给在北京工作、担任美国一家大公司宇航部亚太部副总经理的弟弟一个重要任务，就是要在北京找到我。在北京这样大的城市要找一个人等于大海里捞针，谈何容易。他弟弟通过他公司里的一个中国职员的母亲，在航天科技集团公司查到了我的电话，终于找到我了。像我这样的住房，本来就不能接待外国朋友，但是我在德国期间，造访他家次数太多，我们关系太好，不接待一次不行，只好在这里将就接待。有领导建议在附近的外专公寓租一间房，我感到这样更不好，实事求是可能是最好的解决办法。我决定就在这间40平米的住房内接待外宾。他们到我家时，只能在13平米大的卧室里接待，没有沙发，连椅子也放不下，只好委屈他们坐在我家的床上。常言道得好："只要仁义好，喝水都甜。"由于我们之间友谊很深厚，大家相会在一起，就很高兴，哪里还在乎住房面积大小和居住条件的好坏。在我的卧室里他们还照了相。为了避免误解，我将住房拆迁重建的事原原本本地告诉了他们，外国朋友们只能表示理解。临走时，乌尔夫先生问我一个问题："陈教授，你住在这样的房子里，你到底是真的教授，还是假的教授呢?”我听了笑一笑，回答说:“你看呢? 你说我是个真教授还是个假教授呢? 我像是个假的吗?”他笑着说:“不! 不! 你在我们那里是公认的真教授，真教授。”

我还将外国朋友带到“红楼区”施工工地参观，告诉他们这是我将来住房的施工工地，我对他们说:“我们中国有句老话，旧的不去，新的不来，等到新房修好后，我再请你们到北京来。到那时你们看到的将是一个漂亮的现代化的新的居住小区。”

我在这 40 多平方米的一室一厅的住房内一住就将近 4 年。在这 4 年中，我在这里度过了载人航天工程的一段重要时刻，就在这陋室中完成了中国载人飞船的一些新技术的研究，并应用到神舟五号飞船的 GNC 系统中;有的被推广应用到技术卫星，谱写了一章新时代的“陋室铭”。

曙光啊曙光，我为你献出了 8 个春秋

在举国欢庆神舟五号飞船飞行试验成功的时候，我不由想起那神舟五号飞船的先驱"曙光一号"载人飞船。现在很少有人提到它，也很少有人知道它，但是我为它整整奋斗了 8 个春秋。人生有多少个 8 年啊，这 8 年的工作生活给我带来的有愉快，也有痛苦，酸甜苦辣麻全在里面啦。"曙光一号"飞船是我在 40 年前开始的一次飞天梦。它虽然像梦一样很快消失了，可是它为我实现飞天梦想做了一次有益的尝试。尽管由于当时的历史条件、技术基础和经济实力的限制，那次尝试没有取得成功，可是它为神舟五号飞船的研制培养了人才，奠定了重要的技术基础，这是事实。我想从自己的经历来谈谈"曙光一号"飞船对载人航天事业的贡献。

1966 年我研究生毕业，1967 年正式参加工作。我研究生毕业后参加的第一个工作，就是研制"曙光一号"飞船的制导、导航与控制系统。

在我的保险柜中还保存着两张"曙光一号"飞船的制导、导航与控制系统的图纸，一张是控制系统的方框图，另一张是航天员座舱的仪表、仪表板和控制器等的布置示意图，这是两个珍贵的历史文物。

那是 1967 年的事了。当时的党中央和毛泽东主席决定要研制载人宇宙飞船，取名为"曙光一号"。由于决定研制飞船的中央文件是毛泽东主席在 1967年 7 月 14 号那天圈阅的，所以"曙光一号"飞船的代号叫 714。中国空间技术研究院负责载人飞船的研制工作，我们所负责飞船制导、导航与控制系统的研制工作。我当时是飞船 GNC 系统方案组副组长、航天员手动运动控制系统小组的组长，具体负责航天员手动运动控制系统研制工作。

确实，一切都来得太突然，刚参加工作就从事研制载人宇宙飞船，而且让我负责航天员手动运动控制系统的研制工作，当制导、导航与控制系统方案组副组长，航天员手动运动控制系统组长。说实在话，当时飞船是什么样

子，航天员手动运动控制系统是什么样子，我并不知道。虽然当时我对飞船真是一无所知，一切从零开始，但是工作的热情确实是非常高的，积极性那真是没有说的。那时也没有奖金，也没有职称评定等问题，可是同志们加班加点忘我地工作。

第一个航天员手动运动控制训练模拟器

我刚研究生毕业参加工作就当让 GNC 系统方案组的副组长和航天员手动控制组的组长，我自己也没有想到。我一点实际工作经验都没有，而且研究生时攻的专业方向是大型工业系统的自适应控制技术，和航天控制相差甚远。我虚心向参加工作早的老同志学习，一边工作一边学习。和我们对口的航天员培训单位是当时编制划归五院的编号为 507 研究所（现在的航天医学工程研究所）。当时我们还在永定路，那儿的前身是空军的军医三所。我们和 507 所的同事们合作得非常好，配合紧密，和当时的陈信副所长、梅磊教授、姜淇源教授等一起战斗过一起工作过。我和我的同事朱身立、沈志英（已故）曾经和 507 所的科学家们长期在一起协作，建立起了良好的协作关系。搬迁到北京农业大学后，在那里，我和他们一起研制成功了第一个简易的航天员训练模拟器，我们用示波器显示飞船的姿态，用类似飞机的驾驶杆当作航天员的控制手柄，用模拟机模拟飞船的姿态运动，这就是我早期的简易的航天员手动运动控制训练模拟器，我们用这个模拟器进行飞船手动运动控制系统的试验。

我国最早的航天员手动运动控制系统

我负责飞船航天员手动运动控制系统的设计、研制工作。我们为了设计飞船航天员手动运动控制系统，查阅了已经公开的美国有关"水星"、"双子星座"和"阿波罗"飞船的航天员手动运动控制系统的有关资料和为数极少的俄罗斯有关航天员手动运动控制系统的资料。为了确定飞船姿态显示仪表方案，我们和 507 的同志一起访问了当时的三机部×××所，到过空军有关单位调查学习，到上海电子仪表三厂和江南造船厂等做调查研究。当时我们就

看到了电子显示仪表的先进性，灵活、使用方便、可靠性高等，就想到用电子显示仪表取代美国"双子星座"飞船所采用的那种机电式全姿态显示仪表，所以我们专门到上海电子仪表厂学习。但是由于当时的电子技术还不具备条件，阴极射线管要用高压，体积、功耗都大，所以不敢采用。飞船的姿态显示仪仍然采用机电式的全姿态显示仪表，这种仪表被应用在"阿波罗"飞船上，在当时应该是很先进的。为了研制这种全姿态仪表，我们成立了攻关组，组织了攻关会战。该项目的负责人是邵久豪教授。经过一年多的艰苦奋斗，我的第一个全姿态显示仪表的样机就研制出来，同时航天员的控制手柄也在分析调研的基础上开始研制。我们对控制手柄的结构和控制方式进行了研究试验，并由航天医学工程研究所进行初步的功效学评定，不久又研制成功第一个航天员控制手柄。由于当时正在搞"文化大革命"，事事都要突出政治，所以我们研制的航天员控制柄上还有一个红色的火炬。

我们研制成功了飞船的全姿态显示仪表和飞船的航天员控制手柄的样机，这两件产品还参加了当年的国防科技成就展览会。

航天员的超重试验和手控系统的实物试验

我们还和 507 所的技术人员一起做了我国载人航天史上的第一次飞船返回再入时航天员所受的超重试验。为了安全起见，先用狗来进行试验，用狗试验成功后确认对人的安全没有问题后再用"锻炼员"进行试验。当时还没有选拔航天员，参加飞船手控系统和航天员培训工作试验的解放军是"锻炼员"，就相当于演员的替身一样。在进行飞船再入大气层后航天员承受的减速过载试验时，"锻炼员"坐在离心机上，离心机根据飞船再入大气层后的减速过载的大小，控制离心机的转速，模拟飞船再入大气后的减速过程。我们和 507 所密切配合，试验获得圆满成功。

1970 年以会战的形式进行了两个大型试验，一个是单轴的航天员手动控制系统全实物仿真试验，试验内容包括：飞船在轨道运行阶段的姿态控制和返回阶段的飞船再入控制。试验仪器和设备包括用航空仪表改装的手动控制系统的显示仪表，新设计的航天员控制手柄，手动控制线路，我们所研制的双组元发动机和模拟飞船的单轴机械转台。第二个大型试验是飞船姿态控制系统的半实物仿真试验，试验设备包括模拟计算机、飞船控制计算机和双组元发动机。试验地点在 502 所试验基地。试验用的发动机是真正的双组元发动机。试验工作既紧张又愉快。每天早上大家唱着革命歌曲上山，做完试验又唱着革命歌曲下山，而我则喜欢唱我们家乡的民歌《太阳出来喜洋洋》。大家是那么愉快那么高兴，似乎根本不知道什么是苦，什么是累，工作的配合是那样的融洽。当年参加试验的老战友们谈起这段经历，脸上露出愉快幸福的笑容，沉浸在美好的回忆中。现在可不一样了！

飞船不听我的话

这两个大型试验进行得非常顺利。在进行航天员手动控制试验时，航天医学工程研究所的"锻炼员"参加了试验，他们坐在单轴的飞船运动模拟器上，通过观察飞船的姿态显示仪表，操纵控制手柄，控制飞船。他们控制得很好，在他们的手里飞船很听话。其他技术人员也去试一试，飞船也很听他们的话，控制得很好。手控系统的试验方案是我负责设计的，因此我想亲自出马去控制试一试。我亲自到模拟飞船上去操纵。不料我坐上飞船运动模拟器，它可不买我的账，晃来晃去，摇摆不定，不受我的控制，不行只好下来。同志们开玩笑说："贵，你设计的什么控制器，飞船根本不听你的！"我说："它撒娇呗！你看你们家里的小儿子不是也爱在你们的面前撒娇吗？"

可是由 507 所的"锻炼员"去做试验，情况就大不一样，飞船运动模拟器就变得老老实实，他们把飞船控制得稳稳的，真是一点面子都不给我留。

飞船冒起了黄烟

更有甚者，平时飞船的试验还进行得很顺利，可是到了关键时刻，试验就出问题，好像就是要和我们过不去。在整个试验结束前，我们邀请五院和原国防科委的领导来参观指导，并作汇报演示。就在给领导们进行汇报演示试验的时候，有一个"双组元"发动机阀门的密封圈脱落了，阀门不能关闭，只见四氧化二氮那黄色的浓烟弥漫了整个试验场。幸好参试人员都戴好了防

毒面具，否则后果不堪设想。这时候只见负责发动机研制的技术人员戴着防毒面具往上冲，关上总阀门，问题才算解决。事后同志们笑着说："怎么搞的，连发动机都害怕领导，平时好好的，领导一来就出乱子！"这给我一个深刻的教训，就是："载人航天必须安全第一！"天上可千万不能出这样的乱子呀！这些试验的学费没有白交，这些试验为"神舟号"飞船 GNC 系统的研制工作打下了一定的技术基础。

让飞船安全返回的新技术

将航天员从太空安全地控制回来是飞船 GNC 系统的一项重要任务，这就必须掌握飞船的返回再入控制技术，因此载人飞船的返回控制技术是飞船的一项关键技术。在研制"曙光一号"飞船的 GNC 系统时，我们开始研究这项新技术。我们对于飞船的返回控制技术以前基本上是不熟悉的，那时我们这些年轻的科技人员在屠善澄院士、章仁为教授等科学家的指导下，从查阅国外资料着手，开始这门新技术的研制工作。当时能够查到的资料就是有关美国"水星号"飞船和"双子星座"飞船的零星报道和公开发表的技术文件。我们以"双子星座"飞船的 GNC 系统为蓝本设计"曙光一号"飞船的 GNC 系统。飞船的惯性导航方案我们也和他们一样采用惯性平台系统方案，GNC 系统的控制器采用船载计算机，因此我们设计的"曙光一号"的 GNC 系统是当时最先进的平台计算机系统。我们研制成功了四框架平台的样机。由于液浮测速陀螺是平台的主要部件，因此研究所和卫星制造厂合作开始研制液浮陀螺。液浮惯性平台的研制推动了航天器控制系统中广泛采用液浮测速陀螺这个关键部件，为 921 工程惯性导航技术奠定了技术、物质基础，对我国空间控制技术的发展起了重大作用。

我国的航天器控制计算机技术也是从那时候起步的。"曙光一号"飞船的导航计算机是我们和时代电子公司的 771 所合作研制的，"曙光一号"飞船的导航计算机的研制对我国航天器计算机技术的发展有重大的推动作用。那时微型计算机还处于起步阶段，他们派了王旭东、魏庆福和邝冬英等技术人员到 771 所。在杨嘉墀院士和沈绪榜院士的支持和领导下，我开始了第一代航天器计算机 714 计算机的研制工作，不久就生产出了样机。714 计算机的功绩不能低估，它是我国第一台卫星或飞船的控制计算机，它的研制为我国培养了一批航天器计算机技术人才。在"曙光一号"飞船下马后，这台714计算机还被用来进行卫星计算机姿态控制技术的研究和试验，用这台计算机完成了第一个卫星数字姿态控制系统的天地计算机对接试验，为卫星计算机姿态控制技术的发展起了重要的开路先锋作用。第一个卫星计算机姿态控制试验的技术负责人就是921工程飞船系统GNC系统的主任设计师我本人。现在计算机卫星姿态控制技术在卫星中广泛应用，这不能不说"曙光一号"飞船的研制对推动航天科技事业发展的重要作用。

"曙光一号"飞船的救生控制方案是屠善澄院士负责的，他当时是"曙光一号"飞船方案组的成员，领导我们这批年轻的科技人员进行GNC系统自动控制部分的设计工作，飞船返回升力控制方案也在他的领导下设计，我们还完成了"曙光一号"飞船的返回升力控制系统的模拟机计算仿真工作。这个工作在国内是由我们首先完成的。

我们在1971年先后完成了"曙光一号"飞船的制导、导航与控制系统的自动控制系统的方案设计工作，完成了姿态控制系统的设计和数字仿真，在国内我们第一次完成了飞船返回升力控制的基准弹道法的模拟机仿真计算工作，这些工作为神舟五号飞船返回控制技术的研究和返回控制系统的研制奠定了坚实的技术基础。现在神舟五号飞船返回控制所采用的基准弹道法，就是当时"曙光一号"返回控制所采用的方法。这些重要的工作对神舟五号飞船的研制有着十分重要的作用，这些事只有参加过"曙光一号"和"神舟号"飞船研制工作的人才会有这样的认识和体会："曙光一号"功不可没。没有"曙光一号"GNC系统的研制经验，我们要想在短时间内研制出具有世界先进水平的飞船GNC系统，使我国成为世界上第三个飞天国家是不太可能的。

"曙光一号"飞船研制和卫星计算机姿态控制技术

"曙光一号"飞船GNC系统的研制工作推动了我国卫星计算机控制技术的发展。"曙光一号"飞船的GNC系统控制器是我国第一台飞船船载计算机，称之为714计算机。这台计算机是由我们提出任务要求，由航天部771所负责人研制成功的。

1972年，由于当时国家的经济力量和技术力量限制，"曙光一号"已经无

法再继续坚持下去了，参加"曙光一号"飞船研制任务的技术人员纷纷调到其他型号，但是"曙光一号"飞船是毛泽东主席亲自批准的任务，谁也不敢公开宣布下马。我们当中部分人员就继续坚持。当时的工程组长是我国著名的航天控制专家章仁为教授，他看到飞船控制系统总体组里有三四十号人没有工作干，就想方设法为大家找工作。这时国外的卫星和飞船的控制系统中早已采用了微型计算机，而我们还没有人从事这方面的研究工作，因此他就决定我们飞船控制系统方案总体组开展具有重大应用价值的卫星姿态计算机控制技术的研究工作。并且和当时研究室搞返回式卫星姿态控制系统方案设计的另一个工程组联合，进行研究。我负责卫星姿态数字计算机控制方案的设计工作。我在查阅大量国外公开发表的文献和美国宇航局的文献报告的基础上，很快提出了卫星姿态数字控制方案。由于当时没有合适的计算机可用，为了验证我们方案的正确性，我和五位同志一起动手自己研制卫星数字姿态控制器的原理样机。当时计算机的水平和普及程度与现在比差距太大了。没有现成的计算机，我们开始用逻辑电路研制卫星姿态控制的逻辑线路。

我原来是从事飞船控制系统方案设计工作的，只会耍笔杆子，研制控制器样机、设计控制电路，我是外行。我买了清华大学编的《晶体管线路》上中下三册，边学边问边干。我们在 1972 年底研制成功了我国第一台卫星姿态控制系统的数字逻辑电路样机，并用该样机和 J331 大型模拟计算机成功地进行了数模混合仿真试验，这是我第一个卫星姿态控制系统的数模混合仿真试验，它在我国航天控制技术发展史上具有重大的意义，它开创了先河。接着我们又利用"曙光一号"的 714 计算机和 J331 大型模拟计算机进行数—模混合仿真试验。我用 714 计算机的语言编写了卫星姿态控制逻辑的软件，用 J331 计算机模拟卫星的姿态运动，用"数—模"变换器和"模—数"变换器连接构成卫星数字姿态控制系统的一个数—混合仿真系统，进行卫星数字姿态控制系统的仿真试验，研究了我们研制成功的卫星数字姿态控制技术。这一试验的成功对以后卫星姿态计算机控制技术的推广应用起了重大作用。这次试验不仅为我国的卫星计算机姿态控制技术奠定了基础，而且这种系统试验的方法也为我国后来测试卫星和飞船控制系统软件用的星—地计算机闭路测试技术开了路。由此开始了我和卫星飞船控制技术的不解之缘。

"曙光一号"飞船的制导、导航与控制系统，尽管好多人都忘记了它，但它陪伴我们走过了 8 个春秋，我永远不会忘记这一段难忘的经历。

8个地方比外国同类产品先进

1989年，在完成一颗新型返回式卫星的飞行控制任务之后，我从西安到了石化总公司的一个工厂。我是去接受一个炼油厂催化裂化装置气压机程序控制器的改造任务，这也是我承担的第一个民用产品任务。这个工厂原来的程控器是从国外引进的，工作性能不稳定，经常停机。由于催化裂化装置的产值一年两亿多，机器停止工作一次造成的损失巨大，厂里决定对该程控器进行改造。

我的同学是石化总公司设计院的室主任，他请我帮助改造。我婉言谢绝，说："石化工厂的自动化我从未搞过，这个任务我接不了。"我的同学说："卫星你都能控制，一个小小的'气压机'你还控制不了？"

我说："卫星我能控制，但我控制不了气压机，这叫隔行如隔山呀！"

最后我接受了这个任务。原来的控制器不动，由我另外研制一个新的程控器，如果我研制的比外国引进的好就用我研制的，如果我的程控器不如外国的，仍然使用原来的程控器。这样我身上的责任不大，我就承担了这项任务，我和我的助手两个人负责这项任务。

我到他们工厂时，厂里看到来了两个书生，以前又没有干过石油化工装置的自动控制，不配合我的工作。但是我们和技术人员以及工人师傅的关系很好，我们上下班，没有汽车，从招待所到现场路程很远，我们就坐工人师傅的摩托车进厂。

通过和工厂工程师陈婉清以及其他技术人员的紧密合作和工人师傅的大力帮助，我的第一个工业自动化产品研制成功了。1990年的5月27日，我研制的程控器投入试运行，一次试验就获得成功。我研制的程控器比国外产品先进多了。首先，性能稳定，长期运行不出故障，无错误停机的问题发生。其次，智能化程度高。该程控器具有故障自动诊断、自动报警和保护现场的

功能。自动诊断的结果告诉工人师傅故障发生的部位，工人师傅在维修更换期间该程控器能够维持生产装置正常运行，因此该控制器的可靠性和安全性都比原来引进的国外程控器高。

我为他们解决了一个大的问题。以前他们总是提心吊胆，总怕程控器出问题，影响生产，现在你叫程控器出问题它都不出了。值晚班的工人师傅可以放心睡觉了，因为该装置如果发现故障，有声光报警功能，又有保护现场、维持装置正常运行的功能，工人师傅只要把出故障的温度计、气压计换掉就行了。

为了可靠起见，工厂决定暂不撤掉国外引进产品，让两套产品同时存在，互为备份。但是一年以后我研制的程控器，一个故障都没有发生，和国外产品比赛的结果是我赢了，一年后国外的装置撤走了。

工厂对该产品进行总结，认为有8个地方比过去引进的程控器优越。其中主要的是：有强的抗电源扰动的性能，当有大的动力装置启动或停机时对工作没有影响。第二是具有故障自动诊断的功能。第三是具有工作现场保护的能力，当装置的温度计、气压计发生故障时，装置自动报警，保护现场维持装置正常工作。第四是操作简便，减轻了工人的劳动量等等。

由于获得厂方的认可，我接着又为石化部门研制了五六套程控器，都获得成功。后来由于我要集中精力到神舟号飞船控制系统的研制工作上，才不再接石化行业的任务。

我在此期间和工厂的工人师傅关系很好，工人师傅请我到家去做客，直到现在工厂好多工人师傅和技术人员都是我的好朋友。在神舟五号飞船飞行试验成功后，该厂的工人和技术人员都打电话来祝贺，有的工作调到深圳后还到北京来看我，这是让我感到欣慰的。因为一项任务到一家工厂去干活，去时一个人，回时却结交到许多非常看重我的工人师傅，为此我很高兴。

这里还有一个故事，由于以前国外引进的控制装置经常出故障，影响厂里正常生产，仪表维修工人那时非常受到重视，奖金多、地位高，因为当气压机的控制装置发生故障时，工厂领导非常着急，希望他们赶快把装置修好呀！这也是我们航天部门所说的"要得富，出事故"在工业部门的反映。

NAXIECHONGMANYANGGUANG
HELIJINGFENGYUDE RIZI

第二辑

那些充满阳光和 〉〉〉
历经风雨的日子

江泽民主席到东风

2002 年初春，神舟试验队重新进入酒泉卫星发射中心执行发射任务。这时的酒泉卫星发射中心犹如大地回春，一片绿色生机，神舟三号飞船的发射和江泽民主席要亲临酒泉卫星发射中心观看神舟三号飞船发射的消息使酒泉看上去更加娇美。

选择神舟三号最佳发射时刻，确保飞船发射和回收安全。神舟三号原定在 3 月 15 日发射，但是由于某些发射条件在那天可能不好，有人建议改变发射日期。有人说，江主席要来看神舟三号的发射，如果改变发射时间，是否会影响江主席观看？江主席知道后给曹刚川部长打电话说："不要考虑我的时间，关键问题是要确保发射成功，不管你们把发射时间定在哪天，我都要到发射场去，为你们加油鼓劲。"

随着发射日期的临近，东风航天城开始布置迎接江泽民主席的到来。东风神舟宾馆对面竖立着三届领导人的巨幅画像。试验队要确定陪同江主席观看发射的人员名单。试验队的领导征求我的意见，希望我能够陪同江主席观看发射。鉴于在神舟二号发射时陪同秦基伟国防部长观看发射的经验，我说我希望在现场执行飞船发射任务，请其他的试验队员去陪江主席观看发射。

3 月 15 日下午，江主席到达了酒泉卫星发射中心，陪同到达的还有吴邦国、曾庆红和李永波等中央领导同志。晚上 9 点半左右，发射场开始戒严，我们知道江主席快到发射现场了。不一会从窗外传来汽车的马达声，通过玻璃窗看到一个车队向发射塔架的方向飞奔而去，知道是江主席到发射塔架下面参观飞船去了。这时我通过窗户可以清楚地看见，神舟三号飞船和长征二号 F 运载火箭的组合体在巨大的探照灯照射下，闪闪发光，仪态非凡。接着江主席一行来到了发射指挥测控大厅，和在场的领导同志一一握手。控制系统测试间紧靠着测试大厅，有门相通，我所在的飞船控制系统的技术人员，非常

遵守纪律，坚守岗位。通过通道的大门我们看到江主席进入了发射指挥大厅，不久又目送江主席一行离去，我们和受到接见的同志们一样高兴！

2002年3月15日晚10时15分，随着发射指挥最后10秒钟的倒计时结束，听到一声"点火"，伴随着一声巨响，只见发射台前闪出红云万朵，托举着长征二号F火箭载着神舟三号飞船冉冉升空，向着奥妙无边的太空飞去。从太空传来的飞船和运载火箭的遥测数据看出，运载工具正沿着理论上升弹道飞行，从调度的广播中传来一个一个的好消息，飞船以接近完美的精度准确地进入轨道。10时25分，载人航天工程总指挥曹刚川向江主席报告：神舟三号飞船成功进入预定轨道，飞船各系统工作正常，神舟三号飞船发射成功。

江主席非常高兴，向全体参试人员发表了热情洋溢的讲话，他对神舟三号的发射成功给予高度评价。他说："神舟三号飞船发射成功了，是我国航天事业发展史上的一座丰碑。我代表党中央、国务院和中央军委向全体参加研制、建设、试验的科技人员和解放军指战员表示热烈祝贺和诚挚的问候。"

江主席接见参试人员代表

3月16日上午，江主席在东风发射指挥控制中心前的广场上，亲切接见了参加飞船发射技术人员的代表。接见分成三批，我参加了两次接见，第一次是作为航天科技集团公司的副主任设计师以上的人员和基地团级以上指挥员代表受到江主席接见的。江主席接见我时还有一个小小的插曲。我被安排在主任设计师这一系列的后面几位。按规定主任设计师应该站在第二排，可是二排的人过多，站不下，后面的几位包括我必须往后，挤到后面几排去。我正要往后走，副总师杨宏一把拉住我说："陈老师，哪儿也不去，就站在我旁边。"这样我就站到了总师们这一排，由第二排到了第一排，这样就为我和江泽民总书记握手创造了条件。

上午9点过后，江主席在曾庆红、李永波、曹刚川等领导同志陪同下从东风基地纪念馆来到接见现场。负责安排接见的基地指挥说，坐在前面的领导干部，江主席单独接见时已经和他们握过手，所以这次就只和站在前面第一排的试验队员们握手。我和江主席握手时心情非常激动，激动得只说了一句话：江主席您好！

这次接见我还得到了一张十分珍贵的和江主席握手的照片。这张照片是东风基地的一位业余摄影爱好者冯正声同志拍摄的。在江主席接见航天科技集团公司的全体参试人员时我又再次受到接见。

由于冯当时不认识我，以至照片在冯那儿放了很久。冯一直在寻找被接见的人。机会终于来了，在神舟五号发射期间，我在东风作学术讲座，冯振声同志发现了我是照片上的人。这真是踏破铁鞋无觅处，得来全不费功夫。"哈哈，把你找到了。"我才得到这张有纪念意义的照片。

和江主席共进午餐

接见过后，我回到招待所整理行李，下午要乘坐转场飞机回北京参加飞船的飞行控制工作。在 11 点 20 分左右，我突然接到总公司 921 办公室周晓飞主任的电话通知，要我 11 点 50 分到招待所门前集合，曹刚川部长请吃午饭。

曹部长为什么要请我这个普通老百姓吃午饭，我也不清楚。当时在场的一个青年技术人员问我，某某所长去吗？某某副院长去吗？

我连想都没有想就立刻回答道："当然去呀！有我去，肯定有所长他们，你想我都能去，他们还能不去吗？"

我接着补了一句道："是电话个别通知，所以到底通知谁了，我也不清楚。"

11 点 50 分我准时来到招待所门口，五院的车已经开走，我搭上一院的车来到基地第一招待所门前，被警卫员拦住，但因我带了发射场的工作证，进去了。一院的刘总没有带工作证，被拦在门外，我进去叫了接待工作人员才将他们接进去。

我走进接待室一看，有些发蒙啦，心想："是不是通知错了？还是我走错了？"因为看见在座的全是肩扛将军衔的部队领导、航天系统的高级领导、总经理、副总经理、院长、总师和总指挥以及几个老总。只有我一个是普通技术干部。

"不会吧？我可是平头老百姓呀！"我边嘀咕边想。我走过去问飞船工程办公室谢主任："谢主任，你们是不是通知错了？你们领导开会，我来干什么？"

谢茗苞将军笑着对我说:"没有错,这不是领导开会,今天中午曹部长请你们共进午餐,你是曹部长提名特邀的,你来没有错。"

接着谢主任开始点名,人都到了,他就宣布名单说:"被叫到名字的人,进门后往右边走,没有叫到名字的进门后往左边走,在每个座位前的桌子上都有一个牌子,上面有你们的名字,请对号入座。座位的安排是任意的,并不代表地位的高低。"

进门后我看到有一张大的长方形的饭桌,饭桌正对大门。靠近大门这一方全是穿军装的部队领导,曹刚川部长坐在中间的座位上。我感到有点不解,为什么主人不坐在正对大门的主人席位上,反而坐在背对大门的这一边呢?我心想这一排是部队系统领导的席位,没有我的座位,那就找吧。

我一直找到了面大门那一排,忽然抬头看见了曾庆红同志,我这时心里忽然明白,今天不是曹刚川部长请客,而是应邀与党和国家最高领导人江泽民主席共进午餐,我顿感无比激动。江主席坐在曾庆红同志的右手边,坐在江主席左手边的是吴邦国(当时任副总理),再往左是李永波。江主席正微笑着看我哩。我真是做梦也想不到江主席会请我共进午餐,更想不到我竟被安排与江主席同桌!我的眼睛湿润了……

在宴会上我聆听了江主席的重要讲话。江主席说他和航天科技工作者见面非常高兴。江主席还说在成功的时候千万不要忘记那些无名英雄。他说今天来的人是少数,有多少无名英雄没有来,比如电子工业部的就没有来,飞船上用了多少电子器件啊。还举例他曾经和钱学森同志一起到电子部解决过电子元器件的问题,总之不要忘记那些无名英雄。

原来规定不许敬酒,可是当王永志总师带领飞船两师系统去向江主席等中央首长敬酒时,宴会厅就热闹了。胡世祥副部长对王总说,你破坏了规定。可是他们总装系统的将军们在曹刚川部长的带领下也去给江主席敬酒,航天科技集团总公司的张庆伟总经理带领副总经理和各个院的院长也去给江主席敬酒。

最后剩下我们这几个老百姓了。总装的胡世祥副部长带着我们去给江主席敬酒时,还向江主席介绍我说,这是我国有名的航天控制专家,飞船的制导、导航和控制系统是他负责设计的。江主席听了很高兴。

席间张庆伟总经理握着我的手说:"老陈,今天分系统级的就请了你们和12所两家,12所负责运载工具的控制系统,你们负责飞船的控制系统,其他的系统都没有请，这说明你们控制系统很重要，这不是你个人的光荣，而是你们控制系统的光荣，是你们北京控制工程研究所全所的光荣！凡是对人民有过贡献的人，党和人民是不会忘记的。现在飞船还在天上飞，你快点回去，把飞船安全准确地控制回来！"

我回答说："保证完成任务！"

这是我第一次亲自从上级领导口中听到说控制系统在航天技术中非常重要。在中央电视台介绍科学巨人钱学森的专题片中，钱老也说过导弹的制导系统在导弹中的重要地位，说它占据了整个导弹百分之七八十的工作量，因为导弹打不中目标，那不等于废铁一堆吗。

我们当天下午就乘飞机回到北京，执行飞船的飞行控制任务。2002 年 4 月 1 日 16 时 51 分，神舟三号飞船在预定着陆区安全着陆。当江主席问到飞船的落点精度时，张庆伟总经理汇报说：我们这次打靶又打了个十环！

为了纪念这一难忘的时刻，我写了首诗，留作纪念。

之一

神舟三号将起飞
主席亲临来指挥
春风吹遍黑河岸
阳光普照航天城
今天确是好日子
天公动情也助兴
只待主席发号令
看我将士建功勋

之二

发射神舟三号
主席亲临指导
黑水欢呼胡杨舞
万众齐呼主席好
大漠时值隆冬
却也风情万种

航天儿女绘新篇

神三一举又成功

之三　和江主席共进午餐

银弓金箭送神三

如愿以偿很圆满

主席高举庆功酒

请咱小兵来入宴

句句话儿暖心房

航天伟业大于天

不用扬鞭蹄自奋

永记今天这一餐

　　神舟三号飞船于 2002 年 3 月 15 日发射，7 天后回收成功，飞船的制导、导航与控制系统圆满完成了飞船的控制任务，将飞船安全准确地控制返回神州大地。

胡锦涛主席来到航天城

2005 年 10 月 12 日早晨 6 点左右，神舟六号飞船将在酒泉卫星发射中心发射，国家主席胡锦涛要到北京航天城。大家知道胡锦涛要到航天城观看发射的消息都非常激动，等待着这一时刻的到来。

到发射前大约 20 分钟，胡锦涛等党和国家领导人进入北京航天城北京指挥控制中心，大厅里爆发出热烈的掌声。

神舟六号飞船发射非常成功，在飞船顺利入轨后，大厅的广播传来温家宝总理在酒泉卫星发射中心的讲话声。胡锦涛主席和在场的飞船系统及来参观的各方面领导握手之后，与在场的其他参试人员挥手告别。

2005 年 10 月 16 日 16 时，到了神舟六号飞行试验的第三天，胡锦涛主席再次莅临北京航天城航天指挥控制中心，他是来和航天员通话的。我由于值班，留在指挥控制大厅里，聆听了胡锦涛和航天员的对话，再次受到胡主席的接见。

10 月 16 日 16 时 28 分，在航天城航天指挥控制中心一号大厅的屏幕上，出现了费俊龙和聂海胜在神舟六号飞船里的图像，飞船已经进入测控区。胡锦涛主席拿起话筒和航天员通话。聂海胜用洪亮的声音向胡主席汇报："神舟六号飞行正常，我们身体很好，空间科学试验按计划顺利进行。请胡主席放心，请全国人民放心。"

胡锦涛主席对航天员说："听到你们身体状况良好，各项科学试验顺利进行，我们十分高兴。神舟六号载人飞船发射成功标志着我国载人航天事业又迈出了新的重要的一步。你们作为担任这项飞行任务的航天员，作出了杰出的贡献。希望你们沉着冷静、精心操作，圆满完成任务，祖国人民期盼着你们胜利凯旋。"

在通话结束后，第一指挥大厅响起了雷鸣般的掌声，在这雷鸣般的掌声

中，胡锦涛主席微笑着向我们走来，和在场的参试人员一一握手。当胡主席走到我的面前时，他微笑着向我伸出手来，我紧紧握住他的手，舍不得放下。由于在场的老年科技工作者不多，我这一头白发非常显眼，胡主席握住我的手说："你们辛苦了。"

后来有人问我："你和胡主席握手握了那么久，你们在谈什么呀?"

我说："我向胡锦涛主席问好。"

胡锦涛主席在接见在场参试人员后还发表了重要的讲话。

这个试验应该做

2005 年，神舟六号飞船发射前夕，在一次好朋友聚会时，北京航天指挥控制中心的主任席政说："在 1999 年神舟一号飞船发射前夕，我们到东风开会讨论补做一次飞船天地测控系统的对接试验，在那天的会议上我才真正认识到你陈祖贵的为人。当时你们飞船系统从领导到专家都反对补做那个试验，你在那个时候敢于站出来表态支持补做试验，真要一定的勇气呀！"

这件事发生在 1999 年 9 月，神舟一号试验飞船在酒泉卫星发射中心进行系统测试。飞船测控系统的席政等在工程副总师陈炳忠带领下突然飞抵东风。来的目的是要协调有关地面测控系统和飞船真刀真枪地补做一次天地对接试验，想在东风利用飞船上的现成产品补做一次神舟一号飞船天上产品和地面测控设备间的联合试验。

北京航天指挥控制中心的神舟一号飞行控制组在进行故障预想时，有人提出这样一个问题，北京指挥控制中心是一个新建的单位，人员是从各个单位抽调来的，以前从未执行过航天器的飞行控制任务，现在第一次执行任务，就是神舟一号飞船，控制任务比以往的航天器要复杂得多，因此提出了利用飞船在东风基地进行电测的机会，用飞船上的设备和地面测控系统真刀真枪做一次对接试验。飞行控制组的建议得到载人航天工程办公室领导的支持，当天晚上就决定在第二天派一个专家组飞赴东风，协调试验有关事宜。飞船系统的一个副总设计师对总装领导说："还没有向在东风的飞船总师及总指挥请示我们就去，合适吗？"

载人航天工程办公室谢茗苞主任说："你们不用管了，由我们机关来通知他们。"

有关人员第二天上午飞到了东风。在飞船发射前补做一次实战性的对接

试验，对于确保神舟一号飞行试验成功有重要意义，我认为这一定不会遇到什么问题，没有想到飞船系统从领导到技术专家基本上都反对在东风基地补做这次试验。在基地测控会议室开会时，飞船工程的副总师陈炳忠同志介绍了来基地的目的，讲了补做飞船和地面测控系统间对接试验的重要意义，以及试验内容和方法。他讲完后，反对补做这次试验的人很多，理由很简单，就是地面设备的可靠性应该由地面设备自己解决，不能用飞船的上天产品来陪同地面设备做试验。飞船系统的专家也不同意在基地非常紧张的时候补做这个试验。这样一来会议就陷入僵局，会议气氛比较紧张。

我是赞成补做这次试验的，在双方僵持不下的情况下我对自己该不该站起来发言讲自己的观点感到很犹豫。但是为了神舟一号飞行试验成功，在会议陷入僵局的时候，在这个不该我讲话的场合，我站起来说："我是赞成补做这个试验的。我认为这个试验必须做。"

此言一出，会场立刻安静下来，因为在飞船队伍中竟然还有人站出来支持补做这个试验，而且站出来说话的不是别人，竟然是飞船重要分系统制导、导航和控制分系统的主任设计师，因此，双方都在听我的意见。

我说："北京航天指挥控制中心是飞船上天后的控制中心，飞船所需的所有遥控指令是通过它发送到飞船上去的，飞船所需的重要控制数据都是通过它传递到飞船上去的。第一，这个单位是一个新建的单位，它是从各个单位抽调人员组成的，以前从未执行过航天器的飞行控制任务，在执行飞船这样重要的飞行任务之前，他们要求做一次类似实战演习试验，我认为对整个飞船的飞行试验成功有很大的好处。第二，我们 GNC 系统需要地面通过遥控注入许多控制参数，对参数的格式要求非常严格，如果地面注入的数据是非规格数，会影响 GNC 计算机的正常工作，会直接影响这次重要飞行任务的成功。第三，天上产品也好，地面设备也好，都是整个飞行试验的重要组成部分，天上产品好，地面设备不行，整个飞行试验任务也完不成，如果天上产品有问题，地面设备好也没用，天上产品和地面设备都没有问题，但是互相的接口关系不行，飞行任务也不能完成。天上和地面是一家，要大家都行，要互相配合得很好，神舟一号的飞行试验任务才能顺利完成。我认为这个试验非常重要，这不是用谁的产品去调谁的产品的问题，而是关系整个神舟一号飞行试验成败的大问题，应该做，而且要做好！"

　　我讲完话以后，飞船数管分系统的主任设计师王九龙同志发言，他也用类似的理由，支持做试验。飞船工程领导本来就主张做这次试验，有了我和王九龙两个人的支持，他们立刻就说："既然飞船的两个重要分系统的主任设计师同意补做飞船天地对接试验，那就决定做。"在工程领导做出决定后，再没有人站起来反对了。

"神舟三剑客"的故事

在神舟飞船工程中有三个技术人员，人称"神舟三剑客"。在执行神舟一号实验飞船的发射任务中，他们第一次在酒泉卫星发射中心会面。这三个人是什么样的人呢？一是酒泉卫星发射中心的副总工程师、神舟一号飞船飞行试验质量组的组长徐克俊将军，二是飞船系统测控分系统的主任设计师、神舟一号飞船飞行试验队技术组成员、飞行试验质量组的组员余孝昌，三是当时任神舟飞船制导、导航与控制分系统主任设计师、神舟一号飞船飞行试验队技术组成员、飞行试验质量组组员的我。

我们三个人除了在神舟飞船工程中担负技术责任重大外，还因为在各自的技术领域内都有专长，是飞船工程的技术骨干。我们的技术水平令人信服，还有一个共同的特点是，为人正直，敢说敢为。领导信任，战友们信服。我们以前并不太熟悉，共同的使命、共同的事业使我们成为了战友。

我和徐克俊将军是在1996年中国航天代表团访问俄罗斯时认识的。那时我是代表团的一般成员，代表团的成员除我和翻译以外都是首长级的人物，徐克俊是部队系统的，我是航天科技集团公司的，我们之间只是认识而已，那时连话都没有说过。这次发射神舟一号同在一个质量组里。

在神舟一号飞船运到酒泉卫星发射中心之后，飞船系统测试工作紧接着开始了。第一项工作是展开测试设备，为飞船系统测试做好准备工作。第二项工作是对各装置进行自我检查。出师不利，在测试第一个设备时就发现技术指标超标。超标的这个设备是备用件，在主份设备出问题时才用它替代。对这个部件进行多次测试后，确认该部件有一个技术指标超标。神舟一号飞船是用电性能试验船改装成发射船的，备份设备也是凑来的，要更换一个新的设备，根本就没有。怎么办呢？我们对该设备技术指标超标对飞船控制系统的影响进行分析，认为这个技术指标超标，对飞船飞行试验的成败没有影响，只是对飞船返回时的落点误差有一定影响，大概影响三四公里误差，而且只有在主份设备在发射前发生故障时，才有可能用到它。因此建议该设备可以超差验收。飞船系统总师、总指挥都同意控制系统的处理意见。

这个问题是神舟一号飞船进入发射场后发生的第一个较大的技术问题，自然要上报到质量组。徐克俊将军听取了汇报，对我们的处理办法不满意，认为没有解决问题，不同意验收。这样两个完全不同的意见，僵持了很久。这件事惊动了飞船总设计师、副总指挥以及国家载人航天工程办公室的领导。在这个问题的归零评审会上，我向到会的领导汇报了我们分析的结果和处理意见，戚发轫总师发言表示飞船系统同意 GNC 系统的处理意见。质量组组长徐克俊不同意，因为按照航天总公司对故障处理的五条规定精神，这个问题还没有彻底归零。

问题僵持在那里，不好解决。这时候我站起来对着国家载人航天工程办公室的负责人谢茗苞将军问道："谢主任，我有一个问题想问一下，就是在飞船试验队伍到发射基地后，原来的技术系统还存在不存在？出了技术问题时听原来的设计师系统的，还是听基地的？原来的设计师系统还起不起作用？"

基地司令员一听我话中有话，忙对我说："老陈，你不要听他（指徐克俊将军）的。"

戚发轫总师抓住这个机会接着说道："谢主任，老陈刚才提的问题很重要，希望谢主任对这个问题有一个明确的说法。"

谢主任说："设计师系统和指挥系统谁说不起作用啦？技术问题照样按原来的系统处理，但是在发射期间为了确保发射工作圆满完成，神舟一号飞船飞行任务质量组要对在发射场出现的质量问题进行管理，这两者并不矛盾。"

这就是我们三剑客的第一次见面。

在神舟一号飞船发射前，我负责的 GNC 系统的船载计算机软件研制成功，提交质量组评审，徐克俊将军主持评审会。GNC 系统的代表汇报了软件的研制情况，发现并解决的问题，系统试验和整船综合试验的结果，认为 GNC 系统的软件完成了研制任务书提出的全部研制任务，完全满足飞行任务的要求，提请参加执行神舟一号飞船飞行试验任务。

靶场结拜兄弟姐妹

1999 年中秋节晚上，神舟一号飞船试验队在酒泉卫星发射中心黑河岸边举行篝火晚会。

晚上 7 点过后晚会开始，点燃了熊熊的篝火，篝火上支有铁架，铁架上吊着一头从内蒙古运来的全羊。在晚会上，各个分队自编自演节目，有独唱、快板、舞蹈。突然主持人宣布："现在请 GNC 系统的主任设计师陈祖贵给大家表演节目。"在热烈的掌声中满头银发的我从小马扎上站起来，对主持人说："我既不会唱又不会跳，就免了吧。"

GNC 系统内部的小青年们首先发难，高喊："不行，陈老师不仅会唱歌，而且会写诗。请他给我们朗诵一首诗好不好！"接着会场上又响起热烈的掌声。

我一看，不站出来表演是不行了，何况我本来就爱热闹，"我就给大家朗诵一首诗吧。这首诗是我在三年前发射'尖兵一号'（乙）卫星时写的，现在拿来献给大家，诗的名字叫'我们中国航天人'。"

以往我国返回式科学技术试验卫星在返回舱回收之后，仪器舱被当作空间垃圾遗留在太空。我国著名航天科学家、863 计划的发起人之一杨嘉墀院士提出这样一个问题，能否将仪器舱重新建立姿态基准，将它变成一颗新的科学技术试验卫星呢？在杨院士的启发之下，本人研究成功了具有中国特色的"返回式卫星全姿态捕获技术"，并于 1994 年 11 月 4 日晚 11 时 40 分由"尖兵一号"（乙）卫星成功地进行了留轨试验，我国著名的航天科学家王希季院士亲临指导了这次试验。该试验获得圆满成功，创造了空间垃圾变卫星的奇迹，用自己创造发明的"返回式卫星全姿态捕获新技术"，将原来作为空间垃圾留在太空的返回式卫星仪器舱变成了一颗新的科学技术试验卫星，为发展我国航天控制技术做出点成绩。写打油诗三首，以示祝贺。

高新技术建奇勋，

空间垃圾变卫星。

世间奇迹谁创造？

我们中国航天人。

空中垃圾变卫星，

国家投资不用增。

空前奇迹谁创造？

我们中国航天人。

卫星颗颗游太空，

团结奋斗立新功。

默默无闻作奉献，

我们中国航天人。

在一片空旷的户外朗诵诗歌效果显然不好，我见此就准备坐下，可是队内的年轻人却不依不饶，非要我唱一首四川民歌不可。接着我唱了一首《康定情歌》才算完事。

我刚坐下，就听到有人在叫："贵，快过来，谌总找你有事。"我抬头一看，是 GNC 的副主任设计师王南华在叫我。我赶紧走过去，问王南华有什么事。老王告诉我说："谌总建议你、我、老范和他自己结拜为兄妹，因为我们四人的岁数正好是公差为 3 的等差级数，谌总比你大 3 岁，你又比我大 3 岁，我又比老范大 3 岁。问你有没有意见。"

我问道："你和老范都同意啦？"

回答是都同意了。

我被人称为老顽童，心想你们都同意，我为什么不同意呢！于是我们四人就在中秋节晚上的月光下结拜为兄弟姐妹。这里要介绍一下，老大谌潜，是中国航天科技集团公司科技委的常委，我国著名的计算机专家，飞船工程软件专家组的组长；老二自然是我；老三王南华是飞船 GNC 系统的副主任设计师，我的战友，是我国著名的航天控制专家，国家级有突出贡献的专家，全国政协委员；老四是范如鹰研究员，也是飞船 GNC 系统的副主任设计师，我国著名的计

算机专家，中国航天科技集团公司软件专家组的副组长。后面三个人本来就是长期合作的战友，这样四个有名的航天控制专家汇聚在一起，成了结拜兄妹。

在科技界这样结拜是少见的，结拜的是三男一女，因此有人戏称我们为"四人帮"。

后来神舟飞船的质量经理路秀臻女士知道了，她也要参加到这四个人的行列中来，由于她比范如鹰研究员小6岁，因此她是老六，中间还差个老五。

老大谌总说，老二的脾气不好，因此，老大不在时老二不能当家，由老三当家。我连呼不公平，抗议无效，就这样执行。就是这四位科学家为我国载人航天第一期工程顺利完成立下了大功。

我掌握GNC系统的全局，抓方案，抓方向。老三王南华抓重技术实现和系统测试，她不仅工作能力强，而且特别细心，工作特别认真负责。老四范如鹰是计算机技术专家，主管飞船GNC系统的软件研制。老六路秀臻女士负责飞船的质量管理工作。我们在各自领域里都是拔尖的专家，互相密切配合，在圆我中华民族飞天梦的大业中作出了重大贡献。

我脾气不好，开会时遇到不同意见，容易急躁，甚至于和别的专家抬杠。王南华他们就及时提醒，让我熄火。有一次开会我和基地的总工程师讨论问题，争论起来，我刚要发火，看到坐在对面的三妹向我微笑，双手放在胸前，反复地由上往下运动，我看了差一点笑出了声，火没能起来。

在神舟三号发射期间，有一天我和两个结拜妹妹到飞船测试间去检查GNC系统仪器安装质量，由于飞船比较高，检查时需要上升降梯，我想亲自去检查，顺便坐升降梯环绕飞船转一圈，玩一玩。王南华和路秀臻都坚决不同意。她们说："你的岗位不在这里，登高作业可不行。"

我说："我上去转一圈就下来。"

她们俩说："不行，你这个老顽童，工作时间不允许你开玩笑。"

等她们两个人走了，开车的师傅叫了一声"陈总上来吧"，我才坐上升降梯围绕着飞船转了一圈，仔细地查看了一遍GNC系统各个仪器的安装质量。正在这时突然听到有人在下面喊："首长好！"

我低头一看，原来是中国载人航天工程办公室的几个领导在和我开玩笑。我也笑着向他们挥手致意，并开玩笑地回答道："同志们好！"

我们几个结拜兄妹，平时互相帮助和关心。我年纪大，忘性大，通知开会常常忘掉时间，因此王南华教授每次开会前都要多次提醒我，到外单位开会，开车前还要叫我一声。

神舟一号飞船 GNG 系统总结报告

　　神舟一号飞船试验成功后，502 所召开总结会，我代表 GNC 系统作了总结报告。报告受到非常热烈的欢迎。

　　我在报告中总结了飞行试验所取得的重要技术成果，GNC 系统对完成我国一号飞船首次飞行圆满成功的重大贡献。当我讲到 GNC 系统将飞船安全准确控制回到预定回收区，落点精度达到世界先进水平，我国成为世界上第三个掌握了载人飞船制导、导航和控制技术的国家时，会场里响起了经久不息的掌声。

　　我在讲话中特别讲到了 GNC 系统在载人航天工程中的重大作用。神舟一号载人飞船发射返回成功标志着我国航天技术，特别是载人航天技术获得重大突破，也标志着集中体现航天高新技术的制导、导航和控制技术的重大进展，在我国航天技术发展史上树立了一个重要的里程碑。

　　在神舟一号载人飞船飞行过程中，我国的 GNC 系统，从起飞到返回全过程中十分出色地完成了全部控制任务，保证了此次飞行试验的圆满成功，世界各国航天领域的领导人都十分重视。实践证明载人航天的每一个重大突破和进度都与制导、导航和控制技术发展密切相关，体现了制导、导航和控制技术的重大突破。显然，如果没有精确的 GNC 系统，登月飞行只能停留在科学幻想阶段；如果没有先进的交会对接技术，就不可能建立永久性的载人空间站；如果没有高精度的返回控制技术，飞船就不可能安全准确地返回地球。可以毫不夸张地说：载人航天事业的每一个重大进展都是以 GNC 技术的进展为前提，都是将现代控制技术、航天动力学、现代光学、导航、制导和控制技术以及计算机技术应用在载人航天事业中所取得的硕果。因此各航天大国都十分重视制导、导航和控制技术的发展。科学巨人钱学森一次在谈到有关导弹的研制工作时说：研制出来火箭发动机和火箭壳体需要一到两年时间，

但这只是完成了导弹研制任务的百分之二十，剩下百分之八十的任务是研究制造高精度的控制系统。可见航天器的控制系统在航天器中举足轻重的作用。

我在报告中列举了神舟一号飞船 GNC 系统在航天技术上所取得的成就。技术进步亮点如下。

第一个是载人飞船返回控制技术。

返回再入控制技术是载人飞船工程的关键技术，被列为部级重点攻关项目。国内缺乏预研基础，国际上只有美国和俄罗斯掌握该技术，但不可能引进。该项目要解决主要技术关键问题，包括带着大型挠性帆板制动火箭点火姿态建立技术和制动火箭点火式大扰动、大挠性飞船姿态稳定和控制技术，高可靠制动火箭工作时推力矢量控制工作，包括建立可靠的关机方程和推力矢量方向控制。

大气层内再入升力控制及制导规律的设计。由于返回舱是一个小升力体，控制手段、控制能力和能控制的时间都有限，而影响着陆点精度的内外因素很多，如制动点初始位置和初始速度的偏差、初始质量和制动发动机推力的偏差、推力偏心、姿态控制误差、返回舱气动参数（阻力系数、升阻比）与理论值的偏差、大气密度与理论值的偏差、不可预测的风的影响等。加之飞船返回控制系统是一个非线性的时变系统，这样一个系统在上述各种扰动作用之下，要保证返回舱着陆精度并保证航天员承受的最大过载不超过某个安全值，这在理论上和工程中都是一个难度很大的问题。作为保证返回舱和航天员安全的重要措施，再入升力控制成为攻关重点。俄罗斯新式联盟 TM 飞船因不能全程导航，制导精度不高；美国载人飞船，经多次飞行试验后才达到设计要求。

第二个重要关键技术是载人飞船制导、导航和控制技术。

试验飞船是第一个国内同时拥有制导、导航和控制功能的航天器。其导航基准在轨道上自主建立，这和运载工具在发射前由人进行射向瞄准有本质不同。由于飞船在飞行一天之后才返回大气层，因此惯性器件的漂移需要进行校正。我们用光学姿态敏感器标定 IMU 的常值陀螺漂移。

第三个关键技术是返回调姿技术。

返回式卫星返回调姿在俯仰通道进行，通道间运动学无耦合易控制。而试验飞船调姿在偏航和俯仰通道同时进行，通道间有运动学耦合，设计难度大，这是一项新技术。同时飞船有大型太阳帆板，其挠性影响飞船姿态控制，同时返回导航又要求调姿精度高,这更增加了飞船返回调姿的难度。

第四个关键技术是高精度姿态估计技术。

由于飞船返回导航要在轨自主建立导航基准,导航基准精度由返回制动参数的精度和飞船在轨飞行阶段姿态确定精度确定。为了提高飞船导航精度,要求飞船姿态确定精度必须相当高,为此需要研究新的姿态确定技术,准确估计红外地球敏感器的常值误差和陀螺的常值漂移,从而提高飞船的姿态确定精度。

第五个关键技术是故障诊断及系统重构技术。

GNC 系统具有故障自主诊断系统自主重构的功能。载人飞船的特点是有航天员,为了确保航天员安全,要求 GNC 系统安全可靠性高,要能做到"一个故障工作,两个故障安全"。系统关键部件有多重冗余,因此必须拥有自诊断和自主重构的能力。例如 IMU 由液浮 IMU 和挠性 IMU 组成。共有八个陀螺,八个加速度计,要从其中选出三个正交的陀螺和三个正交的加速度计供 GNC 系统使用,在国内是首创。在轨道上同时标定出八个陀螺的漂移,这在国内也是创新,是国际上尚未见到报道过的新技术。

第六个关键技术是大规模高可靠嵌入式 GNC 船载计算机容错软件。

GNC 系统由于控制任务繁重、工作模式多、软件复杂、工作量大,仅软件编程公式就厚达 180 页。同时可靠性要求相当高,是典型的大规模高可靠的嵌入式容错软件。

第七个关键技术是实时闭路动态远距离地面测试技术。

为了完成 GNC 系统地面测试包括技术阵地和发射阵地,研制成功了实时闭路动态远距离测试技术,使我国航天器控制系统的测试技术上了一个台阶。

第八个关键技术是新型消隐式红外地球敏感器。

由于飞船推进舱和轨道舱都装有大型的太阳阵,因此红外地球敏感器的视场受到太阳阵的干扰,为了红外地球敏感器能准确区分地球方波和太阳阵干扰,保证红外地球敏感器能正常工作,设计了新型消隐式红外地球敏感器。这在国内是创新,具有重大推广价值。

通过飞船制导、导航和控制系统的研制,我们不仅完成了飞船的控制任务,而且推动了我国航天高技术的发展。

最后我朗诵了自己写的一首诗,名为《我为祖国造飞船》:

各路大军英雄汉

群英会战戈壁滩

飞船是我心中爱

神箭是我腾飞胆

驾着彩云追日月

飞天圆梦在今天

回首往事路漫漫

飞天梦想几千年

嫦娥登月是幻想

敦煌壁画有飞天

祖先遗愿传我辈

中华命运挑在肩

十年心血结硕果

万众一心造飞船

滚着地雷闯禁区

何惧火海与刀山

慷慨悲歌多壮士

风流人物看今天

七路大军①一盘棋

古战场上人马欢

欲问圆梦在何处

伟大进军在酒泉

注①七路大军：飞船工程由七个大系统组成，故称七路大军。

总结会在热烈的掌声中结束。会后机关干部和技术人员握着我的手说："陈老总，你的报告我最喜欢听。"

大姑娘不上轿，老太太上轿

2000 年，神舟二号飞船发射前，总装备部的沈荣俊副部长在谢茗苞主任、张宏显主任、戚发轫和袁家军等陪同下来到东风发射中心 GNC 分系统电性能测试间指导工作。由于 GNC 分系统在飞船工程中的特殊重要作用，每次飞船发射，各级首长都要来测试间检查情况。照例要由我汇报 GNC 分系统的技术状态改变情况和目前产品的性能以及测试进展情况。

我汇报了神舟二号飞船 GNC 分系统的情况后，话锋一转，就转到航天器的测试问题上来。我对沈荣俊副部长说："沈部长，我认为我国航天器在靶场的测试方法必须改进，像目前这样的测试方法，我们的航天事业发展会受到极大阻碍。神舟一号飞船发射，我们几百个工程技术人员在酒泉卫星发射中心待了 4 个多月。那还情有可原，因为那是第一次，为了赶进度，我们打破常规用电性能飞船改装发射，问题多，时间长。神舟二号飞船发射又要在这里待上两个多月。我们的卫星一般也要在发射场停留一个多月，如果我们每年发射几十颗卫星的话，哪里来这样多的发射场呀！关键是在靶场做的试验太多，飞船正常工作模式的模拟飞行，各种故障模式飞行。在所有的模拟飞行中，飞船各系统的活动部件都在工作，这些活动部件都有一定寿命期限，在地面做过多的试验，把部件的工作寿命都消耗得差不多了，再发射上天，这样可靠性高得了吗？这就像一个大姑娘，年轻不上轿，等到牙齿都磨掉了成了老太太才上轿一样，这样成吗？何况这么多的专家技术人员待在这里几个月，这不是人才的浪费吗？"

沈荣俊副部长听了说："陈总的意见很正确，要按照陈总的意见办。"

总公司 921 班的张宏显主任说："老陈，叫你给沈副主任汇报，你怎么提起意见来了。"

我一直认为自己的意见是对的，在飞船系统中有一个研究员是"神舟三

剑客"中的一员，是飞船测控系统的主任设计师，他支持我的意见。他说外国发射卫星到发射场有几个人呀！他们使用远程测试远程数据判读的先进方法，我们的测试方法是该改进啦！几百个专家集中 2—3 个月在靶场，这是多么大的人力资源浪费呀！

在以后的几次发射任务中，我每次都呼吁要对目前的航天器在发射场的测试技术进行改进。要对发射场的测试技术进行改进，首先要搞清楚在发射场进行电性能测试的目的。我认为在发射场对航天器进行测试的目的有两个，第一个目的就是要确认航天器各分系统的硬件软件是否是正常的，技术指标是否满足性能指标要求；第二个目的就是要确认各个系统间以及各系统内部的信道畅通，通讯正常。这两点做到了，航天器飞行试验就可以取得成功了。至于通过模飞来检查航天器在轨道飞行期间能否完成各种飞行试验或控制任务，这却没有必要，因为那是航天器控制系统方案设计应该解决的问题。如果航天器的软硬件都正常，通讯正常，完不成预定的飞行任务，那就是方案设计有问题。方案设计问题不能通过在发射场的模拟飞行来解决，而是应该在设计、试验阶段解决的问题。方案设计问题没有解决，根本不能拿到靶场来发射，这是一个很简单的道理。

无冕之王的来历

神舟二号飞船在轨运行 7 天之后准备回收了。中央部门的有关领导都来到了北京航天指挥控制中心测控大厅，观看回收。GNC 系统一位副主任设计师向中央首长和各级领导介绍了飞船的工作情况，并介绍了测控大厅播放的 GNC 系统的光学瞄准镜从太空观察到的地球图形。光学瞄准镜是要在神舟二号飞船上进行试验的新仪器，航天员用它观察地球可以确定飞船的姿态。同时还介绍了用光学瞄准镜观察到的地球图像，确定飞船姿态的方法，告诉他们什么样的图形正常，什么样的图形不正常。

介绍完不久，从测控大厅的巨大显示屏上发现飞船上光学瞄准镜看到的地球图像开始旋转起来，由该图像可以判断飞船的姿态异常，俯仰、滚动和偏航姿态都往外发散。来参观的领导通过刚才的介绍都会观看图像了，所以看到图像旋转，大家都紧张了起来。还有 40 多分钟就要回收，在这个时候飞船的姿态出现问题，整个北京航天城指挥控制大厅的气氛很紧张。从领导到一般技术人员都在问："飞船的控制系统出了什么事了？"

在中国空间技术研究院院长徐福祥的主持下，神舟二号飞船飞行控制组立刻召开紧急会议，分析问题，商量对策。说起来也很奇怪，这个紧急会议按理说应该由神舟二号飞船飞行任务指挥部的指挥或者神舟二号飞船飞行控制组组长或者是由飞船的总设计师主持，可是会议的主持人却是当时空间技术研究院的院长，他不是上面三个任务指挥领导机构的成员。我佩服徐院长在这时挺身而出，临阵不乱的大将作风。我作为控制系统的主任设计师参加了这个会议。我感到很奇怪，飞船一直正常运行，为什么姿态会突然发散出去了呢？

徐院长问，刚才哪一个分系统进行了空间操作？他问 GNC 系统，我回答没有。因为在天上唯一能够使飞船突然失控的只有 GNC 系统的执行机构误

动作。

这时总体部汇报，刚才他们向飞船的轨道舱发送了放气遥控指令。在回收之前，飞船有一个大的操作，就是把飞船轨道舱里的气体排放掉。因为在飞船返回前要把轨道舱分离出去，轨道舱要在太空继续飞行，进行空间探测试验。在轨道舱的舱内充有一个大气压的气体，舱外是真空，如果不是先将气体放掉，在飞船返回前，轨道舱和飞船突然分离，那一个大气压的气体突然排放出来，就像爆米花一样，对飞船的返回舱有危险。返回式卫星曾有过经验教训，必须在返回前放掉舱内的气体。GNC 系统事先不知道，没有设计相应的对策，因此在这一大的瞬时扰动的作用下，引起飞船姿态异常。

在这紧急关头，我沉着镇静，对在场的领导说："没有什么关系，尽管总体没有给我们提出消除轨道舱排气干扰的控制任务，我们 GNC 系统事先准备了对付突然事件的三件法宝，用它们来对付这些事先没有预料到的偶然事故。"我把三个法宝一个一个介绍完毕后说："如果万一这三个法宝还不行，也不用着急，最后还有飞船全姿态捕获技术，通过全姿态捕获重建飞船正常运行姿态，重新组织回收就行了。轨道舱的气体越来越少，扰动影响也就越来越小，我们 GNC 系统一定能够控制住飞船的姿态。请领导放心，飞船回来没有问题。"

我说完之后，主持会议的徐院长就说："时间紧急，没有时间再讨论了。就按老陈的方案来处理，但是老陈，飞船姿态偏差到多大可以回收，希望你好好计算一下，你的设计指标是多少度？刚才你说比设计指标大 20 倍都行，飞船都能回来。这比你设计的标称值大了 20 倍，你可要仔细计算计算！"

30 多分钟后，测控中心报告：南非上空发现目标，遥测数据表明飞船偏航姿态正好是设计标称值的 20 倍。指挥员问我："能否回收？"我用坚定的口气说："回收！"

只听指挥员一声令下："回收开始！一次调姿指令发出！"这时候整个航天指挥控制大厅突然鸦雀无声。从大型图形显示屏实时显示曲线看到，飞船完完全全地按照 GNC 系统的设计，成功地完成了第一次姿态调整任务，当轨道舱和飞船返回舱分开之后，飞船的姿态误差就老老实实回到了设计的标称值，在完成飞船制动控制任务之后，飞船沿预定的轨道飞回地球。这时整个测控大厅沸腾了，各级领导纷纷来到我的控制台前，向我和战友们祝贺，都说："你们控制系统水平真高！你们 502 所真行！"

飞船工程的总设计师王永志院士问："老陈，你是国家级有贡献的专家吗？"在他想来像我这样水平的专家应该回答肯定是。

我微微地笑了一下回答说："王总，你把我估计过高了，我既不是国家级有贡献的专家，也不是部级有贡献的专家，只不过是一个普通的科技人员。"

王院士没有料到我竟然什么都不是，看走眼了，他笑着说："那你是无冕之王！"

从此之后，我在神舟"三剑客"的外号之外，又多了个"无冕之王"的外号。

当时航天科技集团公司的张庆伟总经理在场，他说："老陈，我们从1992年合作研制飞船到现在，我还真不知道你到现在还什么都不是，今年我一定要为你解决点问题。如果再不解决，以后我没有脸再见你了！"

我非常感谢张总经理，他的话使我感动。我说："张总经理，有你这一句话我就非常满意了。解决问题不解决问题，我都感谢你！"

张总经理说话是算数的。

2002年底的一天，我正在唐家岭北京航天城航天"协作楼"开会，突然接到所政治部副主任的电话，叫我紧急回所，有要事。回所后才知道，总公司要评选有突出贡献的中青年专家，所里领导知道在发射神舟二号飞船时张总经理曾经说过，要给我解决点问题，尽管评选条件规定年龄原则上要在55岁以下，由于是"原则上"而非绝对不行，所以政治部叫我去找张总经理"要求一下"。

我没有张总经理的电话，到哪儿去找？只好先找找院领导，也符合由下而上的原则。我首先找到院长，院长回答说："不可能，人事部的文件明文规定，年龄原则上要在55岁以下，国家人事部的条件规定得清清楚楚，我看不行，可能连门都没有。"

我一听，"连门都没有"，那就算了。我想院长讲得不无道理，人事部规定55岁以下的才够资格，自己今年已经65岁了，显然不行。不行就算了。当时五院的党委王书记在场，我看王书记并没有说话，下来给王书记打了个电话，王书记说："你的情况我们清楚，我看问题不大。"

由于王书记说问题不大，我又开始继续努力争取。

正在这个时候我的一个同事知道了此事，他是总公司一位副总经理博士研究生，他给自己的导师副总通了电话，把我的情况简单地告诉了副总经理。

然后把电话递给我。这个副总经理在电话中对我说："陈总，你的情况总公司了解，早该解决了，请你放心，这次评选有贡献专家的问题有可能解决。"他让我等他5分钟，5分钟后这个副总经理的电话来了，他告诉我说："已经和五院领导说好了，把你的申报表上报总公司，同时也通知总公司政工部门，接受你的申请报表。"

这位副总经理我不熟悉，但是他理解下情，关心下面干实事的同志，办事非常认真周到，不仅通知五院上报，同时还通知总公司相关部门要接受五院的申请报表，如果总公司机关看到年龄超差太多，把申请表格退回，这也没希望了。他考虑问题如此周到，办事如此迅速，令人感动。

在2003年初，我接到通知，我已经被评为总公司级有突出贡献的专家。我接到通知非常高兴，对总公司领导和院领导的关心十分感谢，因为我当时已经65岁了，还要感谢人事部制定评选条件的领导，如果像评选国家级有贡献的中青年专家的条件那样规定必须在55岁以下，如果是没有"原则上"这三个字，那我就"真是没门"了。

以前航天部有"部级有贡献的老专家"的荣誉称号，现在没有了，取而代之的是"部级有突出贡献的中青年专家"。

在评上部级有贡献的中青年专家以后，有的同事和我开玩笑说："陈总，你真的来了一个范进中举！"

"+"和"-"的故事

在神舟三号飞船发射准备期间，发生了一个"＋"和"－"事件。这个事件和我有关。在飞船控制系统的软件编制过程中有一个"＋"号应该改成"－"号，在飞船出场评审通过后的第二天发现这个符号没有修改，为此整个飞船的发射整整推迟了20天，相关责任人员还受到了处分。

神舟二号快要发射了，检验过程中发现轨道舱有一个姿态敏感器安装位置不合适，需要改变安装的位置和方向。这样一来这个敏感器的光轴相当于在空间的方向倒了180°，因此该仪器的信息处理公式中的一个"＋"号要变成"－"号。对于我们控制技术专家来讲，这两个符号"＋"和"－"非常重要，如果符号反了，就等于安装的方向反了。如果飞船向实际航向偏左，仪器输出的信号告诉飞船是偏右，如果按照仪器指示的方向去控制，那就会使得飞船更偏左，永远也回不到正确的方向上来。因此我专门写了一个修改报告并通知软件研制人员。

飞船出场评审会上，评审组专家们对一个重大的修改非常重视。梁思礼院士专门问我："你们的那个符号修改了没有？符号错了可要出大问题。"

我站起来回答："已经改了。"

可是就在出场评审通过的第二天，GNC分系统副主任设计师王南华报告："通过试验发现这个符号，没有修改。"原来她在听了梁思礼院士的问题后感到有点不放心，回去补做了个试验，当她把这个仪器的信号引入到控制系统时，飞船的姿态就开始发散，一查，这个重要的符号没有修改。

那为什么我敢于在总公司的评审会上站起来说已经改了呢？我以为，修改报告是自己亲自写的，交到软件编制人员手中。控制系统已经经过了长期的实验考验，实验没有发现任何问题。如果软件的符号没有修改，做实验就会立刻发现问题，飞船会失控，如果发生这样大的问题，实验人员会报告。

实验完了他们说全部正常，所以我敢于拍胸脯，说改了。

原来，由于试验设备不完整，少了一个试验设备，正好这个修改过的仪器实验设备没有，所以对它的试验没有做，而且这个仪器又是一个备用仪器，主份仪器正常对它不工作，很难发现问题，所以这个问题一直没有暴露。

对于自动控制系统来讲，这个"＋"和"－"非常重要，关系到控制系统的稳定性问题。例如对于一个锅炉的温度控制系统，如果发现锅炉温度高于给定值，就应该通过温度控制使得锅炉的温度降下来，这叫做负反馈，但是如果把这个符号反了，锅炉温度不但不降，反而增加，这个叫做正反馈。对于飞船的姿态控制系统，如果这个符号反了，就可能使飞船姿态失控，造成飞行试验失败，因此必须修改。由于飞船控制计算机的软件已经研制好了，存储器已经焊接好了，要修改软件非常困难。就这样一个失误，造成整个飞船出场发射推迟20天时间。我们立即上报飞船总师，通过总师系统上报到五院、上报到总公司，一直上报到总装备部，因为这关系到飞船工程的几个大系统工作安排问题。这个娄子可捅大了。我是主任设计师当然这个责任应由我来负，何况在梁思礼院士提问时，我还说已经修改了。

我向领导承认是自己犯了"兵僚主义"的错误，没有直接去检查修改情况，只认为出场评审前，控制系统的系统试验已经全部做完，没有发现任何问题，如果没有修改，一做系统试验就会发现问题，所以我才会那样自信。

"穿舱插头"事件

GNC 系统在做检查时发现一个仪器有一根连线不通，这根线是控制系统安装在推进舱上一个姿态敏感器的信号线，这根信号线要从推进舱连接到返回舱，穿过舱壁，要用穿过舱壁的插头，这个插头叫做"穿舱插头"。因此由这个故障的发现及其处理而产生的事件，就成了所谓的"穿舱插头"事件。

在东风飞船测试厂房进行系统测试时发现一个红外地球敏感器没有输出，控制系统的副主任设计师王南华研究员发现了这个问题。经过检查，是传递红外测量数据的穿舱插头的两个触点不通。插头是总体部供配电系统负责的，质量问题应当由他们处理。

时间正是 10 月初。东风的胡杨树已经披上了金装，正是观赏胡杨美景的最佳季节。这一天下午，飞船的质量官路秀臻女士、王南华研究员和我一起到胡杨林去照相。

我们在胡杨林中玩得正高兴的时候，路秀臻的手机突然响了，是 921 工程办公室谢茗苞主任打来的电话，他问："陈总和王南华与你在一起吗？"

回答：在。

谢主任接着说："请他们赶快回到神舟宾馆来，我有紧急事情找他们。"

我心想有什么重要的事找我们呀？既然谢主任找，就赶快回去吧。

我和王南华一起回到神舟宾馆，谢主任已经在宿舍等候着了。

谢主任见到我们就说："你们发现有触点不通的那个穿舱插头，经总体负责电测和质量管理人员分析，确定有严重的质量问题，属于批次性报废，我是来征求你们对这个问题的处理意见的。请谈谈你们的意见吧。"

我一听就愣住了，原以为发现红外地球敏感器的引线有两点不导通，以为把这两点修复就可以继续进行试验了，哪知他们一查说是批次性报废，那问题就严重了，所有插头都不能用，全部更换那就不是一天一日的事了。

我的意见是把出问题的那两点处理，使他们导通就可以了，用不着这样处理。我说："我们系统共用了三个红外地球敏感器，信号线地线各有六根，信号线和地线只要各有一根导通，飞船就可以安全回来。目前还没有其他系统报告说穿舱插头有问题。如果仅仅为了处理我们那两根线不通，就不要批次性报废了。穿舱插头批次性报废，全体参试人员撤出东风回到北京，等待时机以后再来，损失太大。"

但是，我知道自己的意见是不会被接受的，因为这个问题事关重大。凡是在靶场出的事故，按照总公司故障归零的标准办事，个人一点风险都没有。不能带一点问题上天嘛！为此不管代价多大，花多少钱都在所不惜。如果不这样做，那问题就严重了。

这件事后来经过总公司的元器件专家组的分析研究和试验，认定：飞船目前用的穿舱插头确实应该按批次性报废处理，应该更换。这样，整个飞船队伍全部撤出东风航天城，返回北京，等待新的穿舱插头生产出来后再组织进场发射。

战斗友谊

飞船控制系统试验分队是一个团结友爱的集体。在这个集体中大家互相关心，互相帮助，团结战斗，战无不胜。下面有几个小故事发生在这个集体里。

生日派对时她眼含泪花

在两个月后，神舟飞船飞行试验队又重新开进酒泉卫星发射中心，重新启动飞船的发射工作流程。在神舟三号进场发射期间，还发生这样一件事，我所在分系统的副主任设计师 60 大寿生日到了。这位副主任设计师把全部精力都放到航天事业上，为我国的航天控制技术发展和载人航天事业作出了巨大贡献。但是她对自己的事考虑得很少，我们 GNC 试验队决定给她组织一次生日晚会。生日晚会就在她的宿舍举行。四周挂上用中文和英文书写的祝你生日快乐的横幅，还准备了一些小食品、香槟酒和生日蛋糕。派对在祝你生日快乐的歌声中开始，在生日派对上还表演了一些小节目，非常热闹，充满温馨。在我向她祝贺生日，互相碰杯时，她眼里充满了激动的泪花，她说多年没有过这样的生日了。在试验队集体里大家就是这样互相关心，互相鼓励。试验队是一个团结友好的战斗集体，在这个集体中没有克服不了的困难，在 502 所 GNC 试验队员的口中只有成功二字，失败永远不属于 GNC。

除夕之夜拜年的长龙

我平易近人，对人热情诚恳，乐于助人，对青年人大力培养支持，放手

使用，赢得了友谊和尊重，特别是赢得了神舟系列飞船系统年轻科技人员的尊重。

2002年的春节，神舟三号飞船试验队是在酒泉卫星发射中心度过的。在除夕的前几天，试验队的小青年们来找我说，除夕那天晚上年轻人要来给我拜年，要我给他们准备好红包。

我说："拜啥子年哟，到那天晚上我把房门一关，你们谁也进不来。"

小青年们说："我们已经和王德钊老师说好了，到时他来给我们开门。"我和著名的惯性导航专家王德钊研究员住在同一间宿舍。

王德钊研究员也用开玩笑的口吻说："好呀，到时我来给你们开门，可是你们的红包我可要提成呀。"

到了除夕那个晚上，基地在东风航天城的体育场有个盛大的焰火晚会，看完焰火，我和老王一起回到宿舍，观看中央电视台的春节晚会节目。

当节目进行到12点进行团拜时，航天城响起了鞭炮声。这时我听到宿舍的门外响起了脚步声和说话的声音，来的人可不少。接着是敲门声，外面的小青年们在喊："陈老师，开门，我们给你拜年来啦！"

我开门一看在门外排上了长队，是试验小分队的年轻队员们，他们真的给我拜年来了！他们大多数是GNC系统技术总体的技术人员，其中还有个别外单位的青年朋友。当我看到眼前这些热情的青年试验队员们，深深地为之感动。我在想：我是一个普通年长的技术人员，他们尊重我，排起长队来给我拜年。这实际上是对我的鼓励和对技术的尊重。

我看到来拜年的青年技术人员，心里非常激动，也非常感谢。当我真的要给他们发红包时，这些小青年嘻嘻哈哈地笑着跑了。我望着他们的背影，站了好久，眼里含着激动的泪花。看到其中一个小青年手里还提着一个垫子，看来拜年是准备动真格的。我每当想起这个情景，心里总是热乎乎的。我常说，飞船系统的青年朋友对我这个老头太好了。

我感动得热泪盈眶，想起自己感冒卧床，也是这些可爱的年轻试验队员来关心和照顾。程琦清说她的母亲是医生，她从小就看着母亲怎样照顾病人，答应来管我吃药。一个平时说话不多的小青年，把他自己带来的国外进口的营养药品也给我送来。

我在神舟三号飞船飞行试验总结大会上作报告时，谈到这些事热泪盈眶！

陈老师你要高兴才对，你看有多少人尊敬你

2005 年，我在申报中国工程院院士落选后，501 总体部的一个青年朋友对我说过这样一句话：陈老师，你千万不要把这件事放在心上，你应该感到高兴才对，你看我们飞船队伍有多少人尊敬你！

是呀，得到人们的尊敬比名誉地位重要得多！

在飞船系统中，来找我合影留念的青年朋友相当多，他们把"陈老总"当成了明星。

我保存有成百上千张照片，大多数是和战友们的合影。和我合影留念的不仅有所在单位的青年朋友、老战友，还有飞船工程其他分系统、大系统的战友们，还有高等院校的师生。我还珍藏着同党和国家领导人、中国科学院院士、中国工程院院士以及飞船工程各级技术领导和行政领导的合影。

评功不忘徐医生

2002 年神舟三号飞船发射前夕，我在东风卫星发射中心得了一次重感冒，头疼，发高烧。试验分队的战友们对我十分关心，为我送水、送饭、送医、送药。在飞船即将发射的关键时刻，我自己病倒了不说，还给试验队带来了不少麻烦，心里过意不去。特别要提到的就是我们的队医徐小平女士，她对试验队员们的身体健康非常关心。

她知道我病倒以后，立即来到宿舍给我看病，每天定时来测量体温，定时让我吃药。我的感冒比较厉害，吃药收效慢，她和医生小卫一道到宿舍给我打吊针。四天一共打了七个吊针，我的体温才逐步下降，逐步恢复正常，使我尽快投入到神舟三号飞船的发射工作中去。为了感谢徐医生的精心照料和治疗，我写了一首诗，名为："赞队医徐小平"。全文如下：

赞队医徐小平

发射神舟三号之际，我在发射场病倒了。多亏队医徐小平女士为我

精心治疗，使我及时康复，投入到发射任务最后的拼搏中。特写小诗一
首以表对徐大夫的感谢。

> 不是亲人胜亲人
> 病中备感战友亲
> 问医送药送温暖
> 播撒温馨是本分
> 精心护理不厌烦
> 四天打了七吊针
> 春风化雨像天使
> 滋润心田细无声
> 队医是咱好战友
> 评功莫忘徐医生

徐小平医生看了后笑着问我："陈总，四天打了七吊针，你是在表扬我，
还是在控诉我?!"

我听了后笑着回答道："徐大夫，你看我是在表扬你，还是在控诉你?"

说完接着是一阵阵笑声。

在发射神舟三号飞船期间，有几个战友要提前回北京准备飞船的飞行控
制工作，我还专门写了一首诗送给回京的战友。诗中深情地写道：

> 忽闻战友将回京
> 小诗当酒来饯行
> 此去诸君责任重
> 留下我等担不轻
> 大漠严寒北风劲
> 东风有我赤子心
> 待到神舟飞天日
> 胜利重逢在北京

曹刚川部长请"陈总"照相

　　神舟三号发射的日子已经临近了，快要把飞船和运载工具的联合体运送到发射场，准备发射。飞船和运载火箭联合体转运这天，东风发射场像是过节一样，试验队员和东风基地的官兵以及家属们都穿着过节的衣服，手里拿着照相机、摄像机来到转运场地和工程领导们一起欢度这个盛大的节日。

　　我有一个业余爱好就是照相，所以每当飞船运载联合转运也是我摄影的大好机会。当飞船和运载工具联合体垂直状态下在爬行运输机的驱动下慢慢移动出了高大的总装厂房时，80多公尺高的飞船和运载火箭联合体在金色阳光的照耀下，闪闪发光，雄伟壮观。蔚蓝色的天空下有几朵白云飘浮在飞船的顶端，真是令人倾倒的美丽画面，多少摄影爱好者按动快门留下这难忘的场面。我热爱飞船，又喜欢摄影，所以在飞船转运那天我拿着相机，跑前跑后捕获那美妙的一瞬间。试验队的青年们跟在我的后面，要我给他们照相。我的一些朋友，包括飞船工程办公室、飞船总体、航天医学工程研究所、科学院的都来找我照相。

　　突然飞船工程办公室主任谢茗苞将军跑来找我说："陈总，曹刚川部长请你去照相。"我没有想到飞船工程的总指挥曹刚川上将会找自己照相，就和路秀臻一起跟着谢主任去找曹部长。试验队的其他队员也很高兴，都跟着我向曹部长围了过去，一起去找曹部长合影留念。

　　这时警卫过来把我的战友们拦住了，谢主任说："陈总和曹部长先照，然后再和大家合影。"这时航天科技集团公司的王礼恒主任走过来把我手中的提包提过去了。谢茗苞主任向曹部长介绍说，这是著名的航天控制专家，飞船制导、导航与控制系统的主任设计师陈祖贵。曹部长高兴地和我握手。我和曹部长照完相后，北京控制工程研究所和五院的其他试验队员也一起和曹部长合影。

　　接着我又和工程副总指挥胡世祥中将、飞船工程办公室主任谢茗苞将军、航天科技集团公司科技委王礼恒主任等合影留念。谢主任问我王南华到哪里去了，曹部长还想和她一起照相，我说她在加班，没有来看转运。

　　谢主任的为人我非常佩服，他给别人说过的话一定兑现，他对我的工作非常关心和支持，不仅把我推荐给了曹刚川部长，后来神舟五号飞船发射时，又把我和王南华研究员介绍给李继耐部长。就在神舟三号发射期间，江泽民主席邀请飞船的工程技术人员共进午餐时，他又向江泽民主席介绍了我。

和足球世界杯争听众

　　神舟三号飞行试验成功后，清华大学研究生学生会邀请我到该校举办的财富论坛去作报告。报告的主题是"我的事业在中国"。能够应邀到我国著名的最高学府清华大学去作报告本身就是极大的殊荣，何况这是我第二次受到邀请了，我愉快地接受邀请，决定以我国著名军旅作家陈晓东先生的诗《我为航天谱风流》中的一句诗"金弓银箭送神舟"为题，作一个报告。报告的时间选择得不够好，选择在 2002 年足球世界杯开幕的那一天 5 月 31 日晚上。遇到世界杯，又加上青年学生都热爱足球运动，在这个时候来听报告的人可能不多。我走进会场一看，会场早已满座，真是出乎我的意料。而且在报告过程中会场上不断发出掌声，看来那天的报告会是成功的。报告会结束后热情的学生们围着我要签名照相，证明这次报告会得到了同学们的认可。有的学生还给我写了信，而且我的报告录音被清华的朋友们整理出来，收集在《我的事业在中国》一书中。下面就是那次清华报告的录音整理。

执着的奉献，平凡的真情
——"金弓银箭送神舟"
神舟飞船控制系统主任设计师　陈祖贵

　　编者按：主题教育是我校进行学生理想信念教育的一个颇具特色、确有实效的做法。1996 年以来，学校以"以中华富强为己任，为民族经济作贡献"为主题，在全校学生中开展了广泛深入的人生观价值观教育，引导学生到民族工业的主战场去建功立业。"我的事业在中国"主题教育作为"以中华富强为己任，为民族经济做贡献"主题教育的深化和延续，引导广大清华学子在明确自身历史责任的基础上，努力把个人的学业和国家的事业紧密结合起来，

翩翩神舟 Flying Boat I Navigate 我领航

一位神舟飞船专家的故事

自觉担负起实现中华民族复兴的伟大历史重任，立志到国家改革与发展的主战场去建功立业。本次活动通过老一辈航天人为祖国的航天事业艰苦奋斗、执着追求的事迹，让同学们去真切感受这些感人的故事，在市场经济时代，少一些浮躁，多一些执着，树立远大的理想信念，将自己的事业植根于中国，为祖国的繁荣富强，为中华民族的伟大复兴作出贡献。

嘉宾简介：陈祖贵，1938 年诞生于重庆市（原四川省）江津县，1962 年毕业于成都电讯工程学院，四年后师从著名自动控制理论家童世璜教授，研究生毕业于中国科学院自动化研究所，1982 年加入中国共产党。中国空间技术研究院研究员，国务院颁发政府特殊津贴获得者，全国国防工业系统劳动模范，部级有突出贡献专家，现任国家"921 工程"载人飞船制导、导航和控制系统主任设计师。上世纪 70 年代初，设计了第一代航天员手动控制系统，在国内他首次完成飞船返回是升力控制方案的数字仿真试验。上世纪 80 年代初，是震惊世界的"一箭三星"发射工作的主要参加者。上世纪 80 年代中期，返回式科学试验卫星姿态控制系统方案设计者，是国内第一个计算机卫星姿态控制系统的设计者，填补了我国在该领域的空白。第一次把现代控制理论应用到卫星在轨姿态控制和轨道控制系统。上世纪 90 年代初期负责设计并试验成功改进型返回式科学试验卫星的姿态和轨道控制系统。上世纪 90 年代中期"返回式卫星全姿态捕获技术"的设计者，实现了空间垃圾变卫星的创举。上世纪 90 年代末，成功试验了我国第一个卫星应急控制器，负责研制并试验成功了我国"神舟号"飞船制导、导航和控制系统，使我国成为继美国和俄罗斯之后世界上第三个掌握了飞船可控返回技术的国家。

时间：2002 年 5 月 31 日晚

地点：蒙民伟楼多功能厅

主讲嘉宾：国家"921 工程"载人飞船制导、导航和控制系统主任设计师陈祖贵教授

嘉宾：国家"921 工程"载人飞船制导、导航和控制系统副主任设计师胡军博士

主持人：现在我介绍中国空间技术研究院研究员，国家"921 工程"载人飞船制导、导航和控制系统主任设计师陈祖贵老师，欢迎陈老师的到来。莅临本次会议的校领导有校党委研究生工作部部长黄开胜老师，校团委副书记、校研究生团委书记赵莫辉老师。在此我们也非常感谢学校领导对我们活动的

大力支持。"金弓银箭送神舟",财富论坛第二场即将擂起战鼓,下面有请"神舟飞船"制导、导航和控制系统设计者陈祖贵老师为大家讲述神舟背后的故事。有请陈老师。

（掌声）

陈祖贵老师: 同学们好!非常高兴来到我们国家最高学府——清华大学和大家见面,并且向大家汇报一下我们的工作。这次机会对于我来说是莫大的荣幸。

首先我介绍一下我的个人情况。刚才主持人介绍过了,我是一个普通的航天工作者,1967年研究生毕业后就投身到祖国的航天事业,一直到现在有近40年了。一共参加了11颗卫星的发射工作,其中有7颗卫星的控制系统是由我负责领导设计的。另外,神舟一号、神舟二号、神舟三号的制导、导航和控制系统——飞船的一个最为关键的系统也是由我负责,我和我的战友共同设计的。我没有什么行政的头衔,只是一般的技术专家。陪同我来到清华的还有一位年轻有为的专家——胡军博士。胡军博士是清华81级学生,自动控制系的高才生,是"神舟号"飞船制导、导航与控制系统的副主任设计师。我是主任设计师,他担任副主任计师。他是我们空间技术研究院最年轻的博士生导师,还是我们神舟二号、神舟三号飞船飞控组的副组长。大家都知道,飞行控制是非常重要的环节,当飞船起飞升空后,飞控组负责指挥地面测控中心对飞船的测量和控制,负责对飞船的在轨控制,和指挥飞船的返航。胡军博士担任这个组的副组长,为我们国家的飞船研制与发射作出了重大贡献。

下面让我们回到正题。今天我想自己最好不要讲很长时间,我希望能够和大家多多交流。大家有什么问题,我们会尽量回答,这样的效果会更好。

第一个问题,我来谈一下神舟三号发射,以及江泽民总书记为核心的党中央第三代领导人关心我国载人航天事业发展的具体情况。

神州三号飞船是在今年3月15日发射成功的。江主席非常关心神州三号飞船发射工作。当时由于天气的原因,有可能推迟发射时间。当讨论这件事情的时候有人说:推迟发射不好,因为江主席特别忙,定好了3月15日,要推迟的话,他能不能来就说不定了。江主席知道了以后说:"你们不能这样想。要以成功为重,以安全合格的发射成功为重,你们该推迟就推迟……"他还说:"如果需要推迟的话,你们定好了哪天发射,我那天一定会来。"这对于我们是很大的鼓励,大家就下决心一定要保证质量,选择最佳发射时刻,

保证飞船安全上天并安全返回。

2002年3月15日，江主席来到了发射神州三号飞船的酒泉卫星发射中心，大概是晚上9点钟左右到达飞船的发射阵地（距离发射架只有50米处）观看了发射现场，指导发射工作。这50米应该说是危险区，例如我们的卫星曾经搭载过外国的有效负荷和卫星，外国朋友都不靠近，离得很远，但是我们的中央首长——江主席、曾庆红同志和吴邦国同志等12个中央领导们在离发射台50米的地方进行视察，并且照相。之后，他们又来到我们的测试大厅，跟大家见面并合影。当天晚上，在神州三号飞船发射成功后，江主席又发表了重要讲话，对神州三号飞船的发射成功给予了高度评价。江主席说，神舟三号的发射成功充分体现了中华民族自强不息的精神，充分反映了社会主义集中力量办大事的优越性，充分证明了中国人民有志气有能力屹立于世界民族之林。神舟三号飞船的发射成功必将极大地激发全国各族人民的自豪感、增强民族的凝聚力，进一步坚定了我们把有中国特色的社会主义继续推向前进的信心。江主席用"三个高度"评价了神州三号飞船发射成功的重大意义。同时江主席对我们航天战线的广大科技人员进行了表扬。他说，我们的航天科技队伍是一支特别能战斗、特别能吃苦、特别能攻关、特别能奉献的队伍。"三个突出，四个特别"是对我们航天工作者最大的嘉奖和最大的鼓励。

第二天早上，江主席又接见了我们全体参加人员。当时是这样一个情况，我们是分四批接受接见的，一、二批是航天系统的，一批是部队的参试指战员，还有科学院系统的。航天的分成两批接见。第一批受接见的是副主任设计师以上的参试人员，另一批是参试的广大科技、工程技术人员。我参加了两批接见。在参加第一批接见时，前排是坐着中央领导，第二排站的是总师、副总师、总指挥、副总指挥等级别比较高的技术领导干部，这些高级干部比较多，因为我们飞船有七个大系统，所以这个组总指、副总指挥能有百多人。我们是主任设计师，站第三排，我又被排在第三排的倒数第四位，由于人多，第三排站不下，剩下的人（包括我）就被安排挤到后面的几排去。我正要往后走时，站在第二排的一个年轻的副总师，叫杨宏，他是我们这个系统最年轻的副总师，他一把拉住我说："陈老师，你不要往后走，就站在我这儿。"一下子就把我拉到第二排，这样一来我就站到了第二排。坐在第一排的是高级领导干部，江主席在单独接见时，已经握过手，因此这次主席只和站第二排的总师、副总师、总指挥和副总指挥们握手，这样一来我就非常荣幸能和江主席握手了。江主席接见的时候正好从我们的左边开始握手。我站在第二排的中间偏左，看着江主席面带微笑走来，我握住主席的手时，一股暖流涌过心头，我感到非常荣幸。接见完之后，我就去准备行李准备回北京了。到11点半的时候，突然有人打电话通知我，说："陈总，曹部长今天中午请你吃午饭，请11点半在招待所门前集合上车。"曹部长是总装备部的部长，是我们飞船工程系统的总指挥。我到楼下时，我们单位的汽车已经开走，我是坐其他单位的车和其他单位的几个专家一同前去的。走进接待室我抬头一看发现情况有些不对，因为在座的都是带长字的高级领导，包括：将军、部长、院长、工程总师、副总师、总指挥、副总指挥，和各大系统的总师、总指挥、副总指挥，都是有头衔的大人物，我一看只有我一个是不带头衔的平头老百姓，我心想这是不是搞错了。正当我准备走的时候，总装921工程办公室的谢主任宣布名单来了，他开始念今天中午受请吃饭的名单，我是最后一个。他跟我讲："陈总，你是曹部长特邀的。"他说，这次一共特邀了三个专家，一个是我，一个是12所的副总师，他比我级别高，有官衔的；还有一个是搞发动机的专家。他说，你们三个是特邀专家。当时他没有说是江主席请吃饭。所以说实话，我当时心里已经很激动了，因为确实没想到曹部长会请我一个普通的专家吃饭，共进午餐，这是很难得的。当我们走进宴会厅，才发现江主席和其他中央领导同志坐在正对大门的宴会桌上，这时候才知道是江主席请我们共进午餐，我的心情更加无比激动，我做梦也想不到我会和我们党和国家的最高领导人，我们敬爱的江主席一道吃饭。宴会上我们给江主席和中央领导敬酒，一共分了四批前去敬酒。第一批去敬酒的是飞船工程的总师、总指挥们，第二批是总装备部及军队系统的领导干部，第三批是我们航天系统的总经理、副总经理和各院的院长。最后剩下我们几个老专家、部里的老专家、退休下来的几个老领导由胡世祥副总指挥、总装的副部长带领我们去给江主席敬酒。总装的副部长给江主席作了一一介绍，当介绍到我的时候，胡副部长说："这是我们国家自己培养的航天控制专家。"当时我很激动，确实我是最普通的专家，在我们航天战线上，像我这样的同志多的是。后来吃饭的时候，我们聆听了江主席的讲话，江主席说，今天吃饭，有一些人没有来，他们是无名英雄。例如电子部的同志就没有来。他们飞船上有好多元器件，上10万，多得不得了。他说，电子部啊，还有好多部，搞这个元器件的同志是无名英雄，没有来。其实他们也很重要。江主席接着讲了元器件的重

要性。江主席还说："我在吃饭的时候，看到你们这些专家交谈很热烈，你们很团结。看来要搞成一件大事，不团结不行，希望你们要继续团结起来，把工作搞好。"江主席关于团结办大事的讲话给我的印象是非常深刻的。

吃完饭，有个领导就跟我说："老陈，今天江主席请你吃饭，就是因为你们控制系统很重要。这不仅是你个人的光荣，也是你们502所——北京控制工程研究所的光荣，也是你们GNC系统的光荣。"我作为一个普通的专家代表能够受到主席和中央首长们的接见，并且与党和国家最高领导人共进午餐，这是我一辈子十分难忘的大事。这是党和国家对我过去工作的最大肯定。后来，我们航天科技集团公司的总经理还跟我说："老陈啊，凡是对人民有过贡献的人，人民都是不会忘记他的。"还说："神州三号飞船还在天上飞，你要赶快回去把它安全准确地控制回来。"我回答道："一定！一定！"

午宴后，我坐转场专机返回北京参加飞船的飞控工作。我们说话算话，GNC系统又十分出色地完成了把神舟三号飞船安全准确地控制回到内蒙古预定的回收区的任务。当江主席向我们航天科技集团公司的总经理询问神舟三号飞船的返回落点精度时，张庆伟总经理回答道："我们这次打靶又打了十环！"这是对我们GNC系统工作的高度肯定。

江主席接见的情况我就简单地说到这里。

第二个问题，因为你们是清华大学财富论坛，"我的事业在中国"是你们的主题，从我这个角度讲，我就想借这个机会跟年轻的同志谈一谈我个人的情况。中国的一个著名作家曾经写了3篇文章叫做《一个中国航天专家在欧洲》，在2000年的《海内海外》杂志第7、8、9期上连续发表，引起很大的反响。因此，我想把我个人在国外的一些感受与年轻的同志共同分享，同时也是相互鼓励。作为中国自己培养起来的航天科技工作者，我没有到国外学习过，所以我称我自己是土生土长的航天科技工作者。

1987年，因为我们国家跟欧洲有个航天科技合作任务，要搞航天科技合作研究，所以请中国的一两个专家去参加科技合作。当时参加科技合作工作的有美国、德国、印度、日本等国的专家，我是作为中国空间技术研究院的代表去参加这个国际科技合作的。大家在一起合作有一年的时间，在这一年当中，我有些体会想讲出来和在座的各位分享。为什么我想说这个事呢？因为前一阶段在进行国情教育时，有好多同志讲中国人在国外被人看不起，说外国人老是喊"中国人滚出去啊"、"中国人不行"。听到这些我就很纳闷，因为我在那边工作一年，我就没有这个感觉，人家对我很尊敬，我在那里感受与那些人不一样。所以我想把我的感受跟大家汇报一下。

我跟航空部的一个专家到奥地利做短期旅游，在回慕尼黑的途中，到了奥地利的名胜古迹，叫做梅尔克（音），这个地方相当于中国的颐和园，是奥地利皇帝度暑假的地方。到了那里，我就在那儿休息停留一下，这时候刚好下雨了，我们就在售票厅避雨。这时候进来了两个德国人，跟我打招呼，问我是从哪儿来的。我跟他讲我是中国人，从北京来的。他们听了就说中国是一个大国，北京是一个大地方。我们就这么聊起来。他们是德国一个照相器材公司的，男的是该公司一个部门的经理，他问我搞什么的，我说我是搞航天的。"啊，你是在天上的，我是搞地面的，你高过我呀。"后来他想请我们去夏宫参观，我们边参观边聊天。我们越说就越亲近。在临别的时候，他要送我一套幻灯片，我说不要，并致以谢意。后来他让他的夫人给我拿雨伞送我到旅游车上去，并叫他夫人记住我汽车的牌号，自己冒着大雨走了。我们的车到了高速公路上，不久我就睡着了。大概有30分钟左右，有人叫我"陈先生……"，我说干吗，回头一看，窗外有两个人，他和他夫人开着车，冒着大雨追来了。他要送给我礼物，终于追到了。夫妇两人冒着雨到处找我们，终于找着了，高兴得不得了。在高速公路上不能停车，我们的车继续往前开，到一个旅游景点，我们的车转弯到一个湖边去了，他们的车没有跟来，我以为和他们失去联系了。等我从咖啡厅出来，一眼就看到这两位德国朋友正在雨中找我。当他们看到我后，高兴极了，把礼物送给我。我们互换了名片。他们说因为他们刚去旅游了20来天，家里很乱，他说："我要下个礼拜请陈先生到我家做客。"

第二天我刚上班，这个德国人的电话就来了，他邀请我做客的时间不是下个礼拜，而是改在那个礼拜的礼拜六。礼拜六要去，我当时感到比较为难，因为我从家里带来的好几包礼物都送光了，想送点中国特色的礼物也没有了。所以我就用中文写了两首诗送给他，并且用英文翻译在旁边，第一首是："客行梅尔（音）雨纷纷，萍水相逢备感亲。多瑙河水五千里，不及雨中追车情。"第二首是："雨中追车情谊深，真诚友好铭记心，为君何得亲如许，只因我是中国人。"（掌声）

回到北京以后，因为我在德国那里干得不错，中国一个代表团去德国访问，知道了我们在德国期间的工作情况，团长闵桂荣院士说我们为祖国赢得

了荣誉。我回国后有一位领导建议我以"只因我是中国人"为题，把我在德国的情况写成一个报告拿到报纸上去发表。这个建议是两弹元勋杨嘉墀先生提出来的，我对杨先生说："这个没什么好说的。每个中国人都能够这样做。"我和那个德国人从这以后，就成为了好朋友。当我回国以后，这位德国老兄给我寄了一封信，说："陈教授啊，（因为他知道中国人工资不太高）你需要什么东西，你就告诉我，我把东西寄过去让你在北京收到。"后来我就回他一封信："谢谢，我们的国家改革开放以后一切发展得都很好，而且国家对我们也很照顾，我什么都不需要，我需要的是中国人民跟德国人民的友谊。"（掌声）

1992 年，我开国际会议，跟我们的杨嘉墀院士和几个领导又到德国去了。那次，德国朋友把我请到慕尼黑的世界公园去玩。他跟他夫人和我三个人并肩前进。我今天带照片来了。（我用手指着照片）他夫人站这边，我站这边。这时候正好飞在天空中的天鹅拉屎，奇怪天鹅拉的屎全都拉在我身上了，而他们两个人一点都没有（大笑），把我的西装全部弄脏了。当时我开玩笑说："真倒霉，你们两个的身上一点都没有，都弄在我身上了。"那个德国人（他叫 WOLF），他说："Good luck for you!"也许，那个天鹅真的能给我带来好运！

去年，也就是 2001 年，乌尔夫全家到北京来旅游，来到了我家，他又说起这件事。我就跷手指，告诉他自从那次以后，我就时来运转了：我设计的卫星，1992 年两颗连续发射成功；1994 年我发明的几项重要技术相继试验都获得成功；此外，又得到一些其他荣誉，比方说国务院的政府特殊津贴、航天奖等。我说真的是时来运转。乌尔夫听了笑着说："以后你再来德国，我让天鹅再多拉点屎到你身上。"

再讲第二个例子。我在奥地利维也纳的时候。第一次去那儿我认不得路，在城市的公园旁边看地图，想查一查去市中心怎么走。忽然后面有一个老太太，问我："Can I help you?"我就跟她说我想知道去市中心怎么走。这个老太太非常热情，她是个艺术家，搞雕塑的。后来聊起来，她问我是哪儿的人，我就讲是中国人。老太太说，中国是个大国。又问我是干什么工作，我回答是干航天的。老太太说："陈先生，搞航天的，了不起，你到这里，人生地不熟的，我给你当义务导游好吗？"她请我到她家去做客。她家比较富有，她的女儿是奥地利维也纳电视台的主持人，她的老伴是个高级工程师。她邀请我到她家去喝咖啡，喝完咖啡后我们就出去旅游观光。出去以后，她要包下所有的车费、参观的门票费等一切费用。我觉得这可不行。这个老太太年纪比较大，我比她年轻，所以到公园买门票时，我总是跑到前面去主动买票。这个奥地利老太太就觉得这个中国人还行。第二天玩了一下午我们两个人就分手了。因为我是短期旅游，旅游团已经花掉一天半，第三天就得回去了。她晚上把我送到旅馆之后，又邀请我第二天到她家赴宴。宴会以后，老太太又请我去苏联红军纪念塔和奥地利维也纳大学植物园参观。在维也纳大学植物园参观时，老太太谈起了当年苏联核电站爆炸的事，她说核电站爆炸以后有污染，蔬菜和粮食全部都不能吃，都要从外地运来。她说："你们中国干吗也要搞核武器？"我就跟她讲我们国家的观点：我们要自卫，我们不首先使用核武器。我们还聊起过文化大革命的情况。我们参观维也纳教堂的时候，教堂正在募捐，因为第二次世界大战的战争破坏，教堂还没有修好。这个老太太告诉我："陈先生你不要捐了，我捐款就可以了。"我就告诉她："你捐款是代表你的心意，我捐款是代表中国人民对你们奥地利人民的心意。"虽然我捐的不多，只捐了 2 美元，但是让这位奥地利老太太非常感动。

我们分手的地点是在维也纳歌剧院的大门前，在临别的时候，老太太抱着我亲我，流着泪，说："陈先生，你是好人。陈先生，你是好人……"我看着她一步一回头地走了。我非常感动，她帮了我，而且我还成了好人了。以后我们成了好朋友，经常通信。她家里什么照片都给我寄来：她亲人的照片，她老伴的照片，寄得最多的是她女儿的照片。她女儿是维也纳电视台的著名主持人，又是一个名作家。她为有这样一个杰出的女儿感到骄傲，她把她女儿采访和发表的长篇报道也给我寄来了，我把这些放在家里，不过我看不懂德文。

我们关系相处得很好。我们每年的圣诞节都互相通信给予关心和问候，但是在 2000 年的圣诞节我没有收到她的来信，不久我就收到她女儿的来信，她告诉我："陈先生，告诉你一个不幸的消息，我的母亲已经在家里安然去世，享年 87 岁。她在去世那天还在念叨着你，她说这辈子认识你是她最大的幸福。"当时我的眼泪都禁不住流了下来，因为世界人民的心是相通的啊！我认识这位慈祥而善良的老人何尝不是我一大幸福呢！

第三个问题讲讲圣诞。1987 年的圣诞节是我第一次在西方过的圣诞节。和我们合作的外国朋友在圣诞节之前家家都要请客，请我们到他们家里过圣

诞节。按照西方人的习惯,圣诞节相当于我们的春节,全家人都要团聚在一起。朗格先生当时是我们课题组的组长,他第一个来请我们。我跟他说:"朗格先生,据我了解你们的圣诞节是你们家人团聚的时候。我们去是否合适?"朗格先生说:"不,你是受欢迎的,你不是外人。"非请我们去不可。圣诞节期间几乎每家都邀请。朗格先生是个博士,又是德国航天设计中心控制与动力学组的组长。到朗格先生家去过圣诞节,过得非常热闹。他吹长笛,他的两个女儿弹钢琴。他们非常热情,他们非常高兴。他们邀请我表演节目,那我表演什么节目呢?我就说我唱一首我们家乡的民歌吧。我就唱《康定情歌》,唱完了以后,我用英文解释给他们听,大家玩得很高兴。接着几天又到了其他几家。有一家,像斯耐德先生,他要回自己的老家——海德堡去过圣诞节,离我们住处有好几百公里呢,他就提前两天请我圣诞节去他家。过圣诞节的时候,我们拍了照片,他们洗好了又给我送来,有几张照得很不错。有一张我是在霍尔扎克先生家里照的,当时我和他夫人坐在沙发上正在聊天,是霍尔扎克先生偷偷照的,当时我一点都不知道,所以照得特别自然。后来我夫人看了说:"你照相,就这张照得最自然。"我说:"我都不知道。"我们的关系处得非常好。我感觉外国人并不像有些人所说的看不起中国人,的确也有看不起的,但是大多数人对我们还是很热情的。

另外一个我印象比较深的就是许太太。许太太是德国人,她嫁给了一个中国专家。这个中国专家是湖南人,解放前拉壮丁被拉到台湾去,因为是读书人,后来就跑到美国读了书,又回不了国,因为他是台湾的兵,就到德国宇航院工作。他非常想回国看母亲,当时正是文化大革命,想回国又回不成。他想叫他妈妈到香港去见一面,也办不到。许先生因此闷闷不乐,后因患癌症去世了。在去世前,他一句德国话都不会说,全讲中国话。他的夫人跟他的小孩,都听不懂中国话。他夫人跟我说这些的时候就流泪,说他一句话都没留下。我说怎么一句话都没留下。她说他全说的是中国话,他们听不懂。他想念自己的祖国嘛。他去世以后,许太太很不容易,没有改嫁,一个人抚养三个孩子,把他们抚养成人。许太太非常热爱中国,凡是中国人去她都非常热情。你要是没有住处,她就请你到她家去住;要是没有炊具,她就给你送炊具来。对这点我是深有体会的。我到德国后,她对我就非常热情,我不仅多次应邀到她家去做客,而且还和她一道去听了一次她女儿的钢琴汇报演出。她的女儿学钢琴,有一次给家长汇报演出,她把我请去了,我就冒充了一次家长。（我手指照片）这个里面那个黄皮肤的中国人就是我，我在看汇报演出，这个是许太太。我们现在仍然保持联系。许太太和许先生都一样，对中国人非常好，非常热爱中国人。我想许先生要是碰上改革开放，他可能就回来了，回来的话他也就不会想不开而得癌症死了。（笑）她们家给我留下了很深、很美好的印象。

另外我想说一下的是，在最后我要回国前，我的合作伙伴就问我："陈先生，干吗要回去呀？"我就告诉他们我想家。他们说想家把你夫人接来不就行了。我说还不行，我还要回去。他说："为什么，难道是我们对你不好？"我说："不是你们对我不好，是我的国家对我更好！"我对他们讲了我的成长经历。我家很穷，我小时候捡破烂，什么活都干过。每天上课第一堂课就打瞌睡，为什么打瞌睡，因为我放学后还要去干活，有时一直干到晚上12点。我们班主任老师对我比较好。班主任一看，这个学生怎么老是打瞌睡呀？他去家访了以后，知道了这个情况，就让我住在学校，不让我回家再去干活，而在学校安心读书。这个老师非常好，我非常感激他。后来我大学毕业，又到科学院读研究生，我是国家培养起来的。如果没有党和人民培养我，我就不可能成为航天专家，我也不可能到这个地方来。当时有个年轻的博士叫郑宾，他是跟我一起去德国的。他告诉我说陈老师你不要讲，讲了过去的生活会让人看不起。我说人家看不起的不是这，人家重视的是你有没有能力，看你这个人为人怎么样。这就是我在德国的情况。在我回国的前半个月，天天都有人来请我去他们家做客。有一个礼拜六，我不得不辞掉了三家。人家说以前都没有这个现象，德国人和外国人一般都不怎么来往的，怎么你们中国人是这个样子。我总结了两个原因：一个你要人家尊重你，你首先必须自己尊重自己。如果你自己不尊重自己，人家就不会尊重你。第二点，你还要有点本领。如果你自己很窝囊，人家是不会尊敬你的。所以我感觉中国人很聪明，特别是能够考上清华大学的，都是我们国家的高才生，你们要自己尊重自己，能够努力培养自己的能力，有能力的中国人肯定到哪里都受欢迎。这是我汇报的第二个题目。（掌声）

第三个题目是"我的事业在中国"，这是我个人的情况。1967年我从中国科学院自动化所研究生毕业，分配到航天部门工作，分去以后我就开始参与研制我们国家的飞船。当时的飞船叫"曙光一号"，1967年开始的，因为是毛主席在7月14日批的，所以飞船的代号叫714飞船。这个飞船我一直参与研

制了八年，一直到 1975 年。当时我开始负责航天员手动操纵系统，因为航天员要手动操纵飞船，后来我又搞自动控制系统设计。当时搞的导航系统，用的是惯性平台系统。惯性平台和计算机都研制出来了，但是后来这个飞船下马了，因为在文化大革命时，我们国家经济比较困难，要支持搞这样大的系统不行。另外一个是当时的技术方案也有问题，那时的技术方案要求有大的运载工具。没有这样的运载工具，飞船就打不上去，要搞就等于白搞。我国根据当时情况，先把经济发展好，等经济发展上去以后，再来研制飞船。参加飞船研制工作的人一个一个地抽调走了，就剩下我和另外一个同志守摊子，其他人搞卫星去了。但是对外还说，飞船的计划不变，人员不散。因为这是毛主席批的任务，谁敢公开把任务撤了，谁敢把人员解散了！我就这样在第一个飞船任务中，从 1967 年到 1975 年，一共工作了 8 年。

1975 年以后，我从干校回来就参与卫星研制和发射的工作了。我参加的第一个卫星发射任务是"一弹三星"，我从事主星控制系统的研制工作，"一弹三星"在 1981 年获得成功。发射成功以后，世界都被震动了，因为一下可以发射三个卫星，当时世界各大媒体都纷纷报道，说中国在试验多弹头再入技术。这是我搞的第一个卫星，为此在 1981 年荣立了一个二等功。在这期间，我开始研究用星载计算机控制卫星姿态的工作。当时的计算机不管 310 还是 330，都是一个大柜子，运算速度还很慢，用它来控制卫星，简直是在开玩笑，但是美国已经用上了计算机。所以，当时我就开始研究这个方案。这个工作是在我们的两弹一星元勋杨嘉墀院士的支持下做的。1972 年我的控制系统方案就出来了，1973 年方案就通过了星—地计算机的对接试验，方案初步设计成功。可就在这个时候由于某些矛盾，这个研究工作被迫下马。下马了怎么办呢？当时上海也在搞卫星，上海 4101 工程处的孟执中同志很有远见，他说你北京不搞，他们搞。我 1972 年春节到上海去了，就把这个方案卖到了上海（笑）。我当时没有知识产权的概念，我想我的技术只要在中国能用上就行，管你是上海还是北京。上海方面听了非常高兴，我就全部毫无保留地留下了方案。

这个技术一直到 1979 年，我们国家一颗卫星上马，需要搞计算机控制，不搞计算机控制不行了。当时的领导说中国要发展航天技术，不搞卫星计算机控制怎么行。有个领导想到我曾经研究过计算机控制卫星，又把我请出来了，就让我做卫星控制系统方案设计组组长。这就是我当过的唯一的一个官，当到最后的也就是这个组长。这个卫星用了计算机控制系统以后确实不一样，有好多先进的控制理论现在可以用了。控制系的学生可以知道，像最优控制、自适应控制等比较高新的技术都可以用了。新技术的力量是无穷的。搞一个对地摄影卫星，要摄影照相，不仅要照地球，还要照天上的星，用来进行定位。而以前照到的星像都是长条形的，这是由于卫星姿态不稳，照相机摆动太快，因此星像照出来不是圆溜溜的，而是长条形的。当我的这个计算机控制系统用上去以后，被照下来的星像都是圆溜溜的。卫星基本上不动了，很平稳，而且燃料消耗也很节省，以前飞五天用的燃料现在可以飞到十七天，采用最佳控制以后，燃料也省了。这颗卫星发射成功，使我的卫星姿态控制技术达到了世界先进水平，这个卫星 1987 年一次发射成功。当时我还在德国，我的家人把这个消息告诉我，我非常激动。因为我从 1972 年开始搞卫星控制，终于用在我们国家自己的卫星上了。我们国家第一个用计算机控制的卫星控制系统是我负责设计的，是有开创性的工作。这个卫星当年获得我们国家科技进步特等奖。这是我为国家卫星控制事业作的一点微小的贡献。

这个卫星发射成功以后，我又负责了第二个卫星控制系统的方案设计工作，在这基础上把卫星控制技术又向前发展了一步。1987 年前后，一共发射成功了我负责设计的四颗卫星。每一次发射技术都有新的进步，因为技术在不断地发展，如果老是不发展，技术就前进不了，需要搞些新技术。我在此期间研制成功了一个重要的新技术，这个新技术就是卫星的全姿态捕获技术。什么叫做卫星的全姿态捕获技术？卫星的姿态是卫星相对参考坐标系的方位，这个参数很重要，卫星观测地球相机要对准地面，你不能让它对准太阳，所以姿态必须稳定，需要控制，如果姿态出问题，就是大问题，就会使卫星的飞行试验失败。所以卫星控制系统是一个最重要的控制系统。以前如果一个卫星的姿态乱了，在天上翻起滚来，这个卫星就算完了。当时我们发射的卫星有一个仪器舱，在返回舱回收以后，卫星的仪器舱就被当作空间垃圾扔掉了。为什么扔掉了呢？因为仪器舱和返回舱分离以后，受制动火箭的冲击而高速度地旋转，当时没有技术把它弄回来。在发射了十多颗返回式卫星以后，我们国家两弹元勋杨嘉墀院士提出一个问题："你们那个东西能不能控制回来当颗科学试验卫星用？把它扔掉干什么？"这个问题提出以后，我一想，是啊，干吗不能想个办法，重新建立它的姿态基准，把它变成一颗试验卫星用呢?! 对！通过全姿态捕获技术可以重新建立它的正常运行姿态，可以把它变

成一颗新的卫星。但是我当时没有这个技术。我就开始动脑筋。在国外搞这个东西要专门的仪器，现在我的卫星上也没有。现有的仪器是红外地球敏感器和陀螺仪表，没有太阳敏感器，能不能让卫星重建姿态基准，将卫星控制回来呢？我就想出了一个办法，人家说不行，我试试行不行。我就开始开展这个研究工作。有些同志好心提醒我："你这个方法好像有些违反常规。"怎么讲这是违反常规呢，他说定卫星姿态要用"双矢量定姿"原理，就是说要确定一个卫星的姿态，需要用两个参考矢量，用一个矢量来定卫星特征轴的方向，用它可以确定卫星相对该矢量上下左右的转动，还要用另外一个参考矢量来确定卫星星体绕前一个参考矢量的转动，这样能定出卫星的姿态，这叫"双矢量定姿"。这两个参考矢量，一般都选用太阳和地球，在国际上这被叫做"双矢量定律"。现在你搞个东西不用太阳，只用地球，你要搞"单矢量定姿"，你这个方法好像违反常规。我想如果不用陀螺，光只用太阳或地球中的一个，确实是定不了卫星姿态的，可是在用陀螺的情况下就不一样了。大家知道船舶导航有一个罗盘原理，在轨道运行阶段我们用轨道罗盘原理来定卫星姿态，如果在全姿态捕获时用上轨道罗盘原理不就行了吗？我就不信这个邪，谁的意见我都听，我认为有用的意见就用来改进我的方法，不正确的意见也就是参考参考，对我从不同方面完善我的方案也有好处。经过潜心的研究，我认为我的方法是对的，我的全姿态捕获新方法终于研制成功了。我对领导说我的方法保证行。在没有做半实物仿真试验的情况下，就上天去进行试验。上天后还真出了问题，第一次试验没有成功。他们就说："你看，跟你说不行就是不行。你还不听。"后来，我们经过分析发现，不是我的方法不行，而是在试验时其他部分出了问题。当时仪器舱和返回舱分离的时候，仪器舱和返回舱之间的连接电缆应该切断，可是没有切断，拉到一起了，这就靠得很近，火箭制动时火焰冲击到了仪器舱，使它高速旋转起来，而要将转速减下来需要燃料，没有燃料就下不来，燃料消耗完了转速还下不来，所以试验失败。总结经验后我们改进了分离条件。1994年继续试验。试验那天晚上，杨嘉墀院士在北京，晚上12点了，杨先生给我打电话，跟我说："你好好做试验，参数要记好。如果有什么问题，还回来分析。"我说："杨先生，你放心吧，我一定把试验做好。"另外一个两弹元勋叫王希季院士，他亲自坐飞机到我这儿来指导我做试验。晚上12点了，老先生还坐在那里一动不动。我就对王先生说："王总，你回去休息吧。这里我负责。""不行，我坐飞机来，就是看你做这个试验的。我能回去睡觉吗？"这位老先生一直在那里坚持，但是有些个别的技术科领导已经回去睡大觉去了。试验成功以后，老先生跟我拥抱祝贺，整个大厅里热闹极了。

后来，试验队聚餐，同志们敲着酒盅，击打着筷子，齐声高喊着我的名字"贵！贵！贵！贵！贵！贵！"，给我敬酒，我不能不喝酒，结果一高兴就灌了些白酒。试验队聚餐还没算完，基地司令员又请客，邀请我去。军队里的参谋干事也来凑热闹，纷纷要跟我碰杯。这样一来，我就醉倒了。我当天晚上睡了以后，第二天中午还没有醒，而下午我要回北京。大家就纳闷："陈祖贵怎么不下来！"敲门敲不开，就赶快去找钥匙把门打开，把我叫醒了。为了纪念这次试验成功，我写了一首诗："西凤美酒扑鼻香，将军设宴劝君尝。畅叙千年飞天梦，笑谈卫星返故乡。敲盅击筷齐助兴，贵！贵！贵！贵音绕梁。战友纷纷来敬酒，络绎不绝竟成行。杯杯盏盏战友情，点点滴滴暖胸膛。生平何见此情境，热血沸腾心欢畅。人逢喜事千杯少，李白斗酒谱华章。可笑老朽不自量，酣然醉卧在他乡。"（掌声）

后来我们又进行了将空间垃圾变成卫星的试验。我们国家过去一项对地观察试验，用了两颗卫星没有试验成功。我这个技术试验成功以后，有关单位就提出来要用我的技术重做这项对地观察试验。1996年他们就拿去用了，试验以后效果非常好，获得了圆满成功。在国家没有花一分钱的情况下，用了我的这个技术，就实现了空间垃圾变卫星的创举。我也感觉很兴奋，当你为国家作出贡献的时候，当你艰辛的劳动得到回报的时候，那是最幸福的。

在飞船方面，我们也克服了很多困难。因为这是我们国家从来没有干过的事，特别是我们国家的有些条件跟国外相比较差。例如惯性器件的精度我们比国外要差一到两个数量级。要用这样精度的惯性器件研制出高精度的惯性导航系统，这是我们的技术难点。设计飞船的返回控制系统，难度也很大，要克服很多困难。返回控制技术就是一个要攻克的难题，不仅要将飞船控制回来，要控制飞船的落点，还要控制返回制动的过载，要保障人的安全。这是从来没有干过的。胡军同志在这方面作出了很大贡献，他的创造发明解决了这个大问题。这方面有什么问题，可以由他来给大家讲。

第二个，这次飞船在天上要飞七天。七天后回来要准确落到预定的地点，需要导航，导航要有导航基准。发射导弹，在地面瞄准可以由人来瞄，天上没有人，谁给你瞄？你必须自动瞄准，自动瞄准、自动建立导航基准，这些

技术难度比较大。总的来讲，我们没有辜负领导的信任，三次飞船的发射，我们的控制系统表现得都相当好，我们圆满地完成任务，三次都将飞船安然地控制回到预定落区。我一共为国家的十一颗卫星发射、三艘飞船作出了自己的努力。这是党和人民对我的培养，我应该努力地做更多工作。

下面，我讲讲最后一个题目——"金弓银箭送神舟"。大家对此非常感兴趣，我想讲几句有关发射飞船的事。1999 年我们国家要发射飞船，发射前总装领导找我，对我说："今年我国政治上有三件大事，一个是庆祝建国 50 周年，一个是庆祝澳门回归，一个就是发射飞船。前两个任务肯定能够按时完成，发射飞船这个任务能不能完成关键在你们。你们控制系统如果出问题，根本就回不来。因此要你回答的问题是：你们有没有把握飞船回来？"当时我们控制系统的软件还没有编完，让我回答这个问题，我很难回答。你要说不行，那你还发射不发射飞船啦？要说行，谁知道它是不是能按照我们设计的那样编制软件，按你想象的那样干，你怎么能保证回来呢？这个问题比较难以回答。当时我是怎么回答的呢？我就说，按道理能够回来。为什么这么说呢？我就跟他们讲，我们国家发射的有两种型号的返回卫星的控制系统都是我负责设计的，共发了七颗都成功地回收了，而在飞船控制系统设计时，我们采用了这些成熟的技术。只要返回制动时的飞船姿态控制好了，飞船能回来，再加上胡军同志搞的那个新技术，所以按道理飞船是能够回来的。但是现在还有五个问题没有解决，五个问题在发射前不解决，飞船就可能回不来。我就列出了这五大问题。

在试验飞船发射前的四个多月的时间内，我们抓紧时间解决了我们力所能及的问题。我是神舟一号飞控组副组长，在飞船发射前夕我要回北京负责飞船的飞行控制工作，这时候总装的领导又找到我，问："你说的五个问题解决了没有？飞船就要发射了，成功与否你们控制系统很重要，请把进展情况汇报一下。"我就把已经解决的问题一一作了汇报，这个问题是怎么解决的，那个问题是怎么解决的……我说还有一个问题没有解决，飞船上有根天线挡住了控制系统的眼睛——姿态敏感器。眼睛被挡住了没法走路，控制系统的敏感器的视场内有遮挡物，系统就不能正常工作，就不能确定飞船的姿态，我们就没有办法来控制飞船。我说这根天线必须取掉，不取掉我看飞船飞行试验就不可能成功。最后这个问题在七大总师的联席会议上得到了彻底解决。我在离开东风基地回北京前夕对王永志总师讲："现在五个问题已经全部解决，如果其他分系统不出问题，我保证可以回来。"当时我们机关好多同志都说："你的话说得太满了吧，你保证能把飞船控制回来？"我这样讲，我是有信心的。

几天以后我回到北京，参加飞船的飞行控制工作。当我看见飞船已经正常入轨，飞船按我们设计的程序运转良好时，我就跟另外一个主管飞行控制的同志说你回家休息去，等着捡飞船吧，没有问题了。他说你开玩笑吧，我说不开玩笑。飞船飞了半天以后，主管飞行的那个同志说："陈老师，你的预言应了一半了。"我说何止一半，要百分之百地应验！后来你看整个飞行完全按照我们设计的程序进行。我当时很高兴。在回收时有一段时间飞船飞离地面测控区，飞船的遥测信息没了，大家都很紧张。当地面站第一个抓到信息的时候，我一看，飞船"配平攻角"已经调整好了，当时谁喊口令喊什么内容都是有规定的，但是我忍不住了，不该我喊的我也喊了，我大喊了一声："配平攻角调整成功！"当时热闹极了，测控大厅里爆发了雷鸣般的掌声。因为这预示这次神舟一号飞船的飞行试验已经圆满成功。最后飞船果然平安落地，我们的第一次飞船飞行试验成功了。

我们第一个飞船返回控制落点达到世界先进水平。国际上俄罗斯的水平最高，他们搞了30多年，但是我们飞船的落点精度比他们的平均水平还要高。他们平均是30公里，我们超过了它，我们的是11.2公里。

今年的神舟三号也成功返回，返回落点的控制精度比前面两艘飞船都要好。10月24日《人民日报》有一篇文章叫《飞船回家》，上面有一段报道我讲的话，说一个记者当时问一个白发苍苍的老专家（就是问我），有没有信心把飞船安全地控制回来，他回答说神舟一号我们就取得了圆满成功，我们的飞船落点控制精度当时就达到了世界先进水平，这次我们不但有信心，而且还要把飞船控制得更好！后来《人民日报》就登了这一段。飞船的发射成功是我们全所广大科技人员的努力，特别是这些年轻的科技人员的努力，我们敢想敢干。例如影响飞船返回落点控制精度的一个重大因素是飞船的气动参数不准，气动力是飞船返回过程中唯一的控制力，它不准，飞船就很难控制。我们的胡军博士创造了一个新技术，他创造了实时估计飞船气动参数的新方法，气动参数不准确，我通过实际飞行的数据来估计它，根据估计结果来修改控制策略，大大地提高了飞船的返回落点控制精度，这也是世界首创。这样就立竿见影。这是很了不起的。所以说年轻人为我们航天事业作出了重大

贡献。你们清华大学有两个年轻的航天科技工作者，胡军是我们副主任设计师，还有一个是赵健，也是清华大学自控系的学生，是胡军的同班同学，也是我们飞船控制系统的副主任设计师。他们都是有志青年，为我们祖国的航天事业作出了重大贡献。我对他们的成就感到非常的高兴，我们国家的航天事业后继有人。

最后要说一点的是，以前你们清华大学好多的高才生都到我们那里去，对我们的队伍有很大的加强，像胡军他们。可是最近去的学生比较少。我们非常欢迎清华大学的学生参加到我们祖国的航天事业中来，把我们的航天事业建设得更加好。我们祖国的航天事业是大有前途的，任务很重，国家要求也很高，而且好多工作中的难点都等着你们去克服。比如说好多新的技术都等着你们。虽然说国内的条件不如国外，但是为我们国家的航天事业作出贡献，你设计的飞船、你设计的月球探测器在月球上走路的时候，你一定会感到自豪，因为你为我们国家作出了贡献。

今天我没有准备十分充足，因为我比较忙。如果讲得不对的地方，请同学批评指正，感谢同学们来听我的报告。谢谢！

（掌声）

主持人：非常感谢陈老师的精彩演讲。我们知道今天天气非常热，而且世界杯也非常热，但是我觉得来到这里的同学们的热情更加地热。所以我非常感谢在座的大家能够岿然不动。谢谢！（掌声）接下来是我们安排的和陈老师直接对话的时间。请同学们抓住这个机会。有哪位同学有问题要请教陈老师和我们的学友——胡老师的，请大家抓紧时间了。

同学：请问你们在工作中是不是非常紧张？

陈祖贵老师：压力大这是确实的，合作的参与者都感觉压力大，但是压力大我们不怕，我们要采取措施。采取什么措施呢，一个是要保证系统不出问题，第二个是要保证安全。

同学：我是一个大学一年级的同学，我想问您一个问题，纵观您的年轻时代，您感觉什么因素是促使您成功，或者走上今天这条路？这当中，您对我们今天在座的大学生有什么最想说的话？谢谢！

陈祖贵老师：我是两个情况决定的：一个是我遇上的好老师，他对我的指导，而且他的品质对我的影响很大。我当时比较穷，生活比较苦，放学后还要去干活，我的班主任老师通过家访发现后，让我住在学校，由国家的人民助学金资助我学习。他给我鼓励，人要靠自己。另外是机缘，我和航天是有缘的。文化大革命的时候，搞航天要家庭出身好，要划线，要政治合格才能搞航天。我合格，我就分来搞航天。

同学：您在最后提到的航天事业需要人才，曾经看到有些专家写文章说我们中国实际上很早以前在技术上就已经具备了，但是空间上不具备。您现在觉得中国航天事业在人才、技术和空间上是否具备，目前怎么解决这些矛盾？

陈祖贵老师：空间技术，人才是关键。改革开放以后我们有几个同志走了，这对我们的工作确实有些影响，但是留下来的同志仍然在不断地努力工作。比如像我们的胡博士这样的人才，都是不断地努力钻研。在技术方面我们要永远保持先进性，正如我们江主席说的我们集中精力才能办大事。

同学：胡师兄，你好。其实我第一眼见到你就感觉你是清华的，因为你身上有着清华人的特色——非常实在。我想问您的是，当初你在清华学的是自动控制，而且你那个年代出国风气其实挺浓的。那么当时您为什么不是选择出国，而是选择留在中国，选择献身航天事业？

胡军博士：首先我是 81 级的，1986 年毕业。当时从清华学了几年之后，可能也就是说我是从外地来的，也是孤陋寡闻，跟北京的同学差得挺远的，也没见过什么太多的东西。学了几年之后，我就想在清华这几年学得比较多，想到能够发挥特长的地方去。当时我考虑来考虑去，就考了航天部 502 所的研究生。当时航天部门确实比较神秘。我的导师对我指导都不在院里指导。当时的教授也是清华毕业的，是控制理论方面的一个带头人。我当时主要觉得自动控制理论方面的课程比较多，而当时考虑了导师的方向，我并没有选一门航空航天的课。拿了学位之后，就面临着一个到哪个工作岗位上的问题，是进一步研究理论，还是搞航空课题。当时陈老师刚好要人，那时有两个博士生，第一个博士生现在已经非常优秀，他是搞我们国家一个很高精度的对地观察卫星，都搞得非常好。另外一个是北航的博士生，是正规搞这方面的，他在北航本身就是搞航天控制这方面的。但结果却没要他。我当时的第一个想法就是尽我所能。那边来要人，有好多人劝我不要到那边去，因为那里有好多都是前辈，也有好多都是我的老师，也有一些是北大毕业的，技术非常好，而咱们这些人什么都不是，那个地方的人职称都非常高。当时正是 863 计划开始的时候，正是航天部门要考虑下一步怎么做的时候。当时的一个人事

部长把我的档案扣在那里，说你走与不走，用不着着急决定，你回去好好想想。后来我回去想了想，还是决定到那个地方。真正从搞航天来讲，我是1991年毕业，1991年我没有搞航天，我是从1993年开始做，做着做着就正式搞飞船。（掌声）

主持人：下面我想告诉大家陈老师是四川重庆人，在座的大家有谁是四川人？

同学：陈老师，您好！下面让我用家乡话向您表示问候。陈老师，您好！非常高兴您来参加这次演讲。也非常高兴您有这么丰富的经验给我们在座的同学。陈老师，我对中国航天的成就非常感兴趣，每次我们国家取得航天方面的什么成就，我就特别自豪，特别高兴，比如发射"风云一号"卫星，还有"海洋一号"卫星这些我就感到特别高兴。中国的飞船好像晚了欧美40来年，那我就想问一下您对这个问题怎么看？还有，中国技术和现在的欧美技术的差距究竟有多大，或者说我们在近期内有没有希望改善它呢？中国有没有自己的航天飞机研发？

陈祖贵老师：我能够回答的我就回答。我想是这样，我们国家发展航天事业在起步上本身就比较晚，卫星和我们的日常生活息息相关，比如今天的世界杯，没有通讯卫星，你能看到吗？我们预报气象，没有气象卫星，刮风下雨你就搞不准了。试验卫星能够为我们国家工业做一些补偿。人家的卫星，不断地扫描，光学系统相当好，照得台湾海峡漂亮极了。像这种技术，我说我没看见过。你像现在的对地观测卫星，咱们国家的卫星就告诉你哪里发生了灾祸，哪里有蝗虫啊，甚至还包括海峡的情况，一次都可以汇报回来。我们特别重视这类民用卫星，因为我们国家发展阶段需要。但是表现我们国家实力的工程我们应该搞，增加我们民族精神凝聚力的必须搞。过去世界上只有美国、俄罗斯两个国家能搞的，现在我们中国也能搞，中国就是了不起。在这些个别项目上要搞，而且必须要有优秀的队伍。比如说，我们飞船的轨道舱，飞行的话，包括好多照片都要传回来，现在还在天上。我们国家的发展，卫星技术的发展，我也同意你的观点，重点放在地面卫星，与国计民生直接相关，与提高我们国家经济水平相关的必须重点考虑。但是像我们搞飞船这样的项目也是必要的，如果我们能够登陆其他星球去看看有没有外星人，作为一个炎黄子孙将会感到无限光荣。（掌声）

在技术方面，我们跟美国、俄罗斯比确实还是有差距的，而且差距比较大。在我们国家这种情况下发展到这个程度，谁能帮助你呢？谁也不帮助你。我觉得我们能发展到今天世界上第三位是非常非常不容易的，而且就是靠我们这代人干出来的。清华有几个同志参与了这项工作，我感觉这也是清华的光荣。（掌声）

主持人：这里我想插一句，今天来这里的同学回去可以跟其他同学说一说，如果下次我们再把陈老师请到这个论坛来的时候，希望有更多的同学参与。大家可以告诉他们，如果没有陈老师这些科学工作者的努力工作，卫星上不了天，世界杯是看不了的。好了，还有最后一个问题。请大家抓住机会。

同学：谢谢陈老师，谢谢主持人给我这样一个机会。我是自动化系大三的同学，我想问您一个问题，请您描绘一下未来航天事业的蓝图，因为我从别的地方听到说中国有自己的空间站，是这样的吗？中国技术上困难的地方，如果您现在要带着年轻人去搞这个东西，您希望他具备什么样的素质？

陈祖贵老师：咱们国家试验飞船已经试验成功，搞空间站正在设计之中，有这个计划。空间站难度比较大。因为一个空间站需要长期的运行，运行过程中首先必须解决供应问题，燃料等方面要飞船送过去，这里又需要空间传送技术，这个技术目前只有俄罗斯和美国掌握，这一技术难度比较大。此外还需要两个飞行器在空间的交会对接技术，这也是有一定困难的，需要一定的新的控制技术，这些新的技术我们的研究生已经开始做这方面的工作了。另外，它还涉及其他专业的一些问题，是需要其他专业一起配合。

主持人：我想在座的同学都和我一样经历了一次心灵的洗礼，我记得鲁迅先生曾经说过这样一句话："我们自古以来就有埋头苦干的人，有拼命硬干的人，有为民请命的人，有舍身求法的人，这就是中国人的脊梁。"我想作为清华学子，在我们肩上肩负着太多的重任，希望大家从我们今天的财富论坛中能够有自己的收获。非常感谢大家的参与，让我们再次以最热烈的方式向两位老师表示感谢，谢谢！（掌声）同时，我们也非常感谢学校领导对我们这次活动的大力支持，还有亚信公司对财富论坛的独家赞助。谢谢！祝大家晚安！同学们再见！

神舟飞船的惯性导航系统中国造

什么是导航

研制神舟载人飞船的导航系统，是我第一次也可能是最后一次。以前我所在的北京控制工程研究所，只负责研制卫星的姿态控制和轨道控制系统，没有研制过导航系统。可是我的第一个导航系统就获得了圆满成功，使我国成为了世界上第三个掌握载人飞船导航技术的国家。

什么是导航？

导航就是确定运动物体相对某一个参考坐标系的位置、速度。

载人飞船为什么需要导航

这还得从飞船的飞行任务说起。

对载人飞船有三大要求：上得去，待得住，回得来。航天员要从太空回得来显然是一个非常重要而且最基本的要求。飞船工程领导要求 GNC 系统把飞船安全准确地控制回到预定的回收区。GNC 系统为了完成返回控制任务，必须具有精确导航的能力。因为要把飞船控制回到预定的回收地点，你不知道飞船所在的位置，也就是你不知道飞船距离目的地多远，不知道你在飞船的东面或西面，南面或北面，不知道现在飞船向什么方向飞，你怎么能够把飞船控制到预定的目的地呢？如果飞船在目的地的北面，飞船就应该往南飞，如果飞行的方向也指向目的地，飞船就可以按原来飞行方向飞，否则就应该改变飞行方向。

这个道理很简单。要知道飞船的位置和飞行的方向，就需要飞船有自主确定自己的所在位置和当时飞行速度的能力，这就需要飞船具有导航的功能。

用中等精度的导航器件研制高精度的飞船导航系统。

飞船的导航国外一般均采用惯性导航，惯性导航须用惯性器件，就是陀螺和加速度计。由于对飞船的落点控制精度要求相当高，就是说飞船在太空飞行7天后返回地球要求落点精度为10多公里，这就要求采用高精度的惯性导航器件。在我们开始设计飞船的惯性导航系统时，国内只有中等精度的惯性器件，高精度的惯性器件正在研制中，这样高精度的惯性器件国外有，但是能引进吗？航天高技术是买不来的，引进根本行不通，那怎么办呢？要求我们用中等精度的惯性器件研制出高精度的飞船导航系统。行吗？我回答说行，没问题。

我和战友们已经参加了十多颗卫星控制系统的研制工作，在应用惯性器件方面积累了丰富的经验。我对领导说，采用先进的技术包括先进的设计方法和采用尽可能先进的部件，用中等精度的惯性器件一定能够研制出合格的导航系统。

惯性导航你们能干吗

研制工作还没有开始，我们就遇到一个大问题，这个问题是，由于我所在的中国空间技术研究院在1992年以前没有研制过惯性导航，而且对于研制载人飞船这样的重大工程，许多单位都虎视眈眈、跃跃欲试，任务的竞争相当激烈。北京控制研究所过去在研制"曙光一号"飞船时曾经研究过载人飞船的惯性导航系统，研制出平台惯性导航系统的样机。但是随着"曙光一号"飞船的下马，20多年过去了再也没有碰过惯性导航，作为飞船制导、导航与控制系统的技术负责人，我只在"曙光一号"飞船研制时接触过惯性导航，以后几十年搞卫星姿态控制，也没有从事过惯性导航的研究工作。所以惯性导航任务让不让我们承担，问题自然被提了出来。

北京控制研究所为了争取这个任务，争取得到国内惯性导航专家的支持，特别是中国航天科技集团公司导航专家的支持，专门派我和北京控制研究所一位著名的惯性器件专家到总公司惯性导航专家的家中去，介绍北京控制研究所的工作和争取承担飞船惯性导航系统的任务。这位老专家是我国著名的惯性导航专家，我在中国科学院当研究生时，他是当时科学院自动化研究所

的副所长，是我读研究生的老师，我多次到他家拜访过。这次和我同去的那位惯性姿态敏感器专家也是那位老专家的学生。

我非常尊敬这位老专家，他治学严谨，一丝不苟，重视对青年技术人员的严格要求和培养，他为人刚直不阿的，是我的师表。他问我："陈祖贵，你搞过惯性导航吗？你知道惯性导航的关键技术在哪里吗？"

我说："我在70年代搞过惯性导航，当时搞的是平台导航系统，已经研制出样机，这你是十分清楚的，只是由于'曙光一号'飞船下马，我们没有实际应用的机会。我想在你们老一代科学家的指导和帮助下，我们能够按时、保质保量地拿出飞船的导航系统。"

那次的拜访没有起到作用，因为那位老专家对我们的过去知根知底，认为我们没有研制惯性导航的基础，他对1992年左右的北京控制研究所确实了解也不多，因为他离开这个所已经20多年了。

由于飞船制导、导航和控制系统由我们负责研制，而且在国内我们具有在卫星上应用惯性器件的丰富经验，我们还是如愿以偿得到了神舟载人飞船导航系统的研制任务。

我对老专家非常尊敬，但不唯命是从。

争取到了研制任务后，选择惯性导航的方案又出现了两种不同的方案。运载火箭技术研究院和上海航天局提出的是惯性平台方案，我和战友们代表中国空间技术研究院提出的是捷联式惯性导航系统方案。两个方案都是以各自单位的成熟技术为基础提出的。因为运载工具用惯性平台系统比较多，有经验，所以提出惯性平台方案。在研究卫星控制系统时，我和战友们用捷联式惯性姿态确定技术用得多，根据捷联式惯性导航系统简单可靠的优点和飞船飞行期间在三个方向都有大角度转动的特点，提出捷联式惯性导航系统方案。

最后总公司确定飞船的惯性导航系统由我负责的GNC系统承担，这样研制高精度的飞船惯性导航系统的重任就落到我和战友们的身上。

飞船惯性导航方案和承担任务的单位确定后，我们以为剩下的就是研制这个系统了。不料在惯性器件的选择上又和总公司的老专家们出现分歧。我们要选用自己熟悉的过去多次使用过的惯性器件，而老专家要我们选用我们过去从未使用过的另外一种惯性器件。双方不能取得一致意见。

我对总公司这些德高望重的老专家们非常尊重，虚心向他们学习，但是我绝对不盲从。我认为技术问题上如果有分歧要通过分析讨论，弄清楚原因后才能表示同意或者不同意。如果不坚持自己认为正确的意见，对老专家的意见盲从，那不是真正地尊敬老专家。

我认为自己选择的器件成熟可靠，可靠性高，耐震动性能好，精度比较高。但是现有陀螺的测量范围小，需要改进。这两位老专家建议用另一种陀螺，该陀螺体积小、质量轻、测量范围大，不用改造就可以应用。老专家们认为对一种惯性器件进行改造不是一件容易的事，因此不同意采用我们选用的惯性器件。这两位老专家推荐的惯性器件我们以前没有用过，而且这种器件的耐震性、可靠性、精度都不如自己选用的惯性器件，因此不同意采用老专家们推荐的惯性器件。我们的方案也有总公司另外一些德高望重的老专家支持，因此双方的意见不能统一。

到了1993年，总公司在香山杏林山庄召开中国载人飞船工程飞船总体方案审定会，这时双方的矛盾总爆发，差一点造成飞船的总体设计方案在会上不能通过评审。

折中的方案可能是唯一可行的抉择

惯性器件的选择问题由总公司的行政领导来解决。我代表飞船系统起草了一个报告，通过中国空间技术研究院交到了航天工业总公司，后来总公司决定飞船GNC系统采用两个惯性测量单元，一个用老专家们推荐的惯性器件组成，另一个用我们坚持选用的惯性器件，这样双方的意见都没有被否定，都被采纳，这是一个两方都有面子的方案，都下了台阶，都能接受。这样，飞船的惯性导航系统方案最后确定下来。但是像这样由多个陀螺组成的两个惯性测量单元组成的捷联式惯性导航系统，在国际上没有先例，确实是我国首创。由于采用这样的双惯性测量单元的飞船惯性导航系统，给我们以后的系统设计、故障诊断和容错设计带来许多新问题，这也是一个新的挑战。但是经过后来的实践，证明这个决策应该是正确的，它避免了惯性测量单元的"共模失效"问题，如果采用同一种惯性测量单元，如果存在隐患，一个失效，而另一个由于同样的问题也可能失效，这叫"共模失效"。

另外，采用老专家们推荐的器件，充分利用这种器件测量范围大的特点，而采用我们推荐的器件又充分利用了这种器件精度高、耐震性能好的特点，

这就叫做各取所长，扬长避短。

用新技术提高惯性导航系统精度

飞船惯性导航系统方案的确定仅仅是导航系统设计工作的开始，大量的艰苦工作还在后面。由于飞船惯性导航系统经过前面不同方案的讨论，引起各级领导重视，被列为飞船系统的重点技术攻关项目，限期解决飞船惯性导航系统的关键技术问题。

用中低等精度的惯性器件研制出高精度的惯性导航系统，这是我们遇到的第一个技术难题。国外的飞船惯性导航系统所用的惯性器件精度非常高，我们国家的惯性器件精度比他们要低，从国外引进飞船用的惯性器件根本不可能，只能立足于用自己生产的惯性器件。自己的惯性器件精度比国外的新产品的精度要差一些，要用自己的中低等精度的惯性器件研制出能和国外的精度可以比拟的高精度导航系统，这是我们要解决的一个重要技术难题。

为了解决这一重大技术难题，我们组织了技术攻关。通过查阅大量的国内外导航技术、现代过滤波技术的资料，经过分析研究我们提出了一个攻关项目，名为"星光、GPS 和捷联惯性组合导航技术"，开始了艰苦卓绝的攻关工作。

通过我们一年多艰苦奋斗和 GNC 团队的共同努力，我们研究成功飞船惯性器件在轨自主标定技术，完成了"星光、GPS 和捷联惯性组合导航技术"的攻关工作。

可是又出现了一个新问题。飞船工程的总设计师王永志院士认为星敏感器在我国是一个带有预研性质的新型敏感器，当时技术状态不太成熟，飞船的 GNC 系统不宜采用。实际上这时星敏感器的研制已进入实用阶段，就在神舟一号飞船发射后不久，我国的"资源二号"卫星上就应用了星敏感器，因此努一把力，星敏感器在神舟一号飞船上应用还是有可能的。但是为了确保神舟一号飞船能够按时发射，并且保证飞船试验一定成功，上级领导不让飞船首先应用星敏感器的决定，我们还是能接受的。但是，这样我们原来的方案就不能用了。飞船惯性导航系统必须在飞船轨道运行期间自主进行标定，否则不可能达到总体的技术指标要求。因此必须研究代替方案，最后研制成功了用一个简单又成熟的代替星敏感器的方案，完成了飞船惯性器件的在轨标定技术的研究。这个新技术的成功应用为我国连续 7 艘飞船的飞行试验成功作出了重大贡献。在申报 2000 年国家科技进步奖时，飞船惯性器件的在轨自主标定技术系统得到国家奖评委们的高度评价，我们申报的"神舟一号试验飞船制导、导航和控制系统"项目从最初排名 24 位到最后送到国家奖的总评委评审时排名第 4 位。

惯性器件故障诊断及信息融合应用新技术

具有中国特色的两个惯性测量单元的捷联式惯性导航系统方案带来另外一个技术难题，这个难题是整个系统共有多个陀螺多个角速度的测量值，多个加速度计多个飞船的向加速度输出量。GNC 系统计算机在每一个采样周期都要采集这些数据，并且从这些数据中分别选出 3 个陀螺数据和 3 个加速度及数据供惯性导航系统应用，选出来的数据必须准确无误。为此我们必须要研究另一个新技术即惯性器件故障诊断及信息融合应用技术。

首先要做到每个采样周期所选用的数据都正确，这点就非常困难。例如要从这 8 个陀螺数据中选出 3 个，就必须对陀螺进行故障诊断，通过故障诊断确定这个采样周期可以应用的数据，并且发现有故障的陀螺。这个工作国内没有人干过，国际上也没有看见过有关的报道，也许是人家的惯性器件精度和可靠性都高，不需要这种技术，也许是因为他们的惯性导航系统根本上就没有这种独特的结构，这种由两种不同的惯性器件各构成一个惯性测量单元，由两个惯性单元再组合成飞船的惯性导航系统是具有中国特色的新方案，是我国首创。

飞船惯性系统的信息融合和故障诊断非常重要，因为这个系统是飞船的关键系统，在飞船返回过程中每一个采样周期所选用的数据一个都不能错，因为惯性导航系统具有记忆性，它一次错了就一直错下去，在飞船飞回过程中没有纠正这个错误的机会和能力，已经出现故障的陀螺必须立即诊断出来，没有发生故障的陀螺又不能错误地判断它已经发生了故障。故障诊断系统是公正的法官，要做到不漏判，也不误判，说是一句话实现起来很困难。这一点我们 GNC 系统已经做到了。这个技术已经成功地应用到飞船和飞船的轨道舱控制系统。

神舟五号飞行试验

在神舟四号飞行试验获得圆满成功之后，我国第一次载人航天飞行试验的准备工作正在紧张地准备。2003 年我国决定发射自己的第一艘载人飞船。此计划被列为当年国家的一个重大项目。

2003 年对载人航天领域来说是个不利之年。春天，我国发生了流行全国的非典型性肺炎，这个流行病造成了许多人死亡，许多人住院，一时间全国人心惶惶。在这种条件下我们紧张地准备着神舟五号飞船飞行试验工作。所有参加飞船电性能测试的人员集中在北京航天城，为了防止非典的传染，整个试验队与外界隔离，在试验场人人都戴上口罩。

而此时国际上载人航天又接连出现重大事故。2003 年 1 月 4 日，美国哥伦比亚号航天飞机返航途中解体，7 名航天员遇难。这一噩耗震惊了全世界。接着在同年的 5 月 4 日，俄罗斯的"联盟 TMA－1"飞船在返回过程中因为返回控制系统故障，飞船落点远离预定回收区 500 公里。这给搜救工作带来了极大的困难。在这个时候我国决定照常按计划发射我国第一艘载人宇宙飞船，中国的第一个宇航员就要在这一年上天，这充分显示了我们对自己的自信和我国坚定不移发展自己载人航天事业的决心。这些事故不可能干扰、阻挡我们中国航天人征服宇宙的步伐。

但是这些消息也确实使我们飞船工程的各级领导揪心，因为神舟五号载人飞船发射的意义太大、太重大了，只许成功，不许失败。两个航天大国发生的悲剧和问题绝对不允许在神舟五号飞船上重演。为此飞船工程的总指挥李继耐上将专门给飞船工程的总设计师王永志和副总指挥胡世祥写了信，表示了高层的特别关注。他山之石，可以攻玉，一定要对照检查，绝对不允许类似问题在中国飞船上重演。

哥伦比亚航天飞机的灾难是由于返回大气层时防热瓦脱落引起的，飞船的防热是由机构、结构分系统负责，因此这个问题由他们来负责回答。我们飞船的防热措施与美国航天飞机的措施根本不同，而且我国的返回防热技术经过了 4 艘飞船飞行试验以及 10 多颗返回式卫星飞行试验的考验，没有问题，哥伦比亚航天飞机的悲剧不会在中国重演。

俄罗斯"联盟 TMA－1"飞船的故障发生在飞船的返回控制系统，我是飞船控制系统的主任设计师，有关神舟五号飞船的制导、导航与控制系统会不会出现问题，自然要由我来回答。根据袁家军院长的要求，我代表飞船的制导、导航与控制系统写了一篇报告上交给飞船总师和总指挥。我把神舟五号飞船返回控制系统和"联盟 TMA－1"飞船返回控制系统进行了详细的分析比较，最后得出结论："联盟 TMA－1"飞船的故障在神舟五号飞船上不会出现。神舟五号飞行试验的结果证明我在报告中作出的结论是正确的。下面就是这篇报告的全文。

与俄罗斯"联盟 TMA－1"返回故障有关的问题

一、问题的提出

2003 年 5 月 4 日，俄罗斯的"联盟 TMA－1"号飞船在返回降落过程中由于自动控制系统故障，飞船非正常地由可控升力式再入转为弹道式再入，造成飞船偏离原定的着陆点 500 公里，回收人员在飞船着陆后 4 个多钟头才到达着陆区。在哥伦比亚航天飞机失事之后，接着又出现"联盟 TMA－1"事件，载人航天的安全性问题当然引起了世界航天界的高度重视，由于我国今年要进行神舟五号飞船的第一次载人飞行试验，自然也引起我们的高度重视。他山之石，可以攻玉，分析"联盟 TMA－1"故障原因，对照检查我们飞船 GNC 系统和整个飞船返回控制系统的设计、试验中是否存在有类似问题，找出薄弱环节并加以改进，对确保神舟五号载人飞行试验的成功具有重要意义。因此，从知道此事件之后，我们一直十分重视俄方的故障分析工作，并对 GNC 系统的返回再入全过程进行了可靠性、安全性分析。

二、"联盟 TMA－1"返回偏离预定落点 500 公里的原因

从报道其落点远离预定落点 500 公里，过载高达 9g，我们认为飞船是用弹道式再入，而不是原来设计的升力可控式再入的结果。而由升力控制式再入转为弹道式再入的原因，一般有三个：其一是航天员操作错误，其二是地

面控制中心操作错误，其三是自动控制系统故障（包括干扰和软硬件失效）。根据2003年5月28日"联盟TMA－1"返回舱以弹道方式返回原因调查委员会发表的总结报告（512所提供的中文翻译件）得出的结论，排除了航天员误操作和地面测控中心误发控制指令这两种可能性。最后确定故障原因是船上返回控制装置偶发小概率故障，引起船上故障判断装置，按故障对策要求将返回控制模式由升力控制模式切换到弹道式返回模式。

故障原因如下："联盟TMA－1"返回地面的着陆控制装置（ПУСП－М）的电路设计有缺陷，在极其罕见的情况下，俯仰、滚动和偏航三个通道中有任何一个信号输入到该装置，会使得控制信号中断而停止向执行机构发控制指令，使得整个返回控制系统开路，返回舱姿态失去控制，返回舱偏航姿态超出预先规定的阀值。"联盟TMA－1"的导航敏感装置用的是两个位置陀螺，由于位置陀螺的框架转动范围有限制，当飞船姿态角超过这个限制位置时，陀螺的框架碰到限位销钉，发生碰框现象，造成飞船失去控制能力。运动控制系统根据返回舱达到最大容许的偏航角发出的命令，自动地转为弹道式返回。

由该报告可以得到下列几点看法。

A. "联盟TMA－1"运动控制系统的船载计算机在转到弹道式返回模式后，运动控制系统的新的船载计算机（返回着陆控制指令单元）没有得到完整的飞行考验，但是从遥测和记录的数据看出，在转弹道式后，它按要求发出相应的控制指令，因此该计算机工作正常，没有发生故障。

B. "联盟TMA－1"运动控制系统的惯性测量装置工作正常，偏航通道姿态超过最大允许值，与惯性测量装置无关，是由于系统开路，姿态失去控制的结果。

C. "联盟TMA－1"返回切到弹道式的主要原因是由于返回地面的着陆控制装置（ПУСП－М）的电路设计有缺陷，即使故障出现是极小概率事件，但是由于它堵断了和执行机构的通讯，后果严重。同时看出"联盟TMA－1"返回控制系统可能不满足"一个故障工作，两个故障安全"的载人航天器的安全性要求。

D. "联盟TMA－1"返回控制由升力控制模式转为弹道式返回工作模式，是按故障对策方案规定进行的动作，保证了航天员安全，是正常切换动作。

三、神舟五号飞船返回控制

A. 神舟五号飞船的GNC系统的返回控制是我国具有独立知识产权的航天

控制技术。我们和"联盟 TM"飞船的运动控制系统的组成和结构以及控制方法有很大的不同。首先我们采用由测速陀螺和加速度计组成的惯性导航系统，这样的系统不仅简单、可靠，也不存在陀螺碰框问题。我们有系统故障自动诊断和系统重构功能，能做到"一个故障工作，两个故障安全"。

B. 在和推进分系统的通讯上，我们对 84C52 通讯模块采取了有效措施，保证通讯正常。

C. GNC 系统没有自动切换到弹道式再入模式的功能，只能由地面测控中心和航天员切换，"联盟 TMA－1"的故障不可能出现。

完整的载人飞船 GNC 系统

由于神舟载人飞船 GNC 系统的任务复杂、艰巨，研制时间进度有限特殊原因，该系统不能够做到一步到位，而是逐步完善，分步实施，因此在前面四艘飞船的飞行试验中所用的 GNC 系统不是一个完整的载人飞船 GNC 系统，只有到了神舟五号飞船，才用一个完整的载人飞船 GNC 系统参加飞船的飞行试验，完成我国第一艘载人飞船的控制任务。飞船的其他系统已经是成熟系统，而我们的不是。在神舟四号飞船成功回收后，立即开始神舟五号飞船的研制工作。显然我们仍然是飞船的短线，但是我们有决心按时完成神舟五号飞船 GNC 系统的研制任务。为了提高可靠性和完成有人飞行状态飞行控制任务的需要，GNC 系统相对于神舟四号飞船的设计多达几十项，软件增加或更改也多达十多项，已经成功飞行了四次，工作量还是这么大，更改和增加的技术项目如此之多，这在以往的卫星型号任务中是不可能出现的。我们身上的压力之大，可见一斑。

2003 年春，就在我国集中力量研制神舟五号飞船 GNC 系统的时候，"非典"肆虐北京，这给研制和试验工作带来了很大的困难。

在神舟五号飞船上，我们研制试验完成我国的第一个航天员手动运动控制系统。为了提高飞船的安全性和可靠性，对 GNC 系统的硬件和软件进行了适应性修改，到了 4 月份，按时上交了 GNC 系统的全套产品，神舟五号飞船没有在我们这里误点。

通过 GNC 系统本身的试验和飞船全船试验，我们系统也发现了一些问题。通过这些问题的发现和解决，我心里更加有底了，神舟五号飞船飞行试验成功没有问题。

这次发现的问题，都是一些意想不到的小问题。例如，系统上交到飞船总体后，飞船总装发现几个敏感器的插头插不紧，这在以往是从来没有发生过的。这个问题很好解决，很好归零，但是它也算一个问题记录在案。

又例如在做航天员手动运动控制系统试验时，突然发现与推进系统间的通讯中断，这个问题的发现和解决对于提高神舟五号飞船的可靠性和安全性具有很大的作用。我的观点是在地面发现问题不要紧，关键是天上不出问题。

在系统试验时发现一个惯性测量单元盒与 GNC 控制计算机间的通讯中断，经检查是自动复位电路中有个元件焊接错误，像这样的问题以前从未出现。

由于 GNC 系统在生产和在酒泉卫星发射中心的系统测试中最终没有发生任何重大的质量问题，我心里有数了，飞船控制系统一定能够把神舟五号飞船安全地控制回来。第一个中国人遨游太空，圆我中华民族几千年飞天梦的日子快要来到了。

出场宣誓

　　参加工作以来，除了 1982 年加入中国共产党时在党旗下宣誓外，我没有宣过其他的誓。这次在神舟五号飞船出场发射前夕，空间技术研究院承担飞船系统研制任务的全体技术人员在北京航天城举行了一个隆重的出场宣誓大会。

　　出席大会的有总装备部副部长、飞船工程副总指挥胡世祥，飞船工程办公室主任谢茗苞，总公司飞船办公室主任周晓飞，飞船系统总指挥袁家军和飞船总师戚发轫等。

　　会上飞船工程副总指挥胡世祥作了极富鼓舞性的动员报告。他首先宣读了飞船工程总指挥李继耐上将的一封信。信中说：哥伦比亚航天飞机失事完全是由官僚主义、疏忽大意、安全措施和技术支持不到位所造成的。它再一次告诉我们载人航天工程系统复杂，要求极高并伴随着风险，绝对不能盲目乐观，存侥幸心理和松懈麻痹情绪。美国哥伦比亚航天飞机的经验教训，我们要引以为戒，倍加谨慎，千万不能掉以轻心。

　　我们中华民族几千年来的飞天梦想就由我们在场的神舟五号飞船试验队员来实现，任务十分光荣，十分伟大。胡世祥副总指挥说："为了这个千年梦想，我们过去的日日夜夜实在是付出得太多太多了。我们可能不是一个好的儿女，不是一个称职的父亲或母亲，但是我们是中华民族的优秀儿女，我们为中华民族作出了应有的贡献。中华民族是一个伟大的民族！"

　　接着在飞船系统副总指挥尚志的带领下，全体试验队员面对国旗进行了宣誓。誓词是这样的：确保航天员的生命安全，确保神舟五号飞行圆满成功，用卓越造就辉煌，用成功报效祖国。

　　动员誓师会后，全体试验队员在神舟试验队的队旗上签名留念。这面队旗即将伴随神舟五号飞船遨游太空。

部队打仗前有战前动员，执行航天器飞行试验任务前进行宣誓，对于我来说这是第一次。这就是一次战斗，而且是一次任务艰巨的大战斗。我等科技人员鼓足了士气，迎接这场战斗考验。

飞船运到酒泉卫星发射中心后，整个飞船试验大队又进行了一次规模庞大的宣誓活动，总公司领导亲自作动员报告，胡世祥副总指挥又作了一场鼓舞人心的演说。总公司领导的报告显然是经过充分准备，引经据典，从敦煌的飞天梦想讲起，讲到了加加林上天，讲到了阿波罗载人登月，讲到了挑战者号爆炸，一直讲到神舟五号飞船发射，声情并茂，内容丰富，知识面广，使所有试验人员更加斗志昂扬、精神抖擞地加入了试验战斗。

第一次接受中央电视台记者的采访

　　宣誓后我接到通知，要我和王南华副主任设计师以及刘良栋副总设计师一道去接受中央电视台军事部记者的采访。这是我参加工作以来第一次接受由行政部门安排的记者采访。采访一个个地进行，每个人大概采访一个小时。以前我没有接受过电视记者的采访，不知道记者要问什么。按照记者的要求，以自己介绍为主，我介绍了飞船制导、导航和控制系统，包括它完成的任务，它对于神舟五号飞行试验的成功和对于保证航天员生命安全的重要作用。我说有人把控制系统比作飞船的大脑，有人把控制系统比作飞船的舵手，我认为这都是实事求是的，毫不夸大的。因为飞船是控制系统制导回来的。航天员的生命安全和飞船飞行试验成功与否，很大程度上取决于控制系统。

　　我还介绍自己在航天战线工作近40年来所做的工作和在飞船研制工作中所取得的重大科研成果。我介绍了已经发射成功的四艘飞船的返回落点控制精度都达到了国际先进水平，我们研制成功的具有我国独立自主知识产权的飞船返回控制技术、扩大飞船发射窗口的新技术、高精度飞船姿态确定技术和航天员手动运动控制新技术等，为发展我国载人航天事业作出了重大贡献。

　　记者最后要我用几句话告诉观众，飞船制导、导航与控制系统的重要性。我说，飞船的制导、导航与控制系统负责飞船从起飞、上升段导航、救生、轨道运行段的姿态控制、轨道控制以及返回段的建立返回制动姿态、返回制动直到再入大气层后控制飞船安全准确返回的全部控制任务。它的运行性能决定飞船飞行试验成败和航天员的生命安全。所以有人说控制系统是飞船的心脏，是飞船的大脑。我认为它是飞船的舵手，是它把飞船从太空安全地驾驭回来。

　　采访快结束时记者问我："在飞船研制过程中遇到的最大困难是什么？"我不愿意回答这个问题，对记者说："算了吧，不说啦！"

　　在记者再三追问下，我无奈地说了一声："技术上的困难，难不倒我们，我们遇到最大的困难是人为的困难。解决人为的困难真难呀！"

　　采访结束时记者对我说："你的表达能力特别强，我这个外行都听懂了。"后来才知道她的采访是为制作一个名为"撼天记"的电视片做准备的。但是我从未看到过这个电视片，据说这个电视片中除了引用我的一些讲话，别的什么也没有。

　　记者在采访王南华研究员时我也在座，对王的采访结束后，记者很有感慨地说："我以前只是认为你们航天人特别辛苦，特别能战斗，通过对你们的采访，我发现你们航天人的心灵是如此的美丽！"

飞天圆梦记

神舟五号飞船发射前的 2003 年 10 月 14 日下午，胡锦涛和黄菊、吴官正、曹刚川、王刚等领导同志赶赴酒泉卫星发射中心，看望战斗在第一线的参试人员，指导第一次载人航天飞行试验。

10 月 15 日凌晨 3 点钟左右，神舟五号发射测试人员乘车来到了飞船发射测试场区，执行我国首次载人航天圆梦的飞船发射任务。此时我的内心非常激动。

对于这样重大的任务，在没有完成以前，总会有些担心，有人说如履薄冰，这是不难想象的。可是我们对于自己负责设计的飞船制导、导航与控制系统能够圆满完成我国第一次载人航天飞行任务充满了必胜信心。在第五艘神舟飞船发射前上级领导多次找我，询问我有无把握控制飞船在太空正常飞行和控制飞船安全返回，每一次我都笑着回答："请领导放心，我们有把握让飞船从太空安全地回来。"我不会忘记朱镕基总理在视察飞船时语重心长的一句话："人命关天，大意不得呀！"

由于胡锦涛主席要来，所以试验楼里到处警卫森严，不允许随意到处走动。我这时发现我走到哪里都有一个人一直跟在我后面，这个人是 GNC 系统的副指挥，我和他非常熟悉。我发现后就问他，这是为什么？这位副指挥告诉我："胡锦涛主席要来，你有照相机，又有特许摄影证，领导怕你到时去照相，犯错误。因为今天晚上你那张特许的照相证件已经不起作用了，作废了。"

我对副指挥说："请你告诉领导，请他们放心，我这点政治觉悟还是有的。上一次江泽民主席来，我坐在那里动也没有动一下，这次我保证也能做到。"

在临发射前一个小时，一个车队从飞船的测试大楼窗外呼啸而过，凭直觉，我知道那是胡锦涛主席的车队到飞船发射台前给杨利伟壮行去了。我所在工作间的窗户正对着发射场，通过窗子看到发射场灯火通明，雄伟的神舟五号飞船巍然屹立在发射台上，在巨大的聚光灯的照耀下仪态非凡。紧靠着它的是高耸入云的发射架，夜空中探照灯的巨大光柱不断在扫射，多么宏伟壮观的画面。

半小时过后，胡锦涛主席来到了飞船发射测试、发射指挥大厅，接见了等在那里看望参加神舟五号飞船发射任务的各级领导和在场的技术人员。我们的测试间在大厅的右侧面，有一个门和大厅相通，GNC 系统的技术人员坐在自己的岗位上真是一动不动，只是伸长了脖子向大厅里张望，远远地看着胡主席走进大厅，又看着胡主席离开大厅。

早上 8 点 45 分，飞船发射进入倒计时 15 分准备，激动人心的神舟五号飞船发射时刻就要到来了，从指挥调度用的扬声器里听到参试的各大系统包括运载工具、载人飞船、航天员系统、远洋测试船在内的地面测试系统纷纷报告，工作正常。我急忙登上飞船测试发射大厅的楼顶，在那里架好了长焦距照相机，镜头对准飞船发射场，这里是拍摄飞船发射场面的最佳位置。在上楼顶的楼梯前站有警卫人员，他没有阻止我上去。我心想："不管是什么原因，反正让我上去就感谢他了。"可能警卫已知道摄影爱好者的心情，也就睁只眼闭只眼罢了。也可能是我胸前挂着的特许摄影照相证起了作用，不管怎么样，这次飞天圆梦不仅能够通过自己的手变成现实，而且同时我拍摄神舟五号飞船发射的愿望也能实现，我太高兴了。我站在发射测试大厅的楼顶等待着伟大时刻的到来。

激动人心的时刻到了，发射场指挥调度广播中传来指挥员发出的发射倒计时 10 秒钟开始的口令，这时整个发射场区的空气好像已经凝固，空气中传来指挥员清脆、响亮的倒计时的报时声："10、9、8、7、5、4、3、2、1，发射！"

发射指挥的口令刚一喊出，只听到一声雷鸣般的巨响，发射台前冒出一堆橘红色的火球，不久就扩散，整个发射架下一片火海，神舟五号飞船夹着红色的祥云冉冉升起，直奔太空而去。这时我急忙按动快门，接连拍摄了 6 张飞船发射起飞的镜头，当飞船飞离视场以后，我拿起数码相机对着飞船飞去的方向，照了几张，其中一张抓住了穿空而去的飞船，效果非常好。

接着从指挥调度的广播中陆续传来飞船飞行正常的好消息。

9 点 2 分，抛弃逃逸塔，飞船距离地面高度 38.6 公里。

9 点 2 分 16 秒，助推器分离，飞船距离地面高度 51.2 公里。

9 点 2 分 39 秒，一二级分离，飞船距离地面高度 73 公里。

9 点 3 分 20 秒，抛蒸馏罩，飞船距离地面高度 107.4 公里。

9 点 7 分 42 秒，二级主机关机，飞船距离地面高度 196 公里。

9点9分40秒，游机关机，飞船距离地面高度199.5公里。

9点9分43秒，飞船和运载工具分离，飞船入轨，飞船距离地面高度199.5公里。

9点19分，GNC系统报告飞船GNC系统工作正常，飞船入轨的姿态误差消除，飞船建立正常飞行姿态。

9点23分，飞船太阳帆板展开正常，GNC系统报告太阳帆板捕获太阳成功，GNC系统出色地完成飞船入轨控制任务。

9点33分，南太平洋上空的远望二号测量船首次捕获飞船信息。

9点34分，航天员杨利伟报告："感觉良好。"

9点42分，中国载人航天工程总指挥李继耐宣布神舟五号载人飞船发射成功。

9点45分，胡锦涛主席在酒泉卫星发射中心指挥控制大厅发表重要讲话。胡锦涛主席说，他首先代表党中央、国务院、中央军委，代表江泽民主席，向为我国载人航天事业作出突出贡献的广大科技工作者，向所有参与载人航天工程研制、建设和试验的同志们表示热烈的祝贺和崇高的敬意。胡锦涛总书记说，实施载人航天工程，是以江泽民同志为核心的党的第三代中央领导集体作出的重大战略决策。10多年来，在党中央、国务院、中央军委的领导下，经过广大科技人员和解放军指战员的不懈奋斗，我国载人航天事业取得了举世瞩目的成就，谱写了中华民族自强不息的壮丽诗篇。胡锦涛希望航天战线的全体同志，认真学习贯彻"三个代表"重要思想和十六大精神，进一步增强使命感和责任感，大力弘扬"两弹一星"精神和载人航天精神，科学求实、开拓创新，团结协作、不懈进取，不断夺取我国航天事业和国防科技发展的新胜利，为全面建设小康社会、实现中华民族的伟大复兴再立新功。

神舟五号载人飞船的发射成功，是我们伟大祖国的荣耀，标志着我国首次载人航天飞行初战告捷，也标志着中国人民在攀登世界科技高峰的征程上又迈出了具有重大历史意义的一步。航天战线的同志们为祖国、为人民、为民族建立的卓越功勋，党和人民永远不会忘记。胡总书记的讲话赢得在场同志的热烈掌声。

在吴官正、黄菊等同志的陪同下，胡总书记与在场每个参试同志握手祝贺。

10点20分，胡锦涛主席等领导与参试人员代表合影留念。我有幸受到胡主席的接见，和我一起受胡主席接见的还有任新民院士。任新民院士是我国著名的航天功勋科学家，为发展我国的航天事业立下了丰功伟绩，90岁高龄的老人，还亲临祖国西北的大沙漠，指导神舟五号飞船的发射工作。他十分关心 GNC 系统，还叫我去向他汇报过一次工作，我和任老总一起还照相留念。

11 点 30 分，我和王南华、范如鹰两位副主任设计师乘车去鼎新机场，飞回北京参加神舟五号飞船飞行控制工作，要把航天员杨利伟从太空安全地控制回来，我们当时还要完成光荣而艰巨的任务。

到达首都西郊机场，我们受到先期到达的袁家军总指挥和所里同志们的热烈欢迎。

到达北京后，我们直奔航天城，参加神舟五号飞船的飞行控制任务。15 点 54 分，飞船的 GNC 系统控制神舟五号飞船变轨发动机工作，GNC 系统报告飞船变轨成功。

17 点 30 分，中央军委副主席、国防部长曹刚川与杨利伟通话。

18 点 40 分，航天员杨利伟从太空发出问候："向世界人民问好，向在太空中工作的同行们问好，向祖国人民、港澳同胞、台湾同胞、海外侨胞问好，感谢全国人民的关怀。"

19 点 59 分，航天员杨利伟和在北京航天指挥中心的家人进行了通话。他对妻子说，在太空感觉很好，太空的景色非常美。他对儿子说："好儿子，我看到咱们美丽的家了！"

10 月 16 日下午，神舟五号飞船回收，我和战友们早早地就在航天城的航天指挥控制大厅 GNC 系统控制台前就座，负责完成飞船返回段的飞行控制任务。

16 点 30 分左右，中共中央政治局常委、国务院总理温家宝，中共中央政治局常委、国家副主席曾庆红等领导同志来到指挥控制大厅指导神舟五号飞船的回收工作。

17 点 5 分，北京航天控制中心成功地向正在太平洋上空运行的神舟五号飞船注入返回参数，飞船即将启动返回程序。

17 点 35 分，飞船返回开始，这时回收指挥员发出飞船返回调姿命令："一次调姿指令发出。"飞船在 GNC 系统的驾驭下开始建立飞船返回制动姿态，这时屏幕上显示出两条曲线，一条是红色的飞船返回调姿的理论飞行曲线，黑色的一条是飞船实际飞行曲线。只见飞船在飞行过程中，黑色曲线完全和红色曲线吻合，圆满完成第一次偏航姿态调整任务，40 秒钟后 GNC 系统报告第一次返回调姿成功。

17 点 36 分，飞船的轨道舱和返回推进舱分离，轨道舱遗留在轨道上将运

行半年，进行科学探测工作。

17点36分20秒，飞船开始建立返回制动火箭点火的第二次姿态调整。17点37分，GNC系统报告飞船第二次调姿成功。

接着飞船返回的最关键时刻来到了，17点38分，飞船制动火箭点火。GNC系统启动飞船的制动发动机。如飞船开始减速，制动发动机产生的强大的扰动力矩，想使飞船偏离给定的标准姿态。此时GNC系统发挥其影响，把飞船的姿态控制在要求的范围内。同时准确地降低飞船飞行速度，改变其飞行方向，控制飞船离轨，返回地球。

17点56分，飞船在飞回地球的轨道上滑行18分钟后返回舱和推进舱分离，GNC驾驭载有航天员的飞船返回舱，飞向地球。

17点58分，GNC系统调整返回舱姿态到对飞船进入大气层有利的姿态，我们称之为配平攻角调整，为返回舱进入大气层做好最后的准备工作。

18点，神舟五号飞船飞回祖国上空。

18点4分，神舟五号飞船再入大气层。返回舱进入黑障区、返回舱成为火球，和地面失去联系。

18点14分，返回舱引导伞已打开。杨利伟报告身体状况良好。

18点18分，主伞工作正常。杨利伟再次报告身体状况良好。

18点23分，飞船返回舱在内蒙古四子王旗预定地区着陆。

18点33分，温家宝总理和杨利伟通话，祝贺他胜利返航。

18点45分，我从北京航天城指挥大厅的屏幕上看见杨利伟在返回舱的窗口向大家招手，神态自若身体状态良好，我高兴极了。我兴奋地说："我们向航天员、向祖国、向人民的庄严承诺已经实现了，杨利伟不仅安全地回来了，而且真的舒舒服服地回来了。"

18点54分，李继耐宣布："神舟五号载人飞船16日6时23分在内蒙古主着陆场成功着陆，实际着陆点与理论着陆点相差4.8公里，返回舱完好无损，我们的航天英雄杨利伟自主出舱。我国首次载人航天飞行圆满成功！"

大厅内顿时一片欢腾。专程前来观看飞船回收的中共中央政治局常委、国务院总理温家宝，中共中央政治局常委、国家副主席曾庆红等领导同志，和在场的载人航天工程指挥、技术人员一起热烈鼓掌，共贺我国首次载人航天飞行获得圆满成功。我受到温总理的接见，并和总理握着手和影，留下了一张具有珍贵意义的照片。

航天员的老师

给航天员上课，培训航天员。

为了神舟五号飞船在 2003 年 10 月份发射，对航天员的培训工作，一直在抓紧进行。我负责组织给航天员讲授飞船制导、导航与控制技术课。GNC 系统专家基本上都参加了对航天员的培训工作。

GNC 系统第一堂课是我给航天员们上的。航天英雄杨利伟、翟志刚、英雄航天员费俊龙和聂海胜都听过我的课。我第一堂课讲的是飞船制导、导航系统的基本概念。首先介绍什么是制导，什么是导航，什么是控制，接着介绍制导、导航控制系统在飞船上是干什么的，它负责完成什么样的控制任务。再介绍控制系统在飞船工程中的重要作用，它的工作决定神舟五号飞船飞行的成败和航天员的生命安全。我还给他们介绍了神舟五号飞船的特点，告诉他们飞船控制系统在设计时把航天员的生命安全放在第一位，能够做到当系统出一个故障时，飞船能够正常工作，如果出了两个故障，能够保证航天员的生命安全。这里所说的两个故障是指同一个部件而言，如果是不同的部件，发生 4 个 5 个故障都没有问题。我国的卫星飞行一年两年一个故障都不出，现在飞船最长飞行 7 天，因此 GNC 系统可以保证航天员的安全。

我又给他们介绍了飞船 GNC 系统是由哪些部件组成的，让航天员们对飞船的 GNC 系统有一个全面的了解。最后向他们介绍了飞船的飞行模式，介绍飞船从起飞到返回全过程中 GNC 系统的工作模式和工作要点。

由于 GNC 系统关系到航天员的生命安全，所以他们听得很专心，提了不少有关飞船安全性方面的问题。

我的"第二讲"给他们介绍飞船姿态控制系统的工作原理，因为飞船姿态控制是 GNC 系统要完成的最重要的控制任务。也是首先讲基本概念，如坐标系，控制系统的组成和控制系统设计的方法等等。还介绍了神舟五号飞船

姿态控制系统的特点以及飞船的全姿态捕获技术。主要介绍由自己发明的在神舟五号飞船采用的全姿态捕获技术，告诉他们全姿态捕获技术是当飞船失去姿态基准时，用来重新建立飞船的正常运行姿态，是抢救飞船的一种新技术，是保证航天员生命安全的有效措施。

我的"第三讲"是讲航天员手动运动控制系统，由于航天员手动运动控制系统是由我具体负责设计的，是航天员要亲自操纵的系统，所以他们倍加关心。我给他们介绍了手动运动控制系统完成的任务，系统组成，系统工作模式和操纵方法。我在20世纪70年代初期研制"曙光一号"飞船时曾经负责过航天员手动运动控制系统的研制工作，和航天医学工程研究所的几代科技人员结下了深厚的战斗友谊，我还给航天员讲了这一段历史。

从讲课和答疑中我们建立起了深厚的友谊。

我们还安排航天员到 GNC 系统的手动运动控制系统实验室进行具体的操作训练。

一次在进行训练中，我去了试验室，看到他们正在试验的座基固定飞船模拟器上进行操作训练。航天员们见到我都围了过来，和我亲切地打招呼，都说："陈老师，好久没有看到你了，你好吗？"他们把我围在中间，问我一些问题。在场的八一电影制片厂的摄影师们把这个场面摄进了镜头。

XUEFU
SHOUYE

第三辑
学府授业 〉〉〉

第一次到清华大学作报告

神舟一号飞船发射成功之后不久，我所在研究所的一位科学院院士、我国著名的控制理论家吴鸿鑫，应清华大学邀请去作学术报告，他请我陪同前去，助助威。由于这位院士是我的好朋友，好友相邀盛情难却，我只好硬着头皮去了，心想去听你讲1—2个小时行了，反正这个晚上的时间给你了，舍命陪君子吧！

到清华后见到那个巨大的报告厅里坐满了听众，吴院士却只讲了半个小时，就把余下的时间让给了我。

他说："现在请我的朋友，刚从神舟一号飞船发射现场回来不久的神舟一号飞船制导、导航和控制系统的主任设计师陈祖贵研究员给大家介绍神舟一号的研制发射情况。"

神舟一号飞船飞行试验成功，的确大大地鼓舞了全国人民的爱国热情，提高了大家的民族自信心，听说有研制神舟一号飞船的专家到场，要作报告，台下的同学们早就等不及啦，台下响起了热烈的掌声。

吴鸿鑫院士是对我搞突然袭击，我毫无思想准备，连一个发言提纲都没有，到这个时候也没有办法，只好硬着头皮上台。我向清华的朋友们首先汇报了神舟一号飞行试验的情况和取得的科学技术成果。当我说到飞船的落点精度为11.2公里，俄罗斯30年了，他们的平均精度是30公里，我国第一次飞行试验飞船的落点精度就达到国际先进水平时，会场上爆发出暴风雨般的掌声。这长时间的掌声也使我非常激动。清华大学是我国的最高学府，同学们的掌声代表了我国年轻一代学子满腔爱国热情。我接着讲了飞船研制过程中的一些感人的小故事，如"陈老总你真神，你叫飞船回来就回来了！"、"如果其他分系统不出问题，我保证把飞船控制回来"、"搅黄了对外合作谈判"、"你是著名的爱国主义者"等故事。这些故事一方面介绍了神舟一号研制的情

况，也宣传了爱国主义精神，在我讲话的过程中，不时爆发出热烈的掌声和笑声。最后我还给年轻的朋友们来了一点忆苦思甜。我讲了我在党和人民培养下成长为一个航天科学家的过程，讲了我在国外工作期间发生的两个小故事，一个叫"不是你们对我不好，而是我的祖国对我最好"，一个叫"只因我是中国人"。这两个故事更加激发了青年同学们的爱国热情，我的报告结束时响起经久不断的掌声。年轻的学生们围着我要合影留念，要我签名。我没有想到我这个普通的神舟飞船工程技术人员在我国的最高学府清华大学会受到如此热情的欢迎，同学们把我这个普通的航天科技工作者当成了英雄，这正是神舟一号飞行试验成功在我国广大青年学生中激发起巨大爱国热情的体现。

会后有的同学给我来信，表示他们也想献身于我国的航天事业，有的同学还到我家里找我。其中有一个博士叫陈荣德，现在是四川大学经济学院院长，成了我的忘年之交。

在神舟三号飞船发射回收成功之后，我又应邀到清华大学举办的论坛"我的事业在中国"作过报告。

到北京工业大学作报告

在神舟五号飞船飞行试验成功后不久，我接到人民大学和北京市科协与北京工业大学的邀请，去作有关神舟五号飞船研制情况的报告。人民大学是通过我单位的宣传处邀请的，北京市科协和北京工业大学联合邀请是通过手机来邀请我的。我和这两个单位没有任何联系，他们是如何找到我的？是如何知道有我这个人的？更使我感到奇怪的是他们还知道我的手机号。我这个人很少用手机，我的手机一般不对外使用。

我把他们的邀请向所里宣传部门汇报了，所里研究后决定让我去。因为北京控制工程研究所出色地完成了神舟五号飞船 GNC 系统的研制任务，把飞船从太空安全准确地控制回来，没有人宣传。我就这样到北京工业大学去了。以前我没有去过北京工业大学，现在到一个不熟悉的单位去给青年学生们作报告，会受到什么样的接待呢？按照我的习惯，讲话只有提纲，手中没有讲稿，想到哪里就讲到哪里，这样去与学生对话两个多钟头会不会被轰下讲台？想也没有用，既然答应了就大胆地去应对。

报告会在北京工业大学一个容纳上千人的大礼堂里举行。由于神舟五号飞行试验成功掀起的爱国热潮和航天热，我的报告受到热烈欢迎的程度让我自己都有点感到意外。我讲了大概两个小时，礼堂里的掌声响起至少有四五十次。礼堂里面座无虚席，礼堂外面还站着许多学生。我原来想自己录音，回来再听听自己到底讲了些什么，可是刚买的 MP3 不会用，没有录好。

我报告完后，学生们围着我要签名留念，要和我照相。他们简直把我当成航天英雄。我在报告中多次谈到我是神舟五号飞船研制队伍中的普通一兵，但是不起作用。学校领导拦驾，才使我得以很快离开了会场。

通过这次报告我看到了我们广大青年学生的爱国热情，他们热爱自己的祖国，为我们祖国所取得的成就，为飞天圆梦成功感到自豪。每当我讲到我

们靠自己的力量研制成功具有世界先进水平的载人飞船的 GNC 系统时，同学们总是报以热烈的掌声，当我讲到我为了保护技术机密，没有让外国专家评审自己的控制系统时，同学们又报以热烈的掌声。我在谈到自己在德国期间的经历，热爱自己的祖国，回国参加飞船研制工作时，同学们更是报以热烈的掌声。

爱国主义和航天科普教育

在人民大学法学院的报告

2003 年 11 月 4 日，我应邀到中国人民大学法学院参加法学院举办的"神舟五号载人飞船陈祖贵主任设计师报告会"，我单位的李果副所长和张淑云副处长陪同一道参加。这是我在清华大学作两次报告之后，第一次到著名的文科大学作报告。我对自己的报告也十分担心，因为到文科大学作报告可能比到清华大学作报告要难。我自己是学工的，到工科大学有共同语言，到文科大学该讲什么，如何讲，都是困难的事。

11 月 4 日晚 6 时左右，我来到逸夫会议中心门前，看到很多同学在看宣传展览板，上面是我提供的一些照片，有我和江泽民主席、温家宝总理、曹刚川军委副主席等党和国家领导人握手的照片，有我在酒泉卫星发射中心拍摄的神舟飞船起飞的照片以及酒泉胡杨林的风景照片。看来，今天听报告的同学肯定不少。

在接待室里我和法学院的领导和学生会的代表们见面。法学院的党委书记叶秋华教授是我大学同学的小姨，谈起话来备感亲切。由于身上穿的是我们在酒泉卫星发射中心穿的工作服，上面有飞船图案，所以在场的法学院的朋友们纷纷来和我照相。

在那里还接受了学校记者们的采访，气氛非常热烈，我看今天的报告会一定会取得成功。

报告会历时两个小时。关于报告会的情况请看人大的两则报道。

报道之一 法学院举办神舟五号报告会

本报讯：举世瞩目的神舟五号载人航天飞行的成功，使我国成为世界上第三个能够独立开展载人航天飞行活动的国家。法学院于10月29日至11月4日，举办了"神舟五号载人飞船陈祖贵主任设计师报告会暨人大学子向中国航天英雄致敬"系列活动，包括"人大学子向中国航天英雄签名致敬"活动、"神舟五号载人飞船专题图文展"、"陈祖贵主任设计师报告会"。活动期间，共征集到几千名人大同学和老师的签名，由五块彩喷大展板组成的精美图文展览每天都吸引着大量的人流，使老师、同学们受到了一次很好的爱国主义教育。

11月4日晚，在逸夫会议中心四百人报告厅举行的"神舟五号载人飞船陈祖贵主任设计师报告会"是整个活动的高潮。中国空间技术研究院502所副所长李果，神舟飞船GNC系统主任设计师陈祖贵，法学院党委书记、副院长叶秋华教授出席大会，报告会由法学院党委副书记李练红老师主持。来自中国空间技术研究院502所、法学院团委的有关负责人和我校师生代表400余人参加了大会。

叶秋华书记首先代表法学院对李果副所长和陈祖贵主任设计师的到来表示热烈的欢迎和感谢，并向以他们为代表的中国航天英雄所取得的成绩表示祝贺和崇高的敬意。他回顾了我国航天事业的伟大进程，勉励老师同学向航天英雄学习。

中国空间技术研究院502所李果副所长代表研究所感谢人民大学法学院的盛情邀请，表示全所将继续努力，不辜负祖国和人民的期望。在热烈的掌声中，陈祖贵主任设计师给大家讲述了神舟五号飞船的相关知识和一个个真实的感人故事。他首先回忆起自己二十年攻克飞船制导、导航系统（GNC系统）的道道难关，完全自主地解决了飞船返回再入控制技术、制导导航与控制技术和返回调姿与制动技术等三大关键技术，圆了中国人的飞天梦。在他和广大科研工作者的努力下，我们国家实现了全天候无"窗口"限制飞船发射，实现了美俄载人飞船也做不到的达到世界顶尖水平的高精度返回着陆，实现了让航天员安全地舒舒服服地返回地球的目标。他还向大家讲起了在神舟一号发射前智斗外国专家，保卫国家重要机密的故事。当他谈起自己应邀与军委主席江泽民同志和众多领导人同席庆功宴时，不禁激动起来，热泪盈眶。他说："我这一辈子为祖国和人民作了很多贡献，我不要官位不要名也不要钱，江主席能邀请我共进午宴便是党和国家对我的工作最大的肯定，我足够了。"听完这一席话，会场内响起了长时间热烈的掌声。大家为陈祖贵从小艰苦求学，为祖国放弃在国外优越的待遇，苦在其中乐在其中的精神所深深打动。大家都牢牢地记住了他的一段话："国外的朋友问我是不是他们给我的条件不够好，我说'不是国外不好，祖国培养了我，祖国对我最好，我一定要回去'。"

法学院党委副书记李练红老师在总结中指出："我和神舟五号载人飞船的科研工作者们用成功回报了祖国和人民。"他号召全体同学学习和发扬神舟人的精神，像他们那样刻苦学习，努力工作，在不同的岗位为祖国、为人民作贡献。

最后，法学院党委副书记李练红老师代表法学院向李果副所长赠送了人大学子签名横幅（横幅长 10.16 米，是为了纪念神舟五号载人飞船在 10 月 16 日成功回收制作的）和法学院《走向世界的中国法学教育》论文集和珍贵画册。502 所副所长李果代表中国空间技术研究院 502 所向法学院赠送了镀金的神舟五号飞船模型和纪念图书。

报道之二　举国欢庆飞天梦　莘莘学子贺神舟

2003 - 11 - 5　22：53：21　学生会新闻网络中心　吴璟薇

11 月 4 日晚 6 点 30 分，"神舟五号载人飞船陈祖贵主任设计师报告会"在逸夫会议中心四百人厅举行，这次活动是法学院学生会主办的"人大学子向航天英雄致敬"系列活动之一。通过不懈的努力，他们邀请到了中国空间科学研究院 502 所的副所长李果和神舟五号主任设计师陈祖贵研究员。

当晚，逸夫会议中心四百人厅座无虚席。当年过花甲，满头白发，脸形瘦削的"陈总"缓缓迈入现场时，全场起立。人大学子们用热烈的掌声向这位中国航天史上的功臣致以最崇高的敬意。

陈祖贵设计师用幽默的语言、感人的故事向大家介绍了中国航天发展的

艰辛历程及航天事业已取得巨大的成就。就502所的研究成果——制导、导航与控制系统设计来说，太阳搜索和跟踪系统、高精度导航系统、返回调制制动系统以及控制落点精度系统都处于世界领先水平。同时，502所还创新地研制出手动操作系统和自动故障诊断系统，并采用"八臂"自动模式（八个发动机），保证宇航员在飞行和返回过程中的安全和舒适。

会上，作为主办方的法学院学生会还向陈祖贵设计师赠送了人大学生的签名横幅和法学论文集，502所也回赠了神舟五号的模型。报告会结束时，满脸激动的陈老走下台与同学们告别。全场沸腾了！无数双白皙的手握在陈老那双苍老且因激动而颤抖的双手上。

"举办这次活动的目的，是把航天科学等高新技术引入以人文社会科学为主的学校，使科学精神与人文精神相结合。这次机会很难得，因为陈老在大学中仅作一次报告，法学院的同学'精诚所至，金石为开'，才请到了陈老。"法学院学生会主席说。

我后来回忆，在我报告结束离开会场时，同学们热烈欢送的场面至今仍然深刻地印在我的脑海里。我一直在想，我作为一名普通的神舟飞船科技工作者，没有什么重大的贡献，为什么我到清华大学去作两次报告，在中国人民大学和北京工业大学去作报告会受到如此热烈的欢迎？这主要归功于飞船发射成功大大激发了全国人民的爱国热情，另外一个原因是青年一代的大学生们素质很高，他们热爱祖国，热爱科学，因此他们才会如此热情地欢迎一个普通的航天战士。

感谢人民大学的朋友们，我的这次报告会他们录了音，而且把录音拷贝给了我，我自己听了几次自己的录音，因为我作报告从来没有讲稿，错谬难免，我想听听自己讲的效果。我听时也深为学生们的爱国热情所感动，听到后来我已经是热泪盈眶。

我在人民大学的报告录音是宝贵的资料，整理稿放在全书最后，作为本书的附录。

好久没有听报告了，在文化大革命前，中国科学院的副院长张劲夫组织科技人员义务劳动，绿化科学院，每期劳动时间一个星期，每次在劳动结束时，张劲夫同志都要作报告，他的报告大家很喜欢听，讲一个上午大家还嫌时间太短。没有想到我的报告也这样受到大学生们的欢迎，我自己也感到奇怪。

最后我自己总结说：同学们之所以如此欢迎自己的报告，主要原因是神舟五号载人飞船飞行试验的成功大大地激发了全国人民的爱国热情和民族自豪感，另外一个原因是在自己的报告里把爱国主义精神的教育和航天科普教育有机地结合起来，其故事的形式为广大青年学生所接受。

这点值得现在某些搞宣传教育的领导同志参考，应多宣传些科学，多宣传些爱国主义精神。

我看到我国中央电视台和各地方电视台的少儿频道被日本的动画片占领，非常痛心。当我看到自己的孙子和孙子的小朋友们言必称奥特曼之类的，我问他们管宣传的人在干吗？电视台如此，玩具如此，面对日益复活的日本军国主义，我们管宣传的同志应该是到了加强民族自豪感教育的时候了！

在中国人民大学法学院报告（录音）

报告会历时 2 个小时，被热烈的掌声打断近 50 次，全场爆发出笑声近 32 次。是一次航天知识科学普及教育和爱国主义教育相结合的报告。

主持人： 现在让我们大家以热烈的掌声欢迎"神舟五号"主任设计师陈祖贵研究员给我们作报告。（长时间热烈的掌声）

陈祖贵主任设计师：

同学们老师们，今天非常荣幸能到我们国家有名的学府人民大学来跟大家见面。给大家汇报一下我们这艘神舟五号飞船的研制过程和出现的一些可歌可泣的动人事迹。刚才听到叶秋华教授谈到了飞天圆梦，我想起了我在基地写的一首诗，叫《飞天圆梦》，我现在拿来献给大家。（掌声）

神舟五号飞酒泉
群英会战戈壁滩
飞船是我心中爱
神箭是我腾飞胆
驾着彩云追日月
飞天圆梦在今天
回首往事路漫漫
飞天梦想几千年
嫦娥登月是幻想
敦煌壁画有飞天
祖先遗愿传我辈
中华命运挑在肩
十年心血结硕果
万众一心造飞船

滚着地雷闯禁区

披荆斩棘勇向前

慷慨悲歌多壮士

风流人物看今天

七路大军一盘棋①

古战场上人马欢

飞天梦想何时圆

响亮回答在今天

欲问圆梦在何处

伟大进军在酒泉（热烈掌声）

注①：飞船工程由七个大系统组成，故称七路大军。

我要说一下我是一个普通的航天战士，是一个普通的航天科技人员，不是英雄。

非常高兴这样高的学府能请我们来作报告，我非常感谢。现在借此机会向在座的人大法学院的老师和同学们表示深切的感谢。（掌声）

一、我报告的第一个题目是"我们为神舟五号飞船领航"

今天我不讲技术问题，但是要简单介绍下我们制导、导航与控制系统是干什么的。我们飞船由三个舱段组成，一个是返回舱，一个是轨道舱，一个是推进舱。推进舱是为飞船提供动力的，上面有四个大发动机，三十多个小发动机。大发动机用来改变飞船的飞行轨道，而小发动机是用来控制飞船绕质心的转动，叫控制飞船的姿态。中间的一个舱段叫返回舱，是很重要的一个舱段。返回舱是航天员工作的地方，航天员住在里面，对温度和湿度都有要求，航天员还要坐它回到地面，当穿过大气层时，空气摩擦产生 2000 多度的高温，舱内温度必须控制在 20 摄氏度到 30 摄氏度之间，这是很困难的，这里面有我们的控制系统。第三个舱段是轨道舱，轨道舱留在轨道上是不回来的，轨道舱本来是航天员休息锻炼的地方，我们国家搞一船多用，综合利用，把它变成了一颗卫星，现在还在天上飞，可以工作半年，有控制系统。整个飞船就由这三个舱段组成。我们 502 所负责飞船的一个重要分系统，叫做制导、导航与控制分系统。我想用简单的话给大家介绍什么叫制导、导航与控制系统。导航就是确定飞船现在飞行所在的位置，比如说，你们现在坐在这里，我要用一套设备来定出坐在第一排中间的同学所在位置的经度

是多少，纬度是多少，这就叫导航。导航是确定飞行器的位置和飞行的方向。比如说我现在在中关村，正朝着哪个方向走。那导航有什么用处呢？它是为下面的制导所用。制导就是将飞船从现在的位置控制到给定的位置去。飞船在天上绕着地球飞，它要回到内蒙古预定的回收区，就需要制导。比如说你现在是在中关村，你要到王府井去，叫制导，你在中关村就应该向东南走，如果你在东直门，你走的方向就不一样了。这就是制导和导航间的关系。这就是说要制导必须要导航。那么控制又是什么呢？控制就是控制飞船绕自己质心的转动，我们称飞船绕自己质心的转动叫姿态运动，转过的角度叫姿态角。和飞机一样飞船也有三个姿态角。绕纵轴的转动叫滚动，有左滚、右滚。飞船抬头和低头叫俯仰。飞船的船体相对飞行方向的偏转叫偏航。飞船的姿态很重要，为什么呢？绕地球飞行的飞船要返回地面，必须减速，减速发动机装在后面，在减速时必须将飞船绕偏航方向转 180 度，才好减速。如果姿态调得不对，飞船减速变成了加速，飞船就永远回不来了，航天员在天上喊救命，谁能救得了他呀。（笑声）姿态控制非常重要，我们 502 所就是负责这样一个系统的设计。这个系统是一个非常重要的系统，它直接影响到航天员的安全。我简单地说一下，飞船从发射到返回，控制系统都起着极其关键的重要作用。比如说飞船发射，在发射台上如果万一发动机燃料漏了，起火了，怎么办？不能把航天员烧死呀，赶快让航天员逃离危险区，这叫零高度救生。美国和俄罗斯在发射台上就出过事。阿波罗飞船就在发射台上烧死过三个航天员。起火了，没有救，就烧死了。我们国家不能这样干。我们要让航天员逃离危险区，完成零高度救生任务。如果起火了，没事，你赶快逃吧！我们将它控制回来就得啦。

飞船起飞以后我们重要的控制任务就开始了。第一个任务是给飞船导航，导航就是确定飞船的飞行所在位置，我们将飞船现在的位置定出来，为以后入轨控制和救生做好准备。如果飞船飞到哪里你都不知道，就没法控制它了，刚才已经讲了这个道理。如果运载工具出故障，飞船不能入轨或者要爆炸了，航天员要回来呀，就要救生。救生控制国外很简单，美国和俄罗斯很简单，飞船掉下来，去捡回来就行了。为什么掉下来去捡回来就行了呢？美国海军力量特别强，他们布置了两艘航空母舰，上百艘军舰和上万的海军在海上等着，你掉下来他们去捡回来就行了。（笑声）而俄罗斯他有大的草原，同样可以等着掉下来去捡。我们国家可不行呀，运载工具飞行的上升段长 6000 多公里，国内部分有限，大部分在海上，我们国家的海军力量比起美国来要差，这是实事求是的。我们只能在海上三个区域去布置海军，每个区长几百公里、宽200公里左右，在两个区之间上千公里的区间内没有海军，没有人。如果掉在这中间就没法救了。（笑声）所以我们在运载工具万一出故障的情况下，必须将航天员控制到那三个区域内。海军在那里等着。如果掉在两个区之间的地方就不行。这个事我和外国专家讨论过，外国人听了都搞不清楚我们为什么要这样干。他们说运载工具出了问题，让飞船掉下来就行了，你们为什么还要去控制落点呀？落下来就行了，还控制它干什么？哪个国家救生都不要求把飞船控制到落区去，你们中国人为什么要这样干呢？他不知道这是我们中国的特色，我们中国有自己的特点，首先要把飞船控制稳住。（笑声）所以这样一来，我们的救生控制任务就相当复杂，难度也相当大。外国人只有两种救生控制模式，而我们有8种。而且这种控制技术相当难。飞船从运载工具中逃出来之后，首先我们要预报在飞船没有控制的条件下，飞船会落到哪里去。如果是落在两个安全区域之间，你必须判断飞船靠前面的区近还是靠后面的一个区近。如果是离前面的区近，飞船就应该加速，如果是离后面的区近，飞船就应该减速，将飞船安全控制到有海军的地方去。预报之后再去控制，这个技术外国人没有干过，我们国家过去也没有干过。这件事我们中国人干了，而且干成了，方法很先进，这是第一件事。

飞船入轨后，飞船和运载火箭分离，分离发动机工作产生分离扰动，飞船就会旋转。我们首先要把飞船稳住，不能让飞船旋转，转起来就麻烦了。要让飞船姿态稳稳的，让航天员坐着舒舒服服地好观察地球。如果让飞船转起来，航天员头都转晕了，可不行。（笑声）这就叫消除飞船入轨初始偏差。我这样讲，行不行呀？大家听得懂吗？（掌声）

初始偏差消除后，我们的事没有完，要把飞船准确地对准地球。我们飞船有一个1—3象限线，在1象限下面有一个观察口，航天员用它观察地球。航天员不能往天上看，而要往地面看，因此必须将它准确对准地球。飞船不能抬头也不能低头。飞船也不能滚。因此必须把飞船的俯仰和滚动姿态同时控制到零。飞船的纵轴不能转动，要始终对准前进方向，这要求把飞船的偏航姿态也要控制到零，我们称之为对地三轴稳定。这个控制任务也是比较困难的。在对地定向的条件下，三个方向俯仰、滚动、偏航都要稳定。这是我们的第二个任务。

我们控制系统的第三个任务是控制飞船的太阳帆板。飞船要飞7天，7天的能源从何而来，靠太阳帆板供电。你们看到电视台在讲，飞船的太阳帆板上面粘有几千块太阳电池片，他们没有讲太阳帆板谁来控制，它是怎样才能

发电的。太阳帆板展开后，我们首先要去找太阳，找到太阳以后就始终跟着太阳，太阳跑了，我们也跟着跑。这叫做太阳搜索和跟踪。太阳帆板控制好了飞船才有能源，控制不好就没有能源。如果太阳在天上公转，飞船的轨道也在进动，本来对准的太阳跑了怎么办？你要正对准太阳才能发电。太阳帆板发出的电能和太阳入射线和太阳帆板法线夹角的余弦成正比。零度时发电量最大，90度时发电量为零。所以太阳帆板必须对准太阳。太阳走，帆板必须跟着走。如果太阳走了，帆板不跟着走，方向就偏了，就发不出电，我们还得去找太阳。这个重要的控制任务是由我们来完成的。

　　下面的一个任务是控制飞船的飞行轨道，飞船入轨后的轨道是一个200—340公里的初始椭圆轨道，距地球最近200公里的点叫近地点，离地球最远的距离是340公里，叫远地点。这个轨道是一个过渡轨道，不是正常工作轨道。这个轨道是不行的。航天员一会儿离地球远，一会儿离地球近，不好观察。另外我们要求飞船每隔两天必须严格经过地面上同一地点，这样的轨道叫两天回归轨道，便于飞船返回地面。要求飞船的轨道是一个高度为334公里的圆轨道，因此飞船必须严格控制。我们要把飞船从运载工具打到的椭圆轨道控制为334公里的圆轨道。飞船的轨道在飞行过程中由于大气阻力的影响，轨道的高度会降低，我们还要将飞船轨道控制到要求的标准轨道，这叫轨道维持。飞船的轨道控制任务也是由我们控制系统完成的。

　　在这些任务完成以后，我们还要对飞船的惯性导航器件进行在轨标定。什么叫惯性器件，就是导航用的陀螺和加速度计，这个东西很重要。国外陀螺的精度很高，美国的陀螺漂移为每小时0.01度左右，这就是说陀螺放在那里100个小时，测量误差才1度，而我们是什么水平？我们的陀螺漂移是每小时××。（笑声）美国的陀螺飞行一天误差才0.24度，飞船可以在不加校正的条件下准确返回，而我们飞船飞一天，测量误差为×度，方向可能都变了，还回得来吗？我们根据我国的具体情况，要用中等精度的惯性器件研制成功高精度的惯性导航系统，这是我们的又一个重大的技术难题。我们在2000年申报国家科技进步奖时，从最初的第24位一直前进到第4位，就凭的是惯性器件在轨自主标定技术。我们答辩一次就前进一次，我们好的东西不怕答辩。（笑声）我们研制成功了一个新技术叫惯性器件在轨标定技术。你有精度差没有关系，我用一种方法把你估计出来，进行补偿，差多少我补多少。找到了一把尺子，一量发现你差了一度，我补上一度不就行了吗？这样精度不就高了吗！这个技术在我们国家是由我们研制出来的，而且成功。我可以告诉大家，神舟一号飞船的落点精度达到了多少呢？达到了 11.2 公里。这是什么样的水平呢？我们在天上飞了几百万公里，从南非上空回来 10000 多公里，回来后落点的误差才 10 多公里，这样长的距离我们的落点才差 11.2 公里。要比较才知道好坏。俄罗斯他们的飞船在世界上是最先进的，他们搞了 30 多年，他们现在的落点精度在 30 公里左右，所以我们第一次飞行就达到了世界先进水平，为国家争得了荣誉。（掌声）有人认为你们第一次是不是碰上了，所谓瞎猫碰见了死耗子，碰上了。（笑声）我告诉大家，现在飞船已经飞了 5 次了，一次比一次好。在神四回收后，江泽民主席问我们总公司总经理，问神四的落点精度怎么样？我们总经理回答，说我们打靶打了十环！（掌声）

今年神舟五号的落点精度又是什么样的水平呢？报纸上讲是 4.1 公里，又前进了；我们有的领导讲是一公里；但是实事求是地讲，他们说的都不对，还是原先那个水平，10 公里左右。我们不好去修正，因为宣传出去了，但是我们搞技术的要实事求是，不能够说得越高越好。就是 10 公里左右，我们的水平就是这个水平。（掌声）

这个任务完成后，要回收了，我们的第一个动作就是绕着偏航轴转 90 度，使得纵轴和轨道平面垂直，为什么要这样呢？我们知道我们有一个轨道舱要留在轨道上，要把它分出来，如果轨道舱不转 90 度，轨道舱分离出来后，就会被后面的返回推进舱碰撞。转 90 度分出来就撞不着它了，这个道理很简单。分离后又有扰动，又要消除轨道舱的分离干扰，消除之后再继续转 90 度，要减速呀，要转到飞船的大头朝前，因为要减速，所以首先要调整好飞船的姿态，这是飞船返回的第一步，很重要，我们称之为返回调姿。如果飞船的姿态调整方向不正确，飞船就肯定回不来了。为什么这样说呢？这绝对不是开玩笑，因为我本人就经受过一次这样的失败。我们国家的一颗返回式卫星，控制系统是我负责设计的，前四颗都飞行实验成功了，在第五次飞行实验时，由于有一个部件失效，而且现在的一些新技术，如冗余技术、故障诊断技术和全姿态捕获技术等，还没有应用，这个部件坏了，卫星的姿态就调错了，结果减速变成了加速，叫它回来，它反而跑到更高的天上去了。为什么那颗卫星不回来呢？有人开玩笑说，卫星上装了很多毛主席的金像。以前四颗都没有装，这次装了，香港的朋友想赚点钱，不仅装了毛主席的金像，还装了一些金手表，毛主席是菩萨，上了天后，它不回来了。结果一打就打到天上去了，飞了两年多才掉下来。就是姿态调错了，所以返回调姿的动作是非常关键的动作，这是返回第一关。第二关是制动。飞船返回地球要用制动发动

机改变飞船飞行的方向，你看，如果制动成功了，就大功告成了，航天员就回来了。回到哪里？先不用说，至少是回来了。（笑声）

制动成功之后，飞船开始滑行，飞向地球。当飞船的高度降低到离地面只有140公里高的时候，还有一个动作是把推进舱分掉，我们称之为推（推进舱）返（返回舱）分离。分离后照例要消除分离干扰。当返回舱到达离地面的高度为120公里的时候我们要把返回舱的姿态调到配平状态，我们叫"调配平攻角"，要求将飞船的速度和飞船的纵轴的夹角调到小于20度。如果大于20度，飞船进入大气层之后，船体会来回震动，航天员很难受。我们要把进入大气层的姿态摆好，我们称之为"调配平攻角"。这个姿态调好之后，航天员就可以舒舒服服地回来了。在这个任务完成后，到了90公里左右，返回舱开始进入大气层。这个时候是我们GNC系统保证航天员安全准确返回的关键时刻。进入大气层后我们的第一个任务是控制飞船的落点，要把飞船控制到内蒙古叫四子王旗的那个地方去，落点的误差不能超过30公里。第二个任务是要在返回过程中控制大气制动力作用在航天员身上的减速过载，把航天员从太空中控制回来。在太空中航天员的飞行速度是每秒7.8公里，要在大气层内飞行的10分钟内将它降低到零，减速过载相当大。减速过载要求不超过4个g。什么叫4个g呢？假如你体重是100斤，到那时你就变成了400斤。就是说你不能大于400斤，如果大于400斤，人就受不了，有时候眼珠都会往外突出。这时候对控制要求很严。一般人在短时间内能承受9个g。如果在返回途中控制系统出了事，用弹道式返回过载最大可达9个g，就像最近俄罗斯联盟号飞船那样。上面要求我们控制飞船的过载不超过4个g，是我们的任务。我现在可以告诉大家，我们的神舟飞船五次飞行的结果都是3.2g。所以航天员就舒舒服服地回来了。（掌声）

到了20公里我们就开始停止控制，目的是要为开降落伞创造一个好的条件。开伞之后，以前对卫星我们的控制系统任务就完成了，可是飞船不行，因为开伞后返回舱受到气动力的作用，就旋转起来了，杨利伟说这时候我感到很难受。我们还要让它停止转动，我们称这个工作叫消旋控制，就是让返回舱转慢一点，使航天员感到舒服一些。到此我们的任务才算完成。从上面可以看出飞船从发射起飞到返回整个过程中都是GNC系统在控制飞船的运动。为什么这个系统叫做关键系统呢？因为我们的每一个工作、每一个动作都直接影响到神舟五号飞行的成败，都直接影响到航天员的生命安全。所以世界上的航天大国无一例外地都十分重视制导、导航和控制技术的发展。如果没有高精度的制导、导航和控制系统，那美国阿波罗飞船登月球，只能是科学幻想。如果没有高精度的交会对接控制技术，将两个航天器在太空对接在一起，就是美国人现在搞的太空站，那根本就不可能。如果没有安全、准确的返回控制技术，太空英雄杨利伟就不可能上天。所以世界上有远见卓识的航天界领导人都非常重视 GNC 技术即制导、导航和控制技术的发展。我从 1990 年给院里写报告时就开始写凡是世界上有远见卓识的航天界领导人都非常重视 GNC 技术即制导、导航和控制技术的发展。为什么要写有远见卓识的航天界领导人呢？有些目光短浅的领导人他不懂得 GNC 技术的重要性，所以我这样写是用来批评那些不知道重视 GNC 技术的领导人的。有远见卓识的领导人都重视制导、导航和控制技术的发展。（掌声）在神舟五号飞船中我们 502 所负责什么工作给大家介绍了，王婆卖瓜，自卖自夸，下面举几个例子来加以说明。

二、我们研制成功了真正具有世界先进水平的制导、导航和控制系统

刚才我已经讲了，我们飞船的返回落点精度达到了世界先进水平，这是我们国内专家权威所公认的。我记得在神舟一号大成功以后，我们总公司开会，我们国家有名的航天技术专家、科学院院士看到了我，老远就走过来，拍着我的肩膀说："你们真了不起，你们的任务完成得相当好，以后如果我们搞新型的制导任务，我和你们合作。（他们是搞运载工具的）"（掌声）

再举一个例子，在今年神舟五号发射前我们国家有名的空气动力学专家庄逢甘院士，我们国家科协的副主席到我们院听有关飞船空气动力的汇报，看到我在座，就对我说："你们飞船里面达到世界先进水平的、我们承认的是你们的飞船返回落点控制精度。"（掌声）我们飞船的控制落点精度达到世界先进水平真是来之不易。精确控制飞船的落点难度很大，相当难，因为控制飞船的落点，靠的是气动力，没有专门的主动的执行机构，气动力是不太容易搞准确的。外国人（美国）为了搞清气动力，专门发射了几艘气动力试验飞船，就是用来测量飞船的气动力的。但是我们国家的经济实力不能和人家比。美国人为了确定飞船的气动力是多少，发射了几艘气动力飞船，他们的前几艘飞船的落点精度仍然由于气动力的不准，落点误差高达 100 多公里。气动力不准，你又只有用它来控制，误差自然就大。那这个问题怎么办呢？我们有一个年轻的博士解决了这个关键的技术难题。他想了个办法，你不准，我想办法把你计算估计出来，这叫实时估计升力、阻力的技术，估计出来按估计的数据、估计的结果来控制，这个技术我们称之为"实时升力阻力比的

自动估计及自适应控制技术"。我们的年轻人搞出来了。我这个人不保守，年轻人搞的东西我支持，大胆用，一用就成功了。年轻人的工作为国家作出了重大的贡献。

再举一个例子，刚才讲了我们国家惯性器件的精度比较差，对外还不能这样说，搞部件的同志听见了会不高兴。但是实事求是地说，我们的水平不比俄罗斯和美国高。我们要研制出能与外国人媲美的惯性导航系统，就必须想办法。我们共有8个陀螺，24个变量都要同时估计出来，这个是相当困难的，你误差是多少，我估计出来后就补偿你多少，这样精度不就高了吗？这个技术国内没有人干过，在国外同时估计这样多变量的也未见过报道。要在无人参与的情况下，自动估计出来24个变量并自动加以补偿，确实很困难。我们中国人有志气，把它研制出来了，而且实验成功了。

在载人飞船控制系统技术闪光点的文章中我一共写了11点，今天不能一一介绍。下面再举一个例子。

飞船发射有一个窗口，每天一个小时左右，飞船必须在这个规定的时间内发射，过了这段时间，飞船就不能发射。我们搞了个无窗口发射技术，使得飞船可以在全天任何时候发射。这个技术在神舟三号飞船的飞行试验中已经试验成功了，这个技术尽管得到好多人的反对，认为我是胡闹，但是在飞船总的领导负责单位——中国人民解放军总装备部领导的支持下，在神舟三号和神舟四号相继试验成功。是怎么样的原因使我要研究这个问题呢？问题还得从神舟一号飞船发射时间的选择谈起。当时神舟一号选择在早上6点左右发射，深夜返回，黑里吧叽的，什么也看不见。（笑声）我当时就向领导提出来，能否选择另外一个时间发射，使得飞船可以在白天发射，在白天回收。我想当那2000多平方米的彩色降落伞在金色的阳光照耀下徐徐下降，那真是阳光照耀，仪态非凡，那是多么壮观，当炎黄子孙在电视上看见如此壮观的画面，那该是多么大的鼓舞呀。干吗不在白天回来，而在晚上回来？（笑声、掌声）得到的回答是只有一个窗口，就是这个窗口。我不是负责选择发射窗口的，我是负责飞船控制的，但是我从数学的观点和物理的直观认为这种说法不对，应该有两个发射窗口，如果早上6点钟能发射，在下午6点左右可能还存在另外一个发射窗口。不信我来证明给你们看。我用球面三角一证，证明当年10月下午7点过后还有一个发射窗口，如果选择这个窗口，飞船下午4点半左右回来。对方无话可说了。但是行业之间，门户之见，你不是搞这个工作的你来搞这个干啥？你再对我也不用。但你总要找一个道理呀！他们最后说，晚上飞船发射，在太阳照不到的阴影区入轨，太阳帆板展不开，展不开就发不了电，谁敢在这个时候发射？我一听感到不对头，我去查了俄罗斯联盟号飞船，在晚上发射了30多次，他们能展开，我们就展不开？但是他们坚持说展不开，我又不能上太空去帮他展。（笑声）上海负责飞船的能源供应分系统的领导向飞船总师王永志说，太阳帆板在阴影区展不开，谁决定，谁负责。他这样一说领导就不敢下决心下午发射飞船了。最后决定仍然在早晨发射，飞船在深夜返回。由于晚上回来，中央电视台没有飞船从太空返回的壮观场面，只能演示动画，效果不好。在总结会上我进门就问："我们干吗不在白天回来，而选在晚上偷偷摸摸地回来？"因此我下决心要搞一项新技术，保证你飞船在每天的任何时刻都能发射。我提出我的想法后，总装备部的领导很有远见，决定大力支持，他们说："你大胆干，我们支持你，以后飞船在太空进行交会对接。要求发射时刻一秒都不能差，叫你发射就要发射，你发射不了就完不成任务还行呀？这个技术很重要，我们出钱资助你，给你立题。"我对总装921办公室总体室的周主任说："谢谢。工作我干，钱可不能要，谢谢你们的支持。"周主任问为什么钱你不敢要。我回答说："你知道这项工作反对者不少，我如果要了你们的资助，那以后别人可有话说了。"我这一辈子搞的发明也不少，比如卫星的全姿态捕获，可是没有得到国家的承认。我不需要钱，我需要国家承认我的工作。比如卫星的全姿态捕获，我没有要国家的一分钱就研制成功了，在神舟三号飞船上一次实验成功，前几天，戚发轫总师要我赶快申请成果奖，我们国家的两弹元勋要我申请专利。（掌声）他们说，贵呀！大的功劳你没有，现在的基本上都是当官的，但是你的成果是谁也拿不去的，你的成果赶快申请专利，这是任何人都拿不去的。（掌声）我们的研究新技术比较多着呢，不能细讲。比如在我应用技术卫星定姿态的已经广泛推广应用的卫星的双矢量姿态确定技术等。

三、我们502所给航天员许下的诺言实现了

我们502所还设计研制成功了航天员手动运动控制系统。如果自动控制系统失效了，航天员要回来呀，我们就给航天员设计了手动运动控制系统，航天员靠手动控制，将飞船控制回来。这个系统是本人设计的，你设计了要去教航天员应用，如果不去教，他们不会用，那设计来有什么用呢？所以在去年，我负责组织对航天员进行有关手动运动控制技术的培训，同时给他们讲授有关飞船制导、导航和控制方面的基本知识，讲飞船控制系统的基本知识，讲飞船控制系统要完成的任务，是如何控制飞船的，如何才能保证航天员的

生命安全等。航天员们知道控制系统直接影响到他们的生命安全，所以他们听得非常认真。他们对控制系统的安全性非常关心，经常问我："陈老师，你们把我们控制回来的把握有多大？（笑声）你们系统是怎样来保证飞船的安全返回的？"我对他们说："我们的系统如果出了一个故障，系统仍然能够正常工作，如果出了两个故障，还能够保证你们安全返回。我们的卫星飞行了多年，一个故障都没有。我们飞船陀螺仪一共用了 8 个，而有的卫星只有 3 个。为了保证你们的生命安全，我们用的备份比较多。而且还对系统部件自动进行故障诊断，如果某一个部件坏了，没关系，诊断出来切了就行了。一点都没有影响，请你们放心，我们 502 所设计的控制系统保证你们安全回来。"我们和航天员之间的关系较好，在训练期间有一段时间没有去，航天员就会问，陈老师最近为什么没有见到呀？做飞船返回大气层时由于其动力减速航天员所承受的减速载试验，将航天员放在离心机上旋转，模仿航天员在返回大气层时所承受的减速过载。你在离心机上转就转嘛，还要专门请我这个老头去看，去参观。（笑声）这也许是由于我们之间关系很好，或许也为了增强我们的使命感、责任感，所以在做实验时航天医学工程所（也就是负责培训航天员的单位）的领导请我去看。我去参观了这个试验。当我看到离心机转到 4g 时，受试航天员的脸色变了，他的眼睛睁不开了。我当时看了，心里十分复杂，一方面为我们航天员献身我国航天事业的精神十分敬佩，另一方面更感到我们身上的责任重大。他们的生命安全在我们的身上，要是受试的是我的亲人、我的孩子又该怎么办呢？他们都是我们的子弟兵呀！当受试的航天员兼教练吴军同志走下离心机时，我握着他的手对他和在场的航天员们说："我们 502 所负责设计飞船控制系统，请你们相信，我们不仅要把你们安全地控制回来，而且还要让你们舒舒服服地回来。"（掌声）在今年神舟五号飞船发射前，载人航天医学工程研究所的所长宿双宁，你在电视台上可以经常看到他，他来问我："今年航天员要上天，你们能够保证把飞船安全控制回来吗？"我回答说："宿所长，我不是曾经对你们说过吗？第一，我们保证将航天员安全地控制回来；第二，我们还要让航天员舒舒服服地回来！"当神舟五号飞船一落地，从北京航天指挥控制中心控制大厅的屏幕上看到太空英雄杨利伟微笑着走出飞船的返回舱时，宿所长跑过来握着我的手说："陈总，你对航天员许下的两个诺言今天已经兑现了。现在我也向你许下两个诺言。"他许下的是两个什么诺言呢？一个是让我单独和杨利伟照相，（笑声）第二个是把杨利伟亲笔签名的首日封送给我。我说谢谢！谢谢！（掌声）

四、一切为了成功，一切为了航天员的安全

为了确保航天员的安全，我们在东风基地有一句口号：一切为了祖国，一切为了航天员的安全。从上面讲的可以知道我们控制系统的责任重大，我们身上承担的责任重，所以从系统设计开始，我作为制导导航和控制系统的主任设计师，就提出我们系统必须严格做到：出了一个故障时，要能正常工作，出了两个故障时，要能确保航天员的安全。我记得在1990年我查了美国的模块化、标准化的控制系统的标准，我们规定所有备份的部件，它的电源必须是独立的，它的线路也必须是独立的，这有什么用呢？比如有三个陀螺互相作为备份，如果电源是公用的，电源一坏，三个陀螺就一起坏，还起得了什么备份作用呢？线路如果是公用的，线路一坏，三个一齐坏，这样的备份等于没有。所以有三个陀螺就有三套电源三个线路，互相独立，互不影响。我要求我们系统必须严格做到，有了备份还不行，还必须能够对系统不断地进行故障诊断。如果你有5个陀螺，但是不能进行故障诊断，坏了也不知道，坏的陀螺你还在用，那备份还有什么用呢？我们研究了一套故障诊断方法在飞船的飞行过程中自动地对系统进行故障诊断，发现哪个陀螺坏了，哪个部件坏了，就把它切除，把好的部件自动地接进来，重新组成一个新的系统，这个技术我们称之为系统自动故障诊断，系统自动重构。我们研制成功了。所以在今年神舟五号发射前，为了保证航天员的安全，在基地查系统有无单点故障。所谓单点故障，就是系统中只要出了一个故障就会使得整个系统失效，就会危及航天员的生命安全的，称之为单点故障。整个飞船有两个分系统没有存在单点故障，我们控制系统就是其中之一，而且我们控制系统是飞船中最复杂的一个系统。50个大的部件，我们没有一个单点故障，我是系统的设计者，搞了20多年的载人航天，懂得载人航天对控制系统可靠性、安全性的严格要求。本人在1967年就搞载人飞船，那时的飞船叫"714"飞船，我搞了8年，文化大革命时停了下来，但我搞了8年。在1991年我重新开始搞飞船，又搞了10多年，所以《北京青年报》上有一篇文章，题目就是"陈祖贵20年圆了飞天梦"。我们知道载人航天对安全性和可靠性的严格要求，严格按照要求去做。

第二点是凡是对航天员安全有利的事，我们都努力去干。比如说救生控制任务，本来飞船上有个救生系统，救生应该是他们的任务，但是说实话，他们干不了，他们没有救生控制的手段。这样救生控制的责任就落在我们的身上。刚才我讲过，救生控制共有8种模式，非常复杂，只要任务需要，我们

就承担下来干，而且干就把它干好。

第三点我们有个重要的部件叫红外地球敏感器，它是测量飞船相对地球的姿态的，非常重要，如果万一它失效，飞船就回不来，只有两个红外地球敏感器，不能做到"一个故障工作，两个故障安全"，一个坏了，另外一个还能工作，两个都坏了，就不能工作了，自然做不到两个故障安全。我们想到轨道舱上还有两个红外地球敏感器，我们把其中的一个也利用起来，就不是有三个了吗？我们主动提出来的，增加了我们的工作量，但是换来了航天员的生命安全。我们还讲过飞船返回制动最关键，制动用两个大发动机工作，共有四个大发动机，两两互为备份。但是发动机是属于上海航天局的，没有人对该发动机的故障进行诊断，如果在飞船返回制动过程中，制动发动机失效，将会危及航天员的安全。我们向领导提出必须增加对制动发动机的自动诊断，如果发现发动机失效，就自动切除，换到另外两个发动机去，不管发动机是上海的，还是北京的，为了确保航天员的安全，我们都要对它进行故障诊断。这一重要建议被领导采纳，在神舟三号飞船上已经实现。后来我们又想制动发动机必须成对工作，如果各坏了一个，飞船仍然回不来，我们就提出了用8个大推力的姿态控制发动机联合工作，制动飞船，我们又自动增加了用8个姿态控制发动机制动飞船的工作模式。这些都是我们502所自己提出来增加的，目的都是为了确保航天员的安全。又比如我们的自动控制系统现在已经能够做到"一个故障工作，两个故障安全"；但是万一整个自动控制系统都坏了，出了天灾人祸，航天员还要返回地球呀！我们又设计了航天员手动运动控制系统，航天员通过操纵手动运动控制系统仍然能够把飞船安全控制回来。我们为航天员手动运动控制系统设计了两种控制模式，一个是纯手动控制模式，一个是半自动控制模式，这也是我们手动运动控制系统的特点。国外的航天员严格说没有真正独立的半自动控制系统，如果一旦自动控制系统失效，航天员只有操纵三轴手柄，控制飞船回来，相当困难；而我们的半自动控制系统，航天员只要按几个开关飞船就自动地驾驭回来了。还有其他一些措施，比如说计算机是三冗余的计算机，自动诊断自动切换，做到一个故障工作，两个故障安全。所以一切为了祖国，一切为了航天员的安全，我们是说到做到的。（掌声）

五、神舟五号飞船制导、导航与控制系统的研制成功是发扬独立自主自力更生精神的壮丽凯歌

像神舟五号飞船制导、导航与控制系统这样复杂而重要的系统全是依靠我们自己科技人员的力量研制出来的。我们的科技人员全是土生土长的，都是我们国家自己一手培养起来的，包括本人在内。没有人在国外培训过，全是土生土长，这是第一点。这并不是说出国学习培训不对，只能说明我们国家也能培养出自己的航天人才。出去学了回来为祖国服务那更好。

第二点，我们有的新技术比国外的还要先进，由于保密的原因没有对外宣传。下面举个例子。在我们神舟一号飞船发射前夕，我们有些领导人感到有点不放心，飞船这样重要的工作以前从未干过，1999 年要第一次发射试验飞船了。这是当年的三大政治任务之一，另外两个是庆祝建国五十周年和庆祝澳门回归。其成败政治影响大，因此想将我们飞船系统的设计方案请外国专家评审，叫花钱买个放心。让洋人来给咱们评审，如果外国人说行，你就可以发射，如果外国人说不行，你就要继续工作，不能发射。我们控制系统自然是首当其冲，一共有四十多个项目拿去找外国人评审。领导找我说，你那个系统要好好准备拿出去评审。我说，不行！他问，为什么不行呢？我说对不起，我们系统设计的技术集中了我们国家搞卫星以来控制技术的核心。我们的技术都在这里，如果拿给外国人评审就相当于全部拱手交给了外国人，不仅如此我们还要给外国人钱。我想如果我这样干了，我就当卖国贼了！（掌声）当时有一个领导对我说："这是我布置的第一件事，如果你不去，我要通报批评。"后来我们总公司 921 办主任张宏显找我，对我说："说到出国别人有病的都说没有病了，你倒好，批评还不去。去嘛，谈判嘛。毛主席不是说过吗，打得赢就打，打不赢就走嘛。"他说你去嘛，谈得成就谈，谈不成你走嘛！领导给我交了底啦，那我心里就有数了，我想那还行，不成我还可以走，那就去吧！我们去了。那我们就和外国人去谈了。仅我们飞船系统就有 13 个分系统，共拿去了 40 多个项目让外国人评审。谈去谈来，一般一项就是 4 万、5 万，最多不超过 10 万。我的那个项目是最重要的一个，被放在最后谈。最后一个项目，他问我要多少美元呢，要 165 万美元。说实话在国际上搞技术评审，要这点钱真的不算多，可是外国人的态度你中国人是受不了呀！同志们，他是怎么说的呢？他说 165 万美元只能买两个字中间的一个字，一个是 YES，一个是 NO。他说你拿 165 万美元，我告诉你是行还是不行，如果是行，你就可以发射，如果是说不行，你就不能发射，还要继续工作。如果你要问为什么？那要的钱就可多了。他说这是知识，知识是值钱的。这是他们的专利。当时我听了非常生气，心想你知道知识值钱，我也知道知识值钱。我坐在那里不理他。（笑声）那就谈不下去了，我在那里像打瞌睡似的不理他。（笑声）

外国人说陈教授你要还个价呀！这个价，你叫我怎么还呢？真不好还。我想了半天，我想干脆耍弄他一下，把这个谈判搅黄了算了，最后我说："请把小数点左移一位，然后除以2，最后我的还价是8500美元。"对方听了，说："二十分之一，国际上没有你这样还价的，看来陈教授你对这个合作是没有诚意。"我心想：你说对了，我本来就没有诚意。（热烈掌声）整个谈判就被我搅黄了。由于我们控制系统没有谈成，外国人对其他的项目也不干，我想你不干就不干，我们中国人自己能干。不是打得赢就打，打不赢就走吗，我打了个大胜仗，第二天就提前回国了。

神舟一号发射成功后，2000年的春节那天，我们空间技术研究院有一个院士叫林华宝，是我的老上级，他给我打电话说："我们给你捏了一把汗呀。"我问："林总，捏什么汗呀？"林总说："今年神舟一号打成了，你没有事了，如果飞船发射试验不成功，你如何交账呀！搞飞船在我国是第一次，国家花了多少钱，这次去谈判目的是花钱买个放心，却被你搅黄了，打不成看你如何交账。"我心里确实没有考虑过如何交账这个问题，当时只想到要保住国家的机密。我说："林总，你是知道我的，如果我没有把握，我是不会去捣这个乱的，我心里是有把握的，我能够把飞船控制回来！"（掌声）

还有一个例子，研制飞船的手动运动控制系统，我们国内从来没有干过这个事，想请人帮忙，请国外专家搞个方案。当外国人把航天员手动控制系统的方案建议书寄来，我一看，说老实话差点把鼻子都气歪了。你看一张图上面一个人趴在桌子上，做多少钱哩，500美元，一张纸上画了一个电流表，也是500美元。他们来骗钱来了，他们的东西全是公开发表的东西，在《载人飞船航天员手动控制系统设计》那本书中全有。我懂俄文，我发现全是从那本书上抄来的。我赶快通知有关单位，钱一分都不能付。这个东西不行！后来我写了一个详细的技术要求，哪些内容必须有，如果没有钱一分也不能付。外国人还比较老实，在接到我们的技术要求后，规规矩矩地写了一个东西来。这个钱还花得不多。这个问题说明：航天高技术是花钱买不来的。同时也说明和外国人打交道，你要有点东西，否则是会吃亏上当的。（掌声）

六、陈老总，你真神，你叫飞船回来，就真的回来了

下一个汇报的题目是"陈老总，你真神，你叫飞船回来，就真的回来了"。（掌声）我首先要申明一下，我不是老总，也从来没有当过老总，在《北京青年报》那篇文章上说，为什么叫我陈老总哩，可能是沾了我们家门陈毅元帅的光。陈毅元帅姓陈，我也姓陈，而且都是四川人，四川人还有一个

脾气，那就是性子急，说话不会转弯抹角，老是得罪人。我得罪的人就不少，所以就干脆叫陈老总好了。（笑声）

故事发生在 1999 年，那年我们国家要发射神舟一号试验飞船，在 7 月份我们国家载人航天工程办公室的谢茗苞主任，你们在电视台上看见答记者问的那个谢茗苞将军，要我到总装去汇报工作。我要求我们单位的领导也一同去，因为汇报的问题事关重大。我们是三级管理机构，总公司、院和所，是否各级领导都去一个？他们说不用，就你一个人来。要对我进行单个教练。我通过我们所的所长请示院领导戚总。戚总说总装领导要他个人去，就让他去吧。我一个人到了回龙观附近的一家高级宾馆里去。我一看在场的都是部队上的，为首的是谢茗苞将军。谢茗苞将军说话也是开门见山。他说："今年我们国家有三大政治任务，一个庆祝建国五十周年，一个是庆祝澳门回归，再一个就是发射神舟一号试验飞船，前面两个任务完成没有问题，到时间就庆祝，到时间就回归。（笑声，掌声）可是飞船回得来回不来，你可是关键，你们控制系统可是关键。因为飞船取的名字叫返回控制技术试验飞船，主要是试验你的返回控制技术的。飞船能否回来你们可是关键，你可要给我交个底，你们能否把飞船控制回来？"那是什么时候呀，离飞船出厂发射还有两个多月，我门计算机软件还没有编完，系统试验也还没有做完。在这种情况下，问我回得来回不来，叫我怎么回答呀！我想如果我说回不来，影响领导下决心，今年还放不放飞船？因为如果控制系统说不行，肯定不打，发射肯定失败，还发射它干吗呀！如果我说飞船肯定会回得来，那也没有把握，心里确实也有点打鼓。（笑声）实事求是地讲，是这样。我看着谢主任盯着我要听我回答，我说："谢主任要问飞船回得来回不来的话，我的回答是理论上讲是回得来的。"（笑声）谢主任说我问你飞船回得来回不来，你说理论上回得来，这等于没有说。在当时我也只能这样说。我给他解释为什么说是理论上回得来的。我们国家的返回式卫星有 17 颗都回来了，其中有 7 颗卫星的控制系统都是我负责设计的，都回来了。如果飞船的软件都按着返回式卫星那样编制，老大到老七都回来了，还怕老八回不来吗？回得来！（掌声）那为什么要说是理论上回得来呢？软件还没有编完，它是不是按我设计的编的，要等它编完了经过试验才知道，我今天没有把我们的软件公式带来。这样厚四本，中间密密麻麻的都是公式，正号和负号反了都不行。如果正号和负号弄反了，就会出大乱子。喊你往左，你往右，用我们的行话，叫做正反馈，系统就完了，所以一个符号也不能反。就算编出来了还要做系统试验。我怎么能说回

得来呢！我说：谢主任，我们在飞船控制系统研制中继承了返回式卫星的成熟技术，如果在发射前这5个多月的时间里把下面5个技术问题解决，飞船是回得来的。第一个是软件必须正确地研制出来。第二是系统试验验证系统正确，能完成飞行控制任务。第三是飞船控制系统的重要设计参数必须赶快给我，如飞船的挠性振行参数，火箭的主动段弹道参数等必须赶快提供。第四是有一个新部件没有上过天，它的安全裕度够不够？我让两个博士在用不同的方法计算，同时该部件的研制人员还配合在地面做试验来回答这个问题。第五个问题是我们的一个重要部件的视场中有遮挡物，眼睛被挡住了，我看不见，怎么控？这个问题也必须解决。如果在飞船发射之前把这5个问题解决了，神舟一号飞船可以回来。我认为现在离飞船发射还有6个多月，只要我们抓紧工作，得到领导的支持，这个问题是能够彻底解决的。

为了解决这个问题，我们组织了会战，软件攻关。6月份把人集中在唐家岭，统一指挥，协同作战，共同攻关。同时7月份我们飞船就出厂了，运到了东风基地，我也去了。到8月29号，按计划把飞船控制系统送到了东风基地，迟去了一个月，在我国航天史上，控制系统还没有编完就出厂，这还是第一次。拿去做试验就不行，后来经过多次试验多次修改才行了。

我由于是神舟一号飞船飞控组的副组长，发射前我要回北京。总装备部的领导找我说："你说飞船要能回得来，有5个问题必须解决，这5个问题你解决了没有？"我给他们汇报有4个问题我们已经解决，还有一个我们的一个敏感器的视场内有根天线遮挡的问题未解决，这个问题不解决飞船会回不来。后来这个问题由王永志总师召集7大系统总师总指挥联席会议解决，决定将那根天线去掉，确保飞船飞行试验成功。最后临行前，我向王永志总师保证，说："王总，如果其他分系统（因为我们飞船有13个分系统，我只能保证自己）不出问题，我保证把飞船控制回来。"当时有的机关同志对我说："你是不是话说得太满了一点？没留有余地，怎么说肯定保证控制回来呢！"我说我只保证自己，没有保证他人。

当时我们在基地吃完晚饭后去遛弯，在溜达的时候，同志们老问我，陈总，飞船能控制回来吗？我回答他们很肯定：肯定回来！神舟一号飞船真的发射成功了。在北京南苑火车站迎接胜利返回的试验队，我由于参加飞行控制任务，提前回到了北京，我也去车站迎接他们。我们试验队的一个试验队员把别人献给他的花，拿来献给我说："陈总，你真神，你叫飞船回来，就真的回来了。"我说："啥子老总啊！假的！小心王海打假打到我的头上来了。"

我实际上没有当过老总，他们都喊我陈老总，实际上我当了一辈子假老总。（笑声、掌声）

七、全姿态捕获技术是保证飞船安全的重要技术

下面介绍一个我们具有独立知识产权的，由本人发明的一项重要技术，飞船的全姿态捕获技术。这是对我们国家有重大贡献的，对飞船发射成功有重大意义的技术。是怎么想起来要干这件事的呢？这件事不是我想出来要干的，是我国著名的科学家、两弹元勋、国家863计划的发起人杨嘉墀院士提出来的。他说："我们国家发射成功了这样多的返回式卫星，卫星在回收后，仪器舱被当作空间垃圾丢掉了，你们能否想办法把它控制回来，当成一颗应用技术卫星用？因为我们国家不像其他国家那样专门发射应用技术卫星，例如美国的应用卫星 ATS - 7，你们如果把它控制回来，就可以把它当作一颗应用技术卫星来用。"他提出之后，在一段时间里没有人研究这个问题，因为难度较大。因为仪器舱和返回舱分离后由于受到制动火箭的冲击，高速旋转，没有办法利用。后来我就开始研究，我这个人有点喜欢动脑筋，既然他老人家提出了这个重要问题，我就看能不能想办法解决。国外有全姿态捕获技术，他们用太阳敏感器和地球敏感器和陀螺一起完成全姿态捕获。先将卫星对准太阳再找地球，这叫"太阳—地球捕获"方法。另一种方法是先找地球再找太阳，把卫星控制回来，这叫"地球—太阳捕获"方法。但是我们当时的卫星上没有专门用来完成全姿态捕获用的大视场太阳敏感器，能否完成全姿态捕获呢？完成全姿态捕获要用太阳和地球两个矢量，用"双矢量定姿"的原理完成卫星的全姿态捕获。现在我们只用地球一个矢量来完成卫星的全姿态捕获，有人说你用一个矢量确定飞船的姿态，违反了"双矢量定姿"的基本原理，但我不相信，我要试一试。人家用双矢量定姿态，我要搞单矢量定姿，岂不是在唱对台戏？实际上不是，我是在利用另外的原理，在探究新的方法。我研究来研究去，达到了入迷的程度。我记得在1992年的春节，我在家用两个苹果，每个插上三根牙签，当作坐标系，一个模拟卫星，一个模拟地球。研究、研究。有些发明就是隔了一层纸，没有戳穿以前，看起来很难，戳穿以后，一看原来如此简单。我玩苹果，玩着玩着忽然有了灵感，啊！原来如此。正在这个时候我们研究室的领导来家串门，看见我在玩苹果，就开玩笑地说："贵，你真有兴趣，春节竟然在家里玩起苹果来了。"我玩苹果玩出发明来了。我把我的灵感数学化，并加以验证，果然行。就这样把这个难关攻破了。这个问题提出来后，有同志认为我违反常规，方法不行，我说我做了

好多试验都证明是行的呀，怎么会不行哩。1992 年，第一次做飞行试验果然没有成功，但是后来发现不是我们的问题，而是总体方面的问题，就是在制动火箭点火时，返回舱和仪器舱的距离太近，由于制动火箭的冲击，使得仪器舱高速旋转，控制系统将速度降下来后，燃料已经没有了，所以没有成功，这由遥测数据已经查清楚了。于是在 1994 年再做试验，我们国家有名的航天科学家、两弹元勋王希季院士亲自坐镇指导这次试验。晚上已经是 12 点了，王总坐在那里和我们一道准备试验。我劝王总回招待所去休息，这个试验由我负责，我保证把它做好。王总说："不行！我从北京到这里来就是来参加这个重要的飞行试验的，我哪能去睡觉呀！"70 多岁的老人啦，坐在那里不动，我十分感动。正在这个时候北京的长途电话响了，另外一个 70 多岁的老人、两弹元勋、我们国家 863 计划的发起人杨嘉墀院士从北京打来长途电话。从电话中传来杨老亲切的声音：贵！（他叫我的名字的最后一个字贵）（笑声）试验做了没有？我回答，杨先生，试验还没有做，快了！接着杨先生又要我全力做好试验的准备工作，做好试验的预案工作，万一出了问题应该如何处理等，把试验任务完成好。还要我做好试验的记录工作。我非常感动，这充分体现了他们的敬业精神，他们的爱国精神，他们对航天事业的热爱深深地教育、鼓励着我，我从他们身上学到了不少东西。那天晚上我是非常激动。（掌声）那天飞行试验成功了。成功后，王总站起来和我握手祝贺，基地司令员李恒星将军也来向我祝贺。第二天试验队聚餐，那热烈的场面同学们没有看到，大家用筷子敲着桌子，敲着酒盅，齐声喊着我名字的最后一个字："贵！贵！贵！贵！贵！贵！"声音不断。席上有很多领导，同志们不喊他们的名字，而喊我的名字，排着长队来给我敬酒，我是非常激动。我的酒量不行，但是看到同志们这样热情，我有点忘乎所以，所以就喝多了一点。这还不说，后来基地司令员又举行宴会，又把我请去了，部队的参谋、干事又来凑热闹，又纷纷来给我敬酒，这样就相当于复了个二轮，我醉倒了，第二天中午还没有起得来。（笑声）当天要回北京，汽车在下面等，都奇怪我为什么还没有下来呀？敲门都敲不开。出事了，赶快叫服务员来开门，门打开后我还躺在床上呼呼大睡。两个人把我扶着下去送上了汽车。当时我非常激动，我写了一首诗，现在拿来献给大家。（掌声）

西凤美酒扑鼻香
将军设宴劝君尝

畅叙千年飞天梦

笑谈卫星返故乡（掌声）

敲盅击筷齐助兴

贵！贵！贵！贵音绕梁（掌声）

战友纷纷来敬酒

络绎不绝竟成行

杯杯盏盏战友情

点点滴滴暖胸膛（掌声）

生平何见此情景

热血沸腾心欢畅

人逢喜事千杯少

李白斗酒谱华章

可笑老朽不自量

酣然醉卧在他乡（掌声）

八、无冕之王

这件事在外面没有报道过。事情发生在神舟二号飞船回收的前一圈，通过飞船上的光学瞄准镜发现飞船姿态突然往外发散。光学瞄准镜是飞船人控系统的一个专用仪器，航天员用它观察地球，以此确定飞船的姿态。它的周边有 8 个葵花瓣，观察地球的边沿，用它确定飞船的滚动和俯仰姿态，中间有一个中心视场，观察地面图像的运动轨迹，确定飞船的偏航姿态。我们告诉领导如何观察光学瞄准镜，如何确定飞船的姿态。他们会看了。回收那天中央领导都来了，总装备部的曹刚川部长等都来了。还有 40 分钟就要回收了，这时突然发现飞船姿态滚起来了。这时候整个航天指挥控制中心的测控大厅都惊动了，飞船此时出现姿态翻滚，还能安全回收吗？很紧张。飞船一会儿就飞出了测控区，任务指挥部召开紧急会，徐福祥院长召集紧急会，研究怎么办。徐院长问：刚才那个系统有操纵动作？他一问，飞船总体部的同志告诉他，当时飞船轨道舱放气了。什么叫放气呢？原来飞船回收前要把轨道舱分开，轨道舱里充有一个大气压，外面是真空，如果在分离以前不放气，突然分开，就像爆米花一样，对飞船的安全有影响。放气嘛，你应是先告诉我们，我们好设计处理应对的措施。放气，气冲出去后产生反作用，在飞船上起作用类似发动机，使飞船姿态翻滚起来。由于总体没有事先告诉我们，我

们就没有设计应付措施，听了他们的介绍以后，我说，没有事，放气不用怕。为什么呢？因为气是有限的，放一点就少一点。起先它有劲，到后来就没有劲了，这是第一点不用怕。另外尽管没有告诉我们，但是我们仍然设计了三条锦囊妙计等着它呢，第一条，如果姿态超过0.2度，我们用小发动机控制。如果还不行，姿态超过了6度，我们用大发动机控制飞船姿态。如果再不行，当飞船的姿态误差达到15度时，我们用两个大发动机控制，这时两个大发动机还顶不过它呀！所以它到15度时我就把它控制回来了。如果万一还不行，还控制不住又怎么办呢？我前面曾经讲过飞船的全姿态捕获技术，那个技术还在等着它哩！如果万一姿态翻滚起来，把它重新控制回来就行了，它跑不了，没有问题！请领导放心！后来院长又问我，飞船姿态差了多少能回来？我说，4度能回来。他又问，你的设计值是多少？我回答是0.2度。徐院长又说："大了20倍，还能回得来吗？你给我好好计算一下到底要多少才能回来。"他还说："不要讨论了，按老陈的预案办。"过了不久，飞船到达南非上空，从飞船的遥测数据看出，飞船的姿态不多不少正好是4度。领导问我怎么办，我回答按计划回收。回收！刚才不是讲过吗，首先程序转弯90度，然后分掉轨道舱，抛掉轨道舱，让它留轨飞行去。你看将轨道舱一抛，飞船真的听话，飞船的姿态乖乖地跑到0.2度去了。后来飞船就安全地被控制回来了，飞行试验成功了。回收成功后，测控指挥中心的大小领导都到我的工作台前面来了，他们都说，你水平真高。飞船工程的总师王永志院士问我一个问题，老陈，你是不是国家级有贡献的专家？他心想你水平这样高，一定是国家级有贡献的专家。我听了苦笑了一下，说："王总，你把我估计得太高了，国家级的我不是，部级的我也不是，院级的也不是，我是个一般的科技人员。"那王总听了以后就补了一句，那你就是一个无冕之王。（掌声）作为一般的科技人员，我听了之后真是哭笑不得，因为你给我评个部级有贡献的专家，每个月我还有补助两千，给我一个无冕之王，什么都没有。（笑声）但是我们为国家作出了贡献，也就心安理得。这时航天科技集团公司的总经理张庆伟正好在旁边，他也坐不住了，他说："从1991年开始合作飞船，到现在你什么都不是。我不知道。如果今年我不给你解决问题，我没有脸见你了。"同学们，我听了非常感动，一个部长能跟一个普通的老百姓说这样一句话。我对张总经理说："你不要给我解决什么问题，有你这一句话，我就知足了。"（掌声）

后来有点事要处理，张总经理当时很忙，部机关的几个朋友对我说："你要去找张总兑现呀，你不好找，我们去帮你找。"我说："不！在这个时候我不能去打扰他，我宁愿不要他的兑现，我也不能在这个时候去打扰他。"所以我没有去找他。同学们，张总经理说话还是兑现了，在今年 1 月初，给我评了个有突出贡献的部级的中青年专家。（笑声，掌声）有同志和我开玩笑说，你这是范进中举！（笑声、掌声）

评这个专家真是不容易，按国家人事部的规定，评部级有贡献的专家必须 55 岁以下。我今年已经 65 岁了，这真是破格又破格呀，我非常感谢他们的各级领导。（掌声）

九、和江主席共进午餐

我虽然什么都不是，但是还有一点值得提及的是，我和江主席一起共进过午餐。

神舟三号发射成功后，江主席在基地接见参加飞船试验的工程技术人员，我受到了江主席两次接见。在接见之后，我没有事，就玩去了。忽然我接到总公司 921 办公室周主任的电话，通知我中午 11 点 50 分在招待所门前集合，曹刚川部长请我吃午饭。曹刚川副主席当时是总装备部的部长。我就回去告诉年轻人，今天中午你们不要叫我吃饭了，曹部长今天中午要请我吃饭。因为我年纪大了有时忘掉了吃饭的时间，小青年们到时就叫我。（笑声）因为在基地有好多高级领导在，他们就问某某领导去不去、某某领导去不去，我想都没有想就回答肯定去，有我肯定有他们。因为在有些地方，官有多大，学问就有多高，贡献就有多大，连我都去了，他们肯定去！所以我回答说肯定有。我去以后，进门一看，不对头，到场的都是将军、部长、院长、总师和总指挥一级的干部，只有我一个平头老百姓。我心里有点发毛，心想是不是通知错了。（掌声）我就问谢主任："你们是不是通知错了，你们领导开会，找我来干什么？"谢主任说："没有错，你是曹部长点名特邀的。"我想：曹部长特邀的，我和曹部长并不熟，即使神舟三号转场时请我去和他照过相，并有人给他介绍过我"这是有名的航天控制专家"，一起照过相，现在可能连名都叫不出来了。我坐下之后才想起来，神舟二号回收，无冕之王那一段他在场。还有就是神舟三号了，总装领导要我汇报一个问题，这个问题和飞船的安全有关，涉及飞船的返回动力学参数、姿态和过载等，这些参数影响飞船的安全返回。我写了一个文件送上去了，有人就把文件拿去汇报了，汇报完了我才知道。我这个人还有点怪，别人去汇报了就算了，我却偏要去问："汇报是不是也分等级呀？我写的东西你们去汇报了我都不知道。"回答很肯定，说，汇报就是要分等级。比如说，向吴邦国副总理汇报工作，只有徐院长能

去，我就不能去，言外之意，向总装领导汇报他们能去，你就不能去。我心想不能去就不能去。可能他们是拿着我的稿子去汇报的，对内容并不很清楚，领导越听越糊涂。第二天飞船工程的总师王永志、飞船的总师戚发轫和飞船的总指挥一起来找我，我给他们汇报了一遍。听完以后王总说：我清楚了。隔了一天总装备部的胡副部长亲自找我来了，我又给他详细汇报了一次，看来我把问题讲清楚了。在他们看来，我这个人还行，还能讲得清楚，给他们留下了一个好的印象。他们请我吃饭，推荐我，可能这是个原因。吃饭前，谢主任点名，说点到名的从门的左边进，没有点到的从门的右边进。徐院长从右边进，我和袁家军总指挥、戚发轫总设计师从左边进。谢主任补充说，进去以后每个座位前有一个牌子，上面写着你们的名字，座位的安排是随意的，并不代表地位的高低。找到你的座位你就坐。我的眼睛不太好，找呀！找呀！（笑声）桌子是一个四方桌，进门这边坐的是以曹部长为首的部队的将军们，两边是地方上干部。我找到对面去了，突然我看见了曾庆红同志。我一愣，原先不是说，是曹部长请吃饭嘛，怎么曾庆红同志也来了。他来了，肯定今天江泽民主席也来了。我一看，果然江主席也来了，他微笑着坐在曾庆红同志的左面，他的左面是吴邦国副总理，再过去是李永波。也没有警卫来拦住我，我就一直走到了江主席的面前，我想这里肯定是没有我的座位了，就赶快退了回来。（掌声）退回来一看，方桌左边的第二个位置是空的，果然是我的位置。这时我才知道是江主席请我共进午餐，我非常激动。为什么呢？因为我这个人有时说话领导不爱听，总感觉我的工作没有得到承认，有时写点诗发泄发泄。（笑声）江主席请我吃饭，这是国家对我的工作的最大肯定和最大承认。我聆听了江主席的重要讲话，他首先肯定了神舟三号飞船发射成功的重大意义。江主席说："看到你们在交谈，很亲密，很团结。我很高兴。我们国家凡是要办成一件大事，必须要团结。"这是江主席的第一句话。江主席的第二句话是：今天请来的只是少数，搞飞船还有许多无名英雄没有来，国家要记住他们，你们也要记住他们。他举了个例子，比如电子工业部，飞船上好多电子器件都是电子工业部生产的，可是今天电子工业部就没有人来。不能说他们就不重要。哪一个电子器件坏了，飞船就不行，所以要记住无名英雄，能登台的只是少数。这是江主席讲的第二点，给我印象很深刻。江主席还要我们把神舟三号安全地控制回来，把神舟四号飞船的工作做好，早日把中国的航天员送入太空，并安全地控制回来。江主席的讲话很长，有文件，我不详细地介绍了。按规定说吃饭时不准敬酒，飞船工程总师王永志带领飞船的总师、总指挥去给江主席等中央首长敬酒，说："江主席，我们飞船7大系统的总师、总指挥来给你敬酒来了。"这时候的宴会厅就热闹了。经他这一带头，张庆伟总经理也把他们航天科技集团的各个院长带去给江主席敬酒。接着曹部长把部队系统的将军们也带去给江主席敬酒。这样还剩下我们四个老百姓了，他们三个都是副总设计师以上的干部，只有我一个是主任设计师，是个平头老百姓。最后胡世祥副部长过来带领着我们四个去给江主席敬酒。胡世祥副部长向江主席介绍我说，这是我们国家有名的航天控制专家。我听了感到当之有愧，后来张总经理在席间对我说："江主席请你吃饭不仅是你个人的光荣，也是你们502所的光荣，也是你们GNC系统的光荣。"他接连说了三个光荣。他还说："分系统一级只请了两个，你和孙凝生，他是搞运载工具控制系统的，这说明你们控制系统很重要。"当时飞船还在天上，张总经理对我说："神舟三号飞船正在天上飞，你的任务是赶快回到北京去把飞船安全准确地控制回来。"我回答说，保证完成任务！（掌声）

十、下面汇报的是飞船GNC系统的研制成功是团结协作、老中青三结合的成果

现在有个别人不尊重历史，在报纸上说飞船的主力全是年轻人，是由几个有名的老专家当顾问，这样干出来的。我认为这种说法不是事实。我认为还是应该正确地说，还是毛主席他老人家说得对，必须要老中青三结合。以老带新，年轻的有干劲，这才是发展科学的道路。我认为他们的说法是片面的。为什么说是片面的呢？因为这是我们系统亲身经历得出的结论。我们这个系统里有像王南华这样的国家级有突出贡献的专家，是我们的副主任设计师，全国政协委员，是一个女同志，她已经62岁了，难道她不是主力？她独当一面地把这样重要系统的试验任务承担起来，难道她不是主力？我本人嘛，是个老朽，不是主力，难道他们也不是主力？还有一个副主任设计师，范如鹰，快60岁了，总公司软件专家组的组长，1999年在发射神舟一号时，由于研制软件，任务又紧张，难度又大，急得满嘴都长满了水泡，他圆满地完成了任务，难道他不是主力？老的如此，我们的年轻人同样作出了重大贡献，比如胡军博士，他研制成功了飞船返回自适应控制技术。应该说年轻的也作出了重大贡献，老同志也作出了重大贡献。所以说飞船是我们发挥独立自主、自力更生的精神，发挥航天人特别能吃苦、特别能战斗、特别能攻关、特别能奉献精神的胜利。可能不对，但是这是我自己的看法。

最后一个题目是：我自己是人民一手培养起来的，我应该把自己的一切献给祖国和人民

我自己嘛，在 1987 年曾经到国外去工作过，工作应该说相当不错。当时我国政府代表团到那里去访问，听了对方的介绍后，政府代表团的团长对我说，你们在这里为祖国赢得了荣誉。当我要回国的时候，我的朋友叫我留下来，不要回去，就留在这儿。我说我想家。他说，你想家，把你夫人接来不就行了吗？我说，不行！他们又问："为什么？难道我们这里对你不好？"我回答说："不！不是你们对我不好，而是我们国家对我最好！"（掌声）当时我就对他们讲了我的祖国如何把我这个穷孩子培养成为航天科技人才的过程。我们国家有一个有名的作家，曾经写了我在德国期间的故事，题为"一个中国航天专家在欧洲"，连续三期发表在我国对外宣传的杂志《海内海外》上。中间有一段故事就是忆苦思甜在德国。我就给他们讲我小时候如何苦，我的父亲在我小的时候就去世了，我的母亲是一个小脚女人，是个文盲，不认识字，含辛茹苦地把我和我的弟弟拉扯长大。我小时候什么活都干过，上山找过柴，到长江里拣过水柴，钻进下水道里去捡过破铜烂铁。过去用铜元，掉在下水道里有很多、很多，我们把下水道的盖子搬开，带上一盏灯，钻进下水道里去，把这些铜钱捡上来当破铜烂铁卖。我还去给粮食公司运粮食，当过棒棒军。尽管如此，我考中学时，还考了个全县第一。在读中学的时候，我每天晚上帮别人干活都要干到 12 点左右，所以第二天上课，头堂课就打瞌睡，我是学校里有名的瞌睡大王。我的班主任是田家法老师，他是个特级教师，95 岁才去世，他对我特别好，我每次回老家都要去看他。他看到我每天早上都打瞌睡，就想这是怎么回事呀？他去进行家访，知道了这个情况，就把我关在学校里，不让我回家，（给我助学金）让我住在学校里，吃和住都在学校里。1962 年我大学毕业前夕，被分配到部队上，当时部队待遇也很好，穿衣裳也不要钱，我很高兴。我家里困难，也希望早点工作。正在这个时候，科学院到我们学校招研究生。文化大革命前的研究生很难考，一个单位只招一两个，很神秘。我的同学对我说："科学院来招研究生了，在我们学校招一个。很神秘。我们去试一试，看是个怎么样的神秘法。"我想反正我也考不上，你们要试就去试嘛。他们非要我也去试，这一试嘛，他们没有考上，我这个去试的却考上了。我一看考上了，可急了。不行！我不能再读书了。我去找院党委黄书记，说我不干，不能去。我需要赶快出来工作，我母亲和我弟弟都需要供给。黄书记说，那行吗？招收研究生是国家的任务，你说干就干，你说不干就不干，行吗？不行，你去要去，不去也要去！我的同学们也支持我到科学院去。就这样我到科学院来了。如果那时我到了部队，就可能搞不成航天了，这样说来我也是和航天有缘的。我考研究生嘛，也考错了专业，我是学导弹控制的，考研究生却考成了工业控制。我的老师招的是自适应控制的研究生，自适应是最新的控制理论，我想这一定是尖端方面的。谁料到来了才知道是搞工业自动控制，于是我曾经到兰州炼油厂、化肥厂等搞过工业自动化，看来我和航天是无缘了。1965 年科学院体制调整，把他们原先的科学院自动化所一分为二，搞工业自动化的研究室全部到东北沈阳工业自动化研究所，现在的机器人中心。搞国防的留在北京。按理我也应该跟我导师一道到东北去，但是他们那个老所长很好，他很爱才，这不是说我有才，凡是人才他都要，老百姓给他取个名字叫半导体，就是说他手下的人只准进不准出。听说我也要到东北去，他就来找我，问："陈祖贵，你到东北去干吗呀！你是学火箭自动控制的，东北是搞工业自动化，你的专业应该留在这里。"说实在的我本人也不愿到东北去，我对所长说："没有办法呀，体制调整原则规定是要连锅端的，不去不行呀！"所长说："连锅端是端工作人员，你们研究生不在其中。"最后他和我的老师商量，结果，我和我的大师弟留在了北京，后面两个师弟就跟我的导师一起去了东北，我留在了科学院自动化所的控制理论研究室。在文化大革命中，为了统一我国卫星飞船的研制工作，国防科委成立了新的第五研究院，中国科学院自动化研究所划归国防科委，要通过政治审查，出身好的留下搞国防，出身不好的到科学院搞民用，他们称之为划线。那是文化大革命极左的产物，现在不会这样干了。因为我根红苗正，我又留下来了。搞飞船我也是三进两出。我刚才已经讲过，我从 1967 年就开始搞飞船，当时的飞船叫"曙光一号"飞船。"曙光一号"飞船搞到 1975 年下马，当时文化大革命，经济实力不行，所以下马，我就搞卫星去了。我给大家汇报一下，我搞卫星一共给国家发射成功了 11 颗卫星。我们国家震惊世界的"一弹三星"任务我参加了。"一弹三星"发射成功后都说中国在搞多弹头再入试验，当时的国务院总理赵紫阳打电话来问："你们做这样重要的试验，为什么不给中央打招呼，不汇报，使得我们很被动。"我有幸参加了这个任务，还立了个二等功。后来我搞返回式卫星，一共发射了 10 颗，其中 7 颗卫星的控制系统是我负责设计的，而我们国家第一个用计算机控制卫星姿态

的控制系统是我负责设计的。这颗星是在 1987 年第一次发射就成功的。我从国外回来后参加飞船的研制工作，当时我还在负责一颗即将发射的卫星的控制系统的研制工作，我是那颗卫星控制系统副主任设计师，那颗卫星又非常重要。在成立飞船的论证队伍时，由于我搞过飞船，所以把我吸收了进来。但是由于那颗卫星要发射，我经常要出差到西安去协调工作，所以飞船开会点名时，我老是缺席，不到。飞船论证的负责人说，他们这里不要挂名的，于是把我除名。开除后，飞船在论证时发现有些问题没有我还可能不行，还是把我找回来吧，所以我搞飞船也是三进两出。我与飞船还是很有缘的。我的汇报就是这些。我是党和人民培养起来的，不管我有什么苦，有什么想不通的地方，但是我之所以有今天，全归功于党，归功于人民。在国外我曾经写过一首诗来表达我对祖国的怀念。1987 年我所在的研究室负责研制控制系统的两颗卫星同时发射成功，其中一颗卫星采用了我负责设计的我的第一个用计算机控制卫星姿态的控制系统，当时我正在国外，我夫人写信把这个喜讯告诉我，在我给党支部汇报的信中，我写了下面的一首诗：

家书飞传捷报
喜闻双星高照
团结奋战再努力
研制新的型号

如今身在异国（当时我在国外工作）
节日倍思家园（时逢元旦佳节）
饮水不能忘思泉
人民恩重如山（掌声）

翩翩神舟我领航

领导和同志们:

你们好!

我叫陈祖贵,是 502 所 GNC 分系统主任设计师。我报告的题目是——翩翩神舟我领航。

2003 年 10 月 16 日,是全中国人民永远不会忘记的日子。神舟五号载人飞船在预定地点安全着陆,中国太空飞行第一人、航天英雄杨利伟微笑着走出飞船,中华民族从此圆了千年飞天梦。

今天,当我们欢庆胜利时,我们为神舟号飞船有过喜、有过泪的昨日情景历历在目。为了实现中华民族千年飞天梦想,我们 502 所的 GNC 人呕心沥血,顽强拼搏,攻克了一个又一个的困难,攀登了一个又一个的载人航天科技高峰,谱写了一首辉煌壮丽的载人航天精神凯歌!

一、我们研制成功了具有世界先进水平的载人飞船制导、导航和控制系统

神舟五号载人飞船的制导、导航和控制系统是神舟五号载人飞船重要分系统之一。在神舟五号载人飞船上,GNC 系统的主要任务是:上升段导航计算,如果运载工具发生故障时要完成对航天员的应急救生控制任务、在轨道运行段稳定和控制飞船的姿态、完成对飞船的轨道控制和维持任务、太阳帆板对太阳的定向控制任务、保证飞船的能源供应。此外还要对惯性导航器件进行在轨自主标定。对 GNC 系统和制动发动机进行自主故障诊断和系统重构,做到"一个故障工作,两个故障安全"。建立返回制动火箭点火姿态,返回制动,建立飞船进入大气层时所需用的最佳姿态(调配平攻角),以及返回段的再入控制,将飞船控制到预定的落区,同时控制航天员所承受的再入件速过载,保证航天员生命安全。由此可见 GNC 系统的性能及可靠性直接影响到整个载人飞行任务的完成和航天员的安全,因此世界各国在航天领域内都十分重视制导、导航和控制

翩翩神舟 我 领航
Flying Boat
I Navigate
一位神舟飞船专家的故事

技术的研究和发展。载人航天事业的每一个重大突破和进展都是与制导、导航和控制技术的发展密切相关，都体现了制导、导航和控制技术的重大进步。如果没有精确的导航和控制技术，阿波罗载人登月只能停留在科学幻想阶段；如果没有交会对接控制技术，就不可能建立永久性的载人空间站；如果没有先进的安全的返回再入控制技术，太空英雄杨利伟就不可能安全返回地球。因此，制导、导航和控制技术是载人航天领域的重要关键技术。

载人飞船与卫星的主要差别在于飞船上有航天员，因此要求飞船必须"上得去，回得来"，让航天员安全准确地返回神州大地是载人飞船的一个重大任务。因此"飞船返回控制技术"被列为我载人航天工程三大攻关项目之一。我们502所义不容辞地承担了攻关工作。在世界上只有美国和俄罗斯掌握了该项技术，从国外引进根本不可能，国内又缺乏研制基础。我们GNC人迎着困难上，发扬我们航天人特别能战斗、特别能攻关、特别能吃苦、特别能奉献的载人航天精神，硬是在不到两年的时间内，完成了对"飞船返回控制技术"的攻关任务。为了安全准确地将飞船控制到预定的回收区，我们502所解决了返回升力控制技术的许多难题，其中包括：惯性导航系统的在轨标定技术、飞船"双矢量定姿"高精度姿态估计技术、返回制动控制技术、返回基准弹道法控制技术以及我们研制成功的具有我国独立知识产权的"返回升阻比估计自适应控制技术"。为了提高惯性导航系统的精度，保证飞船准确落到预定的回收区，我们研制成功了"惯性器件在轨自主标定技术"，使得我们用精度比国外差一到两个数量级的惯性器件研制成功优于世界先进水平的飞船返回再入控制系统。在总装、总公司和五院各级领导的正确领导下，在飞船两师系统的正确领导指挥下和兄弟单位的大力支持帮助下，我们研制成功了具有世界先进水平的神舟五号载人飞船制导、导航和控制系统。"神舟号"飞船的5次飞行试验结果：返回落点精度平均11.2公里。俄罗斯的水平应是世界先进水平，它们平均为30公里，我国成为世界上第三个掌握了飞船返回技术的国家。我们飞船返回落点精度达到世界当代先进水平，我们为祖国赢得了荣誉。当神舟一号发射回收成功之后，一次在总公司开会，我国有名的航天专家院士走过来对我说："陈祖贵，你们GNC系统干得真不错，你们的飞船返回落点达到世界先进水平，以后我们研究高精度GNC系统时和你们合作。"神舟五号发射前，庄逢甘院士在听有关气动参数问题的汇报时，见到了我在座，对我说，你们的飞船返回落点精度达到世界先进水平的！

200

二、我们 GNC 系统为飞船领航

众所周知，载人航天是世界公认的难题，GNC 系统是整个载人航天工程中最重要、难度最大、技术最复杂的关键系统之一。它承担着飞船从起飞到安全返回全部运动控制任务，其中包括：在飞船的上升段，GNC 系统要完成导航计算、救生控制任务。在轨道运行段，GNC 系统要完成下列任务：消除飞船和运载工具分离时的姿态扰动，捕获地球建立飞船正常运行姿态，在飞行过程中确定并控制飞船姿态，控制太阳帆板搜索并跟踪太阳对太阳定向，保证飞船的能源供应，完成飞船轨道控制任务，将飞船由初始的椭圆轨道控制到 334 公里的工作圆轨道，为了提高飞船返回落点精度，GNC 系统对飞船的导航用的惯性器件进行在轨自主标定，对 GNC 系统不断地进行自主故障诊断，发现故障及时切换，确保航天员生命安全。在返回段 GNC 系统要完成两次飞船姿态调整任务，建立飞船返回制动火箭点火姿态，控制飞船返回制动，控制制动发动机的开关，控制制动速度增量和飞船的姿态，保证飞船安全制动，消除返回舱和推进舱的分离扰动，建立"配平攻角"，使飞船以安全的姿态进入大气层，进入大气层后对飞船进行升力控制，控制飞船返回落点精度和航天员承受的减速过载，保证航天员安全。在开伞后还要对返回舱进行速率阻尼。由此可见飞船每一重大的运动控制任务都是由我们 GNC 系统来完成的，所以是我们 GNC 系统将飞船将太空英雄杨利伟从太空中控制回来的。GNC 为神舟五号飞船领的航。我们 GNC 系统的每一个动作都关系到神舟五号飞船飞天圆梦伟业的完成，每一个操作都关系着航天员的生命安全，因此世界各国的载人航天界有远见卓识的领导人无一例外地都十分重视制导、导航和控制技术的发展。我国也不例外，下面举几个例子。

科学巨人钱学森在一次向中央领导汇报有关我国导弹研制计划时曾经说过：研制出火箭用两年的时间就够了，可是这只是完成了导弹研制任务的百分之二十。中央领导问：还有百分之八十是什么？钱老回答：是研制出高精度、高可靠的导弹控制系统。钱老的话是着重强调研制导弹控制系统的难度大和控制系统的重要性，这并不是等于说其他的系统就不重要。

第二个例子是在神舟五号发射的前一天，中国载人航天工程总师王永志问我和孙承启同志："陈祖贵，神舟五号要上人了，人命关天，你们 GNC 系统有把握吗？"我笑着对他说："王总，你记得吗，在神舟一号发射前你问过我同样的问题，我当时就向您保证过，如果其他系统不出问题，我们的 GNC 保证将飞

船控制回来。经过从神舟一号到神舟四号飞行试验的考验和改进，我们 GNC 系统的功能增了许多，可靠性和安全性又有了很大的提高，这次我们不仅有把握把神舟五号安全地控制回来，而且还要比前四艘控制得更好！"（掌声）工程总师王永志院士听后满意地笑着对我说："有了你这一句话，我就更加放心了。"

第三个例子是在 1999 年 7 月初，中国航天工程办公室的领导找到 GNC 负责人说："今年我国政治上有三件大事：澳门回归、建国 50 周年大庆和发射神舟一号试验飞船。我们对飞船的要求就是上得去，回得来。上得去是考验运载工具，回得来就要看你们飞船的了，尤其是要看你们 GNC 系统的表现了。飞船的安全返回更是关键，所以这艘飞船也被叫做'返回技术试验飞船'。前面两个政治任务完成没有任何问题，到时就回收，到时就庆祝，而发射神舟一号飞船这一个任务的完成与否，你们 GNC 系统是关键。你们目前还有没有不放心的地方或者需要我们机关帮助解决的问题，你们有没有把握将飞船安全地控制回来？"

这个问题当时实在难以回答。如果控制系统有问题，直接关系飞船飞行试验的成败，如果可能要失败，还会发射吗？但是如果回答没有问题，一定成功，可那时我们的软件还没有编完、系统试验没有做完，还有几个重要技术问题需要我们解决，怎么能拍胸脯做保证呢？因此我沉默了好久没有说话。最后我说："理论上讲飞船是可以回来的，但是……"谢主任打断了我的话说："我们问你飞船能否回来，不是理论上如何，如何。"我看着谢主任殷切的眼神，回答道："我说理论上回得来，是因为我发射的返回式卫星 16 颗都回来了，而其中有 7 颗卫星的控制系统都是我负责设计的，在飞船 GNC 系统的设计中我们充分地继承了返回式卫星的成熟技术，而且又增加了备份手段，返回式卫星没有备份都能回来，现在飞船有三重备份，因此我说理论上回得来！可是我们目前 GNC 系统的软件还没有编完，系统试验还没有做完，还有几个重要的技术问题尚待解决，因此我只能这样回答！不过现在离发射还有 5 个多月的时间，我认为这些技术问题是可以解决的，因为这些技术问题基本上是属于工作量大小和人际关系方面的问题，不存在有技术上的拦路虎，可以出厂发射。"

第二天航天科技集团公司载人航天工程办公室的张宏显主任找我问了同样的问题。

为了解决软件研制问题，在 1999 年的 6 ~ 7 月份我们 502 所集中了方案设计、技术设计、系统试验和软件编制等各个方面的技术人员 30～40 人，到唐家岭北京航天试验中心 GNC 系统试验楼办公，一场 GNC 系统工程软件研制攻关会战开始了！在这段时间内人们吃在唐家岭，住在唐家岭，统一调度统一指挥，解决了一个又一个的难题，攻克了一个又一个的难关，硬是在不到三个月的时间内研制出国内到目前为止难度最大、要求最高、工作量最大的载人飞船控制系统软件，在 8 月 24 日将软件送到了东风基地。装上新编的软件后，做试验时发现问题，又经过多次修改，GNC 系统工程的软件终于研制成功，这一问题的解决，预示着神舟一号飞船的飞行试验一定圆满成功。接着又解决了一个又一个的其他技术问题。神舟一号预定的发射时刻就要到了。就在神舟一号飞船发射前夕，我因是神舟一号飞行控制组的副组长，要回北京参加飞船的飞行控制工作。这时候总装领导又找到我问："陈祖贵，飞船要发射了，你那 5 个问题解决了没有？"

我回答："4 个问题已经解决，还有最后一个技术问题没有解决，还需要领导帮助解决，否则，飞船恐怕回不来！"

王永志总师问："什么问题？"

我回答道："测控系统的短波天线挡住了 GNC 系统的太阳敏感器的视场，敏感器是飞船的眼睛，眼睛里不能容纳一颗沙子，一根棒子挡住了眼睛，看不见方向，如何控制？不拿掉它飞船飞行试验不能保证成功。"

王总问："这根天线是干什么用的？"

我回答："是试验航天员通话用的。"

王永志总师在听完我的话后，笑着说："我以为是什么了不起的大事，今年航天员不是不上天吗，将这根天线去掉，在神舟二号找一个好的位置再做试验不就成了吗！"

最后王永志召集七个大系统的总师联席会议，会议决定将这最后一个拦路虎拿掉，至此 GNC 系统的所有技术问题全部解决。我在离开东风基地返回北京前对 921 工程的领导说："如果其他分系统不出问题，我们 GNC 系统保证将飞船安全地控制回来！"

当时有的同志还替我担心呢，说我说话干吗不留点余地。

我们 GNC 人说话是算话的，神舟一号飞船不仅安全地控制回来了，而且飞船落点精度为 11.2 公里，过载 3.2 个 g，远远优于飞船总体的技术指标要求，达到了当今世界的先进水平，为祖国赢得了荣誉，为我们五院赢得了荣誉。

在满载试验队员的专列到达南苑火车站时，我去迎接试验队的战友时遇到了五院办公室的一个试验队员，他握住我的手说"陈总，你们 GNC 真神，你说飞船能够回来，飞船就真的回来了！"原来在我离开东风基地前，每天晚上吃完晚饭，我常和院办以及 512 摄像的同志们一起去遛弯，他们对飞船能否安全返回十分关心，所以常问我："陈总，飞船能安全回来吗？"我告诉他们："一定能够回来！"

三、一切为了成功，一切为了航天员的安全

载人飞船区别于卫星的最主要的特点，就是上面载有航天员，"人命关天"，因此我们总是把系统的安全性和可靠性设计放在设计工作的首位，严格按照袁院长和戚总提出的"一切为了成功，一切为了航天员的安全"来规范我们的研制工作。"保证航天员的生命安全并且从太空舒舒服服地回来"始终是我们全体 GNC 研制人员的工作目标和座右铭；让航天员从浩瀚太空舒舒服服地回来，那是我们 GNC 人对自己提出的高标准高要求！

为了载人航天，为了航天员的安全，我们 GNC 人不分分内分外，不为名、不为利，在自己任务已经非常重的情况下，还主动请缨，接下并完成了航天员救生系统提出的有关航天员救生的 8 种救生控制模式的研制工作，并出色地完成任务。救生控制任务要求之高难度之大不仅国内没有，在国际上也是独一无二。为保证航天员在上升段救生的安全，我们设计了 8 种救生模式所需的救生制导、导航和控制系统，其中救生模式 5 的在飞船高速旋转的条件下要防止飞船和运载工具在分离后相互碰撞及模式 6 的要将飞船控制到预先划定的救生区难度最大。救生模式 5 是要求当飞船和运载工具分离后，要迅速逃离运载爆炸的危险区，同时还要防止由于运载工具发动系统的关机后效引起飞船和运载工具相碰撞，要求 GNC 系统利用制动火箭使飞船加速逃离，但是此时飞船可能处于高速翻转状态，飞船加速方向有严格控制，这时飞船加速的方向必须在对逃离危险区有利的方向，否则后果不堪设想。控制的难度大大超过了国外仅有一种的救生方案，救生控制任务要求之高难度之大不仅国内没有先例，在国际上也是独一无二。我们 GNC 人凭着对祖国的忠诚，对航天员生命安全的高度责任感，又在飞船救生控制技术上创造了一个世界之最，攀登了又一个航天科技高峰。

为了保证航天员的安全，我们 GNC 系统满足了"一个故障正常工作，两个故障安全返回"的设计准则。

假如，飞船返回推进舱的地球敏感器失效，我们将轨道舱的红外地球敏

感器的信息引到返回舱，保证了航天员的安全。

如果飞船返回地球时制动发动机失效，会危及航天员生命安全。我们又主动研制成功了对制动发动机实时进行故障诊断并自动切换的新技术，当主份发动机发生故障时自动从主份切换到备份，保证航天员安全。

如果主份和备份的制动发动机同时失效，又怎么办？我们又研制成功了用8个姿态发动机联合制动的新技术，保证航天员安全返回。

如果飞船在太空瞬发故障失去姿态基准，采用我们发明的"全姿态捕获"技术，建立飞船正常运行姿态，保证航天员安全返回。

如果自动控制系统全部失效又怎么办？我们创造性地研制了具有中国特色的航天员手动运动控制系统，航天员可以通过手动控制系统控制飞船安全返回地面。

为了航天员的安全我们努力拼搏，为了航天员的安全我们废寝忘食，真正做到了凡是有利于飞行试验成功的事，我们都努力去做，凡是对航天安全有利的事我们GNC人都努力去干，而且干就绝对干好。GNC系统是飞船中最复杂的一个系统，可是在飞船发射前检查单点故障时，GNC系统又创造了一个奇迹，没有一个单点故障，我们502所GNC人就是用这样的精神，在"飞天圆梦"的伟大事业中，以百分之百的安全、百分之百的可靠、百分之百的圆满成功，5次飞行试验飞船落点精度都达到世界先进水平的优异成绩，向祖国向人民交了十分完美的答卷。保证了太空英雄杨利伟的绝对安全。

四、独立自主、自力更生的凯歌，老中青三结合的丰硕成果

飞船研制的三大目标：飞天圆梦，带动我国高新技术的发展和培养造就一支年轻的航天高科技队伍。

我们GNC系统正是按照这一要求来工作的，在完成飞天圆梦的伟大业绩中，我们造就了一支技术高超、能打硬仗的年轻的高科技队伍，谱写了一曲老中青三结合，完成飞天圆梦重任的凯歌！

在组建GNC队伍时，我们设计的是建立一支以老带新的队伍。设想的是通过研制工作和老同志的传帮带，培养和锻炼一批青年科技人员成才。

在建立GNC队伍时，我们把一批有多年研制卫星工作经验的老同志吸收到队伍中来，让他们担任主任、副主任，主管、副主管设计师等职务，作为技术骨干。同时吸收了一大批刚从学校毕业的大学生、研究生加入研制队伍。

为了培养年轻人，刘良栋、王南华、孙承启、王德钊、范如鹰等老专家

言传身教，毫无保留地把自己的经验传授给年轻同志。年轻人虚心好学，向老同志学习。在这个队伍中，到处可以看到老同志和年轻人热烈讨论技术问题的场面。就是在发射基地，老同志还在利用业余时间给年轻人讲课，传授知识，年轻人则边听、边记，在课下还不时地提问、请教。

上世纪 90 年代，"搞导弹的收入不如卖茶叶蛋的"情况还普遍存在，科技人员收入普遍偏低。GNC 队伍中也有一些人，耐不得贫困离开了队伍，但是更多的人为了自己所崇敬和热爱的航天事业坚定地留了下来。

GNC 系统为我国载人航天作出了突出贡献，GNC 队伍以两弹一星精神和载人航天精神为支柱，在艰苦的磨砺中百炼成钢。

我们高兴地看到，当年参加 GNC 工作时的年轻人，如今已成才，很多同志成长为技术骨干，部分同志成长为技术专家，学术、学科带头人。

通过神舟号飞船 GNC 系统的研制，我们真可谓是在出成果的同时，培养出一批优秀的载人航天控制技术人才。

在"飞船返回控制技术"和"具有 8 个模式的救生控制技术"的攻关战斗中，我们的年轻人有突出的贡献，我们创造了具有我国自主知识产权的"飞船返回升阻比估计自适应返回控制"这一具有世界先进水平的新技术，为伟大祖国献上了一份厚礼！

下面再举一个发扬独立自主自力更生精神方面的例子。

我们的 GNC 系统，是由我们国家自己培养起来的科技人员，完全依靠自己的力量研制成功的。在 1998 年，上级决定将飞船的部分重要系统的方案设计和部分关键技术请外国专家评审，我们国家从来没有研制过飞船，没有经验，请外国专家评审好放心。由于 GNC 系统的重要性，当然在被评审之列。

送到了国外评审的项目涉及飞船工程的 7 大系统，一共 40 多个项目。在谈判时，其他项目对方要价都不高，一般都不超过 20 万美元，在谈到 GNC 系统时对方报价为 160 万美元。实在的说，国际上 160 万美元并不算太贵，可是外国人那傲慢无礼的态度实在令人难以容忍。他们说，160 万美元得到的是俄文两个字中的一个，一个是"ДА"另一个是"НЕТ"。

"ДА"是"YES"，表示是行，"НЕТ"是"NO"，即是不行。如果说"ДА"，你可以发射，没有问题，如果是"НЕТ"，就不能发射。如果要问"ПОЧМУ"，即问为什么行，或问为什么不行，那钱就要大大增加。因为这是他们的"KNOWHOW"，这是他们的专利，这是知识，知识就是值钱！面对这样的谈判对象，你们说我们是该和他们合作还是不该和他们合作？作为一个中国人，为了维护祖国的尊严，我们来不及请示汇报，义无反顾地选择了对洋人说"NO"。（掌声）

我在对方报价之后，看着对方，盯着他很久很久，不说一句话。对方催促我还价，说："陈教授，我们报了价，该你还价啦。"这个价我真没法还。我后来想了一个"招"，把我和他们之间的谈判搅黄。我说："请将小数点左移一位，再除以2，这就是我们能出的价格！"对方听了愣了。真不相信这个中国人会这样还价。他们说："陈教授你用这样的方式还价，看来你对谈判一点诚意都没有。"我心想："你只有这一句话算是说对了！我就是没有诚意，要是我陈祖贵在这种情况下还有诚意，那我算什么样的人啦！"

由于 GNC 系统这一项谈崩了，对方达成协议的项目全部告吹。GNC 系统是他们非要不可的项目。

我们 GNC 人用这样的勇气和魄力维护了祖国的尊严。

实际飞行的结果证明我们的 GNC 系统不仅完全满足载人航天的要求，性能不仅比俄罗斯早期的飞船"东方号"、"上升号"高，而且比他们的"联盟 TM"飞船还高，所以张庆伟总经理向江主席汇报，我们打靶打了十环。（掌声）

五、我们兑现了向航天员许下的诺言

在"神舟五号"发射前，航天员系统的总指挥宿双宁同志问我："陈总：你们 GNC 系统这次没有任何问题吧？"我知道他问题的含义，是在问我能否将航天员安全可靠地控制回来，我立刻毫不犹豫地回答说："请宿总放心，我们GNC 系统没有任何问题，我们保证将航天员安全、舒适地控制回来！"

在 2002 年，航天员系统的领导为了增强我对航天员安全问题的责任感，邀请我去参观航天员做在返回过程中航天员所承受的减速过载的离心机试验。当我看到离心转速增加到过载超过 4 个 g 时，受试航天员的脸开始变色，露出有些难受的表情，我看了心情十分复杂，难以平静。一方面为我们航天员献身祖国航天事业的精神十分敬佩，另一方面又增强了我对航天员安全问题的高度责任感，我那时想如果我自己的孩子是航天员，甚至于我自己是航天员，我们该如何办？当航天员兼教练吴杰同志走下离心机时，我握着吴杰的手对吴杰和在场的航天员们说："我们时刻把你们的安全放在心上，凡是对你们安全有利的事，我们都努力去做，我们的 GNC 系统仅自动控制部分就能够在发生一个故障时，圆满完成飞行任务，在发生两个故障时能保证你们安全返回。

在此基础上我们又设计了航天员手动控制系统，安全更有保障。我可以向你们保证：第一，GNC 系统把你们从太空安全地控制回来！第二，要让你们从太空舒舒服服地回来！请你们相信，我们 GNC 人说话是算数的！"我的话赢得了航天员们一阵热烈的掌声。

2003 年 10 月 16 号的早晨，当从北京航天城北京航天指挥测控大厅的巨大屏幕上看到我们的太空英雄杨利伟，自己迈着坚定的步伐走出返回舱时，整个测试大厅响起了雷鸣般的掌声和欢呼声，正当我情不自禁地欢呼时，航天员系统的总指挥、航天医学工程研究所的所长宿双宁同志跑过来紧紧握着我的手说："陈总，你们 GNC 系统对航天员的两个诺言现在完全兑现了，我现在代表航天员也向你许下两个诺言：第一，让你单独和杨利伟同志合影照相，第二个是要送你杨利伟亲笔签名的首日封！"我当时心情真是万分激动，紧紧握着宿总的手，除了互相祝贺之外什么话都说不出，因为我们通过自己的艰苦劳动换来了飞天圆梦的伟大胜利，为发展我们祖国的航天事业添了砖加了瓦，还有什么比这更幸福的呢！（掌声）

在以江泽民同志为核心的党的第三代领导的正确决策和领导下，在以胡锦涛总书记为首的党中央正确领导指挥下，我们夺得了圆我中华民族千年飞天梦想的伟大胜利，这只是我们征服太空长征的第一步，成功已经属于过去，艰巨的工作任务又摆在我们面前，为了振兴中华，我们将继续努力攀登世界宇航高峰。（掌声）

还有一点，刚才戚总提醒了我，我还有个诺言要兑现。在今年中秋晚会上袁家军院长，要我朗诵一首诗，我说，当时飞船尚未发射成功，没有成功，就没有激情，成功后再朗诵。成功后我写了几首诗，我选一首来献给大家。（掌声）

飞天圆梦

神舟五号飞酒泉
群英会战戈壁滩
飞船是我心中爱
神箭是我腾飞胆
踏着彩云追日月
驾驭神舟游九天
回首往事路漫漫

飞天梦想几千年
嫦娥登月是幻想
敦煌壁画有飞天
祖先遗愿传我辈
圆梦重担挑在肩
航天健儿英雄汉
载人航天高峰攀
人民期望要牢记
祖国重托记心间
用成功报效祖国
确保航天员安全
细上加细慎又慎
慎之又慎严上严
十年心血结硕果
决战决胜在今天
滚着地雷闯禁区
何惧火海与刀山
飞船咱们来驾驭
笑看英雄九天还
航天战线多壮士
风流人物千千万
指挥大军十三路（我们有十三个分系统）（掌声）
古战场上人马欢
飞天梦想何时圆
响亮回答在今天（掌声）
飞天圆梦在何处
伟大进军在酒泉

（长时间热烈鼓掌，在我走下讲台后仍然热烈鼓掌，我又从座位上站起来，向大家致谢）

谢谢大家！

ZHIMIAN
RENSHENG

第四辑
直面人生 〉〉〉

著名的爱国主义者

神舟一号发射时，我随着专列第一次进入酒泉卫星发射中心，在完成飞船的电性能试验后不久，接到通知要我回北京参加神舟一号飞行控制组的第一次工作会议，因为我是该组的副组长。"飞控组"第一次会议开完后，我又乘飞机第二次进入酒泉卫星发射中心。我在酒泉卫星发射中心的任务还没有完，GNC 系统的好几个技术问题还需要在发射中心解决。

其中一个问题就是 GNC 系统有一个重要的姿态敏感器存在视场干扰问题。为了解决飞船太阳帆板对这个姿态敏感器视场的干扰，我们设计了一种自动消除干扰的新型姿态敏感器。这种敏感器在我国还是第一次研制成功，而且第一次就应用在神舟一号试验飞船上，以前又没有做过飞行试验，因此存在一定的风险。为此 GNC 系统由两个博士用不同的方法进行复核，计算该仪器的理论安全裕度，查明在太阳帆板遮挡的条件下，仪器能否正常工作，同时用该仪器进行电性能测试，确定实际的安全裕度。我们在酒泉卫星发射中心测试红外地球敏感器这个关键部件的时候，中国空间技术研究院的徐院长来了，他是卫星控制专家，他在上海航天局工作时就是负责卫星姿态控制系统设计工作的。

徐院长来的时候，红外地球敏感器的主管设计师黄明宝研究员正带领两个青年同志在进行红外地球敏感器的单元测试。我向徐院长汇报这个红外地球敏感器的研制试验情况，告诉他这是我国刚研制成功的新型姿态敏感器，在神舟一号飞船是第一次使用。我还向徐院长汇报了这个敏感器的技术特点、技术难度以及正在解决的技术问题，并说这是向总装领导汇报的 GNC 系统在飞船出场发射前要解决的几个重大问题之一。

我对徐院长说："这种姿态敏感器俄罗斯有，法国有。我们没有引进，而是决定自力更生，自己研制。这个新研制出来的姿态敏感器还没有安排进行

飞行试验，就用到神舟一号飞船上来了。这样有一定的风险。前些时候我国发射一颗小卫星，我们也没有安排做飞行试验，这是我想得不周到，没有及时向上面领导提出建议安排进行飞行试验，是我的失误。"

这时徐院长笑着说道："你是主任设计师，你只能管 GNC 系统，这个问题该你管吗？你有什么失误？"

我说："由于这个部件太重要了，所以我一直不太放心，对它的关键技术指标和安全裕量，一直在测试在计算。如果事先能引进一个样机的话，可能早就放心大胆地用上了。"

当我汇报到这里时，徐院长插话说："你这个有名的爱国主义者，怎么也想引进外国产品来了？"

我不清楚徐院长的话是在表扬还是在批评自己，两眼直瞪瞪地看着徐院长，陷入对往事的沉思之中。

有人说我是一个爱国主义者，但是在当今社会有些时候这个爱国也是不好爱的呀！爱国主义者也是不好当的呀！

为了"爱国"我已经吃了一些苦头，还得罪了一些人哩，其中还有个别领导，因此徐院长谈及此事，使我真是有点哭笑不得。

钱是老百姓用土豆和花生米换来的

在 1983 年航天部 502 所，经过当时国防科委主任的特批，从国外引进一台大型试验设备，所里开会进行可行性论证，我参加了这个会议。会议由当时的所长×××研究员主持。当讨论到引进的必要性时，到会的人大多数没有提出不同意见，因为引进一台这样的大型设备，502 所在改革开放以来还是第一次，不仅引进了这台设备，可能还可以学习到一些新技术。又不要所里出钱，白得一台设备，何乐而不为?!

会上只有两个人发言不同意引进，这两个都是四川人，其中一个就是我。我的发言显然是不合时宜，是不受领导欢迎的。

我说:"我不同意引进这台设备，理由有下面几点:第一是我们所的工作不需要这样的设备，这台设备的指标很高，但是这些指标对于卫星控制系统基本上用处不大，花这么多钱去引进，不值得;第二是我们所能够研制出满足我们卫星控制系统测试所需的同样功能的试验设备，而且已经在我们发射成功的卫星控制系统的研制中发挥重要作用，如果去引进必将冲击我们自己的研制工作;第三是要引进的这种设备是用液压来驱动，管理维护非常复杂，我们所没有这方面的经验。因此我认为没有必要引进这台设备。"

当时的领导不同意我的意见。×××所长说，这次引进是国防科委主任特批的，钱由国防科委出，我们所不花一分钱。这样的好事我们为什么不干，何乐而不为。

我这时不知哪根筋短路了，竟然控制不住自己，和所长顶起来了。我说:"引进的钱光美元就要上千万，这钱是由科委主任出，可是这钱不是他个人的呀! 如果是科委主任他自己出钱我们管不着，可是这钱是老百姓用土豆和花生米换来的呀! 能不花的就坚决不能花!"

第二天再开会时，对于我们两个不同意引进的人，都不让参加会议了。

引进工作开始了，首先是出国访问，谈合同，监造。一批又一批的人出国这在 502 所的历史上是第一次。隔了三年这个庞大的设备终于验收了。这个产品在研制某一个型号卫星中起过作用，飞船也用它做过一次试验，可是不久这台设备就坏了。由于液压系统漏油，该设备就没法使用，结果成了一堆废铁。请了承包商修理，要的钱不少，但是他不保证修了能用；花钱请人修，又不保证修好，这样谁敢决定修！现在这个设备一直躺在那里已经 10 多年了，用又不能用，扔又不能扔，因为是花几千万人民币买来的呀！同时还要赔上一间试验室。现在谁来总结这次引进的经验教训呢！

听说最近总算为这台设备找到了去处，北京航空航天大学花了 2 万元人民币买去，作为教学用具。总算找到了一个出路。

花了几千万，换来的是只为一个卫星做了次试验，最后竟然卖给大学作教学用具。这里要说明的是 502 所自己研制的设备也同样能完成这样的试验，我们研制发射成功的返回式卫星的控制系统就是用 502 所自己研制的试验设备完成系统试验任务的，而且卫星在天上的飞行任务完成得很好。这次引进的另外一个惨痛的代价是我们所通过多年的研究工作建立起来的卫星运动模拟器研究室，由于此次引进的冲击，摊子散了。引进对个人的好处是十分明显的，自己研制还要承担一定的风险，谁还想用自己研制的设备呢？能引进的都引进。那个研究室没有了任务，自然不能维持下去，消亡是必然的命运。原先还想通过引进学习先进技术的打算也落空了。出国培训的技术人员出国的出国，转行的转行。这次引进又起到了什么作用呢？

神舟一号飞控组副组长

我是神舟一号飞船和神舟六号飞船飞行控制组的副组长，说起我这个"飞控组"的副组长，有人还不服气，认为是我抢来当的。

为什么他们要说我这个飞控组的副组长是我抢来当的呢？原来在神舟一号飞船发射前夕，为了组织飞船在轨道运行期间对飞船的管理和控制工作，总装备部根据航天器执行飞行控制任务的惯例，要成立神舟一号飞船飞行控制组，简称"飞控组"。这个飞控组非常重要，在飞船发射入轨以后，它负责对飞船的监视和控制，并负责把飞船安全准确地控制回来。总装备部飞船工程办公室要飞船工程的有关大系统上报飞控组的组成人员名单。总装备部给了飞船系统飞控组一共两个副组长的名额，飞船系统的总师和总指挥把这两个副组长的名额全分给了飞船总体××分系统，一个给了飞船××主任设计师，一个给了飞船××系统副主任设计师。我连飞控组的成员都不是，哪里能够去抢着当"飞控组"副组长呢！

按照以往卫星飞行试验的惯例，飞控组的副组长应该由飞船××和GNC系统各出一个。这次他们这样做显然是违反惯例，更何况神舟一号飞船的主要任务是试验飞船的返回控制技术，该项目也是我虎口拔牙从总体争回来的。神舟一号飞船从发射入轨到返回整个飞行过程中都在GNC系统的控制之下，他们做飞行试验，不让熟悉GNC系统的技术人员参与试验的领导工作，而让当时对GNC系统基本不熟悉的人来负责，显然不合情理。鉴于GNC分系统在飞船中的地位，GNC系统并没有向×××总设计师提出不同意见，这叫组织上服从。所以我既没有去争取也没有去抢。

那我又是怎么样当上这个副组长的呢？

随着发射日期的临近，总装921工程办公室需要飞船系统上交执行飞行控制任务的有关文件。当时的总师和总体不像现在这样可以自称是解决了控制

系统关键技术问题的专家，他们那时对飞船 GNC 系统这个重要关键系统的技术还知道得不多，为了执行飞船的飞行控制任务，北京航天指挥控制中心要求飞船系统提供那么多的重要的技术文件，他们如何能交得出来呀？他们自己也知道在飞行控制组的组成上，自己的做法违反常规，也不好意思让我帮他们准备。这样他们就迟迟交不出执行飞船的飞行控制任务所需要的技术文件。我当时也是这样想的，既然你们有能耐把飞控组的技术负责岗位全包了，我们就听你们的吆喝算啦！你们有本领就让你们干！

这样，神舟一号飞船飞行控制任务的准备工作必然会受到影响，飞船飞行控制所需的文件迟迟不能到齐，飞船工程办公室的领导同志能不着急吗！921 工程总体室中有几个技术领导、专家是和我长期并肩战斗过的卫星飞行控制的专家，他们是真正的内行。他们知道 GNC 系统在飞船飞行试验中的关键作用，没有 GNC 系统的参加，靠几个对 GNC 系统不熟悉的人来领导飞船的飞行控制组，工作非受到影响不可。他们根据卫星执行飞行控制的经验，认为执行神舟一号试验飞船的飞行控制任务组的副组长 GNC 系统非要有一个人不可，这样对完成飞船飞行控制任务有利。以往卫星在执行飞行控制任务时，副组长位置必定给控制系统一个，在执行返回式卫星的飞行控制任务时，我就当过几届飞控组的副组长。卫星和飞船上天后的控制基本上都是控制系统的任务，控制系统是唱主角的，这是一个航天界人所共知的基本常识，主角不登场还唱什么戏呀！他们知道控制系统在飞船飞行控制中的重要性，因此向工程领导建议飞船飞控组的主要成员中必须要有 GNC 系统的人。

在神舟一号试验飞船做飞行试验时，飞船工程领导对飞行试验提出要求是：飞船上要上得去，回要回得来。上得去是运载工具的任务，而回得来主要靠 GNC 系统和回收系统，当然飞船要有发动机和能源。神舟一号又叫做返回技术试验飞船，在飞行控制组中 GNC 系统只有一个人（注：以往执行卫星的飞行控制任务，飞控组中控制系统至少有三人），总装也感到奇怪。所以在一次讨论神舟一号飞行控制组的工作的会议上，总装的一位领导提出来两点意见：第一是陈祖贵必须进飞行控制组，第二是陈祖贵担任飞行控制组的组长。

飞船总设计师听到这个意见，怕我答应了，忙对我说："贵，飞行控制组的组长你可不能当，按惯例都是由航天指挥控制中心的领导担任。"

我对总师笑着说："这个我清楚，飞行控制组的组长我不能当，我现在连飞行控制组的组员都不是哩!"

后来五院领导研究了总装备部飞船工程办公室领导的建议,同意由我取代××分系统的一个副主任设计师,当了飞行控制组副组长。这就是我进入神舟一号飞船飞控组的来龙去脉,到底是怎么定下来的,我根本不知道,所以这个飞行控制组副组长绝对不是我去抢来的,也不是我去争来的,是飞天圆梦的需要,是任务的需要。

从神舟一号到神舟五号执行飞船的飞行控制任务过程来看,总装领导让控制系统的工程技术人员进入飞控组的决定是非常正确的。

我后来还多次申明:我们北京控制工程研究所出任这个载人飞船飞行控制组副组长是总装领导的正确决定,我们没有去争,更没有去抢。这是每个懂得航天技术基本知识而不带偏见的领导都能做出的正确决定。

勇夺攻关任务

　　故事发生在 1994 年，那时，神舟载人飞船的研制工作进入关键技术的攻关立项阶段。整个中国载人航天工程共有三大攻关项目，其中包括：高可靠的载人飞船运载工具、飞船返回防热技术和飞船返回控制技术。我负责神舟载人飞船的制导、导航与控制系统的研制工作，显然返回控制技术的攻关任务应该由制导、导航与控制系统的工程技术人员来承担，但是出人意料的是，这个任务被飞船的领导分给了飞船××分系统。我们心里很明白，这是由于山头主义在作怪，因为飞船系统的总师总指挥副总师副总指挥绝大多数都是××部的人，他们做出这样的决定就一点也不足为奇了。

　　神舟号载人飞船与卫星的重大区别是在飞船上载有航天员。航天员在遨游太空之后，必须安全地返回地球，必须让航天员安全地回到我国预定回收区，而且在飞船进入大气层后航天员受的减速加速度（过载）也必须控制在安全的范围内，因此对返回进入大气层的飞船必须进行控制，这个控制直接关系到飞船飞行试验的成功和航天员的生命安全。

　　返回控制需要对飞船的飞行轨迹进行控制，需要对飞船进行导航，同时需要控制飞船的姿态。显然这个攻关项目应该由制导、导航与控制系统负责承担。由于飞船总设计师曾经在院××部工作过，而××部的技术人员对飞船返回技术攻关又十分感兴趣，所以就联合了高等院校来争取承担这个攻关项目，并以此和应当承担这个任务的 502 所竞争。

　　GNC 系统按分工是应该参加这个任务的，如果攻关组里没有 GNC 系统的人，在总公司显然是行不通的，总公司的老专家们是懂技术的，哪个任务该谁负责，哪些人是这方面的内行，哪些人是外行，老专家们是清楚的。如果这个任务想得到总公司领导的批准，在攻关组的成员中非有控制系统技术人员不可。所以总师和总指挥决定让我参加该项目的攻关工作，还让我当攻关组的副组长。他们想，这该够给你面子了，你应该和我们一起攻关了吧。但是我并不买这个账，因为这个任务是属于 GNC 系统的，也是属于 GNC 系统的研制单位 502 所的，怎么能够用一个攻关组的副组长就把任务收买过去了。飞船系统的副总指挥打电话要我在攻关立项报告上签字，我置之不理。

中国空间技术研究院的院级评审在即，飞船副总指挥打电话给我说："贵呀，我知道你们对返回控制任务的分工有意见，请你先在立项报告上签上名，院里评审通过后，我们再回来讨论分工的问题。"

我说："副总指挥，如果我签了名，院里评审已经通过了，成了既成事实，哪里还有什么分工问题再讨论呀！"

我仍然拒绝签字。

飞船的两师系统领导看软硬兼施都不行，评审时间不等人，只有让人代签，院级评审通过再说。

院级评审会在怀柔 511 站招待所举行，我带着 GNC 系统编写的《载人飞船返回控制技术攻关》立项申请报告和 GNC 系统的副主任设计师王南华研究员一起参加了五院召开的评审会。

那天飞船总体分系统的副主任设计师，原定的攻关组组长有事没有到会，攻关报告由××部的一个室主任去做。由于这个主任不是飞船控制方面的专家，在评审答辩时回答问题不准确，因此评审委员会的委员们非常不满意。五院评审委员会的委员都是有名的航天专家，当中有两弹元勋、中国科学院的院士杨嘉墀、王希季，国家 863 航天组首席专家、工程院院士屠善澄和中国科学院院士、中国工程院院士闵桂荣以及一些卫星型号的总设计师。

在这个时候屠善澄院士把我叫了起来，对我说："陈祖贵，你是这方面的专家，为什么要同意这份攻关报告中提出的关键技术，那些技术是关键技术吗？"

因为我曾经在屠善澄院士领导下研究过"曙光一号"载人飞船的返回控制技术，所以他认为我不应该同意攻关报告的内容，因为那份报告没有抓住问题的要点，好像是一个外行人写的。

我一看机会来了，连忙站起来说："屠先生，我没有同意那份攻关报告。"

屠善澄院士说："你没有同意？为什么报告上有你的大名呀？"屠先生把他手中的攻关报告递给我，我一看，可不，在报告编写者那一栏中，果然写得有"陈祖贵"三个字。

我连忙说："屠先生，这个名可不是我签的。我们 GNC 系统的攻关申请报告在这里。"

说完我就把自己手中的攻关申请报告递给了屠善澄院士。

我的话刚说完，会场上可就热闹了，评委们不再评审攻关申请报告，而是转为批评飞船系统的负责人。评委们说："你们搞些什么花样？拿到院里来的评审报告都做假，没有经过别人同意，就擅自代签别人的名字。"在评委们的猛烈批评声中，研究了我刚递交上去的攻关申请报告，评委们一致通过了我提出的攻关立项申请，做出了公正的裁决：飞船返回控制技术这个关键技术由 GNC 系统负责攻关，也就是由 502 所负责攻关。

飞船系统的技术负责人感到不服气，他说："我们××部和某某大学联合攻关已经有一年多了，这个攻关项目是否应该由××部承担一部分攻关任务？"

这时王希季院士说话了，他说："这个攻关课题，显然是应该由 GNC 系统负责，GNC 系统就是负责对飞船的制导、导航和控制的，飞船的返回控制既涉及导航又涉及控制和制导，因此应该由 GNC 系统负责。至于××部在这个课题上能做点什么工作，你们另外写报告，另外立题，我们再评审。"

就这样我在五院的评审会上，虎口拔牙，硬是把飞船返回控制技术这一关键任务夺了回来。

实践是检验真理的标准，神舟载人飞船七次飞行试验的圆满成功，七艘飞船的返回落点精度都达到了世界先进水平，证明当初我们勇夺飞船返回技术的攻关任务是正确的！中国空间技术研究院的老专家们主持正义，主持公道，让我们承担飞船返回技术攻关任务的决定是正确的。

人的故障是最大的故障

在神舟一号飞船发射任务中，飞船总体分系统的李副主任设计师负责故障飞行模式设计和故障对策的工作。他的技术水平高超、责任心强是飞船队伍所公认的，他对工作认真负责、一丝不苟的工作态度，给我留下了极为深刻的印象。他研究飞船的故障对策工作已经到了入迷的程度，所以我有时开玩笑喊他李故障，他也只是笑笑，毫不生气。他通过调查研究制订了上百种故障对策，确保飞船安全。有的故障我认为不可能出现，看到他还在那里想办法对付，我就跟他抬杠，要他列出发生该故障的原因，有时他回答不出来时，就说："俄罗斯联盟 TM 飞船发生过这种故障。"他通今博古，知识渊博，他说了以后我就不再说什么。技术上有不同的看法是正常的，他的工作对提高飞船安全性和可靠性有好处，就让他去做吧。

在飞船临发射前一天的深夜 12 点钟左右，飞控组突然通知开会，说：当从推进舱的推进器切换到返回舱的推进器时，如果遥控指令和程控指令时序颠倒，切换工作不正常，是否会造成灾难性的后果？又要把飞控组的成员叫起来进行故障对策讨论。

在讨论时我说："像这类时间上的先后顺序有严格要求的指令在设计时应有防范措施，前一指令没有执行就不能执行后一指令，如果没有设计对策，就要求遥控指令必须严格按照时间先后顺序执行，或者操作人员判断，前一指令是否已经执行，如果已经执行，你再发第二个指令，如果没有执行，则等它执行后再发，这在技术上叫做'判发'。这样的问题不是什么故障对策的问题，而是严格按照操作规程办事的问题，叫你不能这样办，你非来问如果我们没有按技术使用说明书操作规程办出了问题如何办，很简单，由于设计时你没有设计保护措施，那就不准违反操作规程。让已经熟睡的试验队员们起来讨论这样的不是问题的问题，会影响试验队员们的休息。明天早上飞船

就要发射了，现在应该让试验队员好好休息，明天精力充沛地去完成飞船的飞行控制任务，这比什么都要紧，请不要再搞这样的故障对策了。请告诉有关领导，人的故障在某种意义上才是最大的故障！太疲劳了在执行任务时会出事的，该让大家好好休息了。"

我说完后，退出会场走了。

在执行神舟五号飞船的飞行控制任务时，北京航天指挥控制中心的席政主任，在讨论故障对策时把我说的话抬了出来，他说："在发射神舟一号飞船时，陈总说人的故障才是最大的故障，我们要有序地安排工作，不要打疲劳仗。"

有同志打电话告诉我说："席主任把你的话当成了语录来用啦！"

我听了笑啦，说："那是我信口开河说的，什么语录不语录的啊！"

赞女"质量官"

2002年4月5日上午8点30分，在五院中礼堂召开五院党委扩大会议，我应邀出席了会议，会议的中心议题是学习贯彻江主席在发射神舟三号期间接见讲话的精神，按照江主席的指示，做好神舟四号飞船和神舟五号飞船的工作，夺取飞天圆梦的伟大胜利。参加会议的包括五院党委委员，五院各厂、所、站的领导以及总公司张庆伟总经理等。会议由五院党委书记王永汉主持。

首先由徐福祥院长传达江主席接见时讲话的精神。袁家军总指挥接着发言，介绍接见情况，并谈学习讲话精神的体会。接着要我发言。戚发轫总设计师把放在他面前的话筒给我拿过来，要我先讲。我怎么能在戚发轫总设计师的前面先发言呢？我请戚总先讲，戚总要我讲，我将话筒送到戚总桌子上，对戚总说："戚总，今天你不先讲，我一句话也不说。"

话已到此，戚院长才开始讲。

有人说我这样做是不是有点过分，我认为这一点也不过分，因为戚院长是飞船的总设计师，又是我们的老院长，我怎么能在他的前面发言呢？！有时我是有点不懂规矩，但是有时还有点特别注重规矩哩。

在戚院长讲过之后，作为那次会议唯一的普通技术人员我发了言。我首先谈到自己作为一个普通的基层技术人员，江主席会请自己共进午餐，这绝不是我一个人的光荣，而是党和国家对我所在的502所多年来为我国航天事业作出贡献的高度肯定，是对GNC系统这个集体在"神舟号"飞船的研制工作中取得成就的高度肯定。这次和江主席共进午餐的分系统级别的技术干部只有502所和12所，这两个都是与航天控制有关的研究所，这说明工程领导对飞船和运载控制系统的高度重视。

在会上我念了一首题为"赞女'质量官'"的诗。这位女同志负责神舟一号和神舟三号飞船的质量管理工作，两艘飞船都圆满地完成了飞行任务，她

的工作受到领导和同志们的好评。就在神舟三号飞船即将发射的关键时刻，她被紧急调回北京，参加上岗竞聘。竞聘的结果是宣布她落聘下岗。这位管理质量的女同志工作认真负责，应该表扬，不应下岗。即使要她下岗，也不应该在神舟三号飞船即将发射的前几天叫她下岗。为此我在东风基地曾经向院长反映过，院长说他回去后找质量部的部长及主管质量的副院长商量，要这个质量官坚守岗位，完成好神舟三号飞船的发射任务。这个女同志在这样的压力下，坚守岗位，出色地完成了神舟三号的飞行试验任务。回到北京后被调离了"神舟号"飞船的质量管理岗位。

听说由于尚志总指挥的坚持，这位女同志作为质量经理留在921项目办。为了这件事我写了一首诗，现将前言连同诗照抄如下：

赞女"质量官"

在"神三"飞船试验队中，有一位负责质量管理的女"质量官"，她对系统试验中出现的任何疑点，毫不放过。她为神舟一号和三号飞船的圆满发射成功作出了自己的贡献。就在神舟三号飞船即将发射的前夕，她得知将被调离飞船质量管理岗位。在飞船总指挥袁家军副院长的鼓励下，她坚持站好最后一班岗，出色地完成了神舟三号飞船飞行试验的质量管理任务。深为其精神所感动，特写小诗一首以赞之。

火中凤凰舞东风

驾着祥云游太空

千磨万劫韧且坚

顶风傲雪腊梅红

神一质管显风采

神三质控立新功

巾帼不把须眉让

女豪勇挑千斤重

面临离岗笑以对

为国建功女英雄

百姓心中自有秤

公道自在民心中

　　这位女"质量官"负责神舟一号和神舟三号的质量工作，这两艘飞船先后发射均获得圆满成功，神舟四号和神舟五号两艘飞船发射时，她的工作由别人取代，通过神舟四号和神舟五号的实践的比较，新任神舟飞船的总师和总指挥还是认为这个下岗的女"质量官"更合适一些，选择了这个女"质量官"作为神舟六号的质量管理人员，在神舟六号飞行试验中作出了新的贡献。实践是检验真理的唯一标准，在这位女同志达到退休年龄之后，飞船项目办公室还要她继续工作哩！

只因我是中国人

1988 年 6 月，在我回国前夕，到奥地利去短期旅游。结伴通行的是前面提到的那位航空部的女专家。我们来到奥地利著名的旅游胜地梅尔克的夏宫参观，这个地方就像中国的承德，是奥地利国王避暑的地方。著名的多瑙河就从这里流过。夏宫的建筑是典型的欧洲皇家园林，不仅依山傍水，风景如画，而且室内更是金碧辉煌，美不胜收。

正当我准备买票的时候，忽然从背后传来打招呼的声音："先生您好！请问您来自哪里？是中国人吗？"

我回头一看，是一位高鼻梁白皮肤的先生，旁边站着一位漂亮的女士。经过交谈得知这位先生叫乌尔夫，德国人，是德国阿克发照相器材公司的一个经理。他的太太是新加坡人。乌尔夫先生很风趣，他说："你就叫我狼先生好啦，因为英文的乌尔夫就是狼的意思。"接着我们一起去参观夏宫，又去参观附近的教堂。我们边走边聊，谈到了中国的文化大革命，谈到了改革开放。在参观教堂时正遇上外国人举行婚礼，我们用相机照了相。临分手时天下起了雨，乌尔夫先生叫他太太用雨伞把我们送上旅游车，并要他太太记住我坐的车的牌号，然后自己冒雨向外跑步而去。

我上旅游车后不久就进入了梦乡。没有料到的事发生了，不知过了多久突然有人叫我：陈先生！陈先生！把我从梦中惊醒。同车的外国朋友告诉我车外有人在跟我打招呼。我抬头向车窗外望去，果不其然，是乌尔夫一边开着车，一边挥着手，口中大声地喊着：哈啰！哈啰！我也向他们挥手致意。

我感到纳闷，乌尔夫先生追来干什么呀？车上的人告诉我："旅游车开出梅尔克后不久，就见到有一辆车冒着大雨追来，它一会儿快，一会儿慢，围着我们的车转，死死地咬着旅游车，搞得车上的其他旅客都很诧异，不知发生了什么事。车上的人看了，都不是他要找的人，只有你在熟睡，所以叫醒了你，原来是奔着你们来的呀！"

乌尔夫的车冒着大雨往前开，而我们旅游车到了一个岔路口，转弯驶向另外一个旅游景点莫德湖。我心想完了，乌尔夫他们找不着我们了，这一下不可能再见到他们啦！当我们在莫德湖边的咖啡馆喝完咖啡出来争相上车时，突然又听到一声"哈啰"。真神啦！乌尔夫先生和夫人不知从哪儿又冒了出来，他们打着雨伞高兴地和我们打招呼，简直就是欣喜若狂的样子，说："哈啰！我们终于找到你们啦！"说罢，乌尔夫的太太把旅游画册送给了我，并留下相互的电话和通讯地址，并邀请我们到他家做客。正要分手时乌尔夫先生突然说一声等等，向着他的车跑去，然后从汽车里抱出一堆用报纸包着的东西，大步流星地走了过来递给了我。我一看，妈呀！哪里来的这么大的红樱桃，它的个头比李子还大。

乌尔夫说："别客气，收下吧，这是我们的一点心意，我们刚从匈牙利旅游回来，这是著名的匈牙利红樱桃。我们离家已经 20 多天了，我们回家收拾一下，下个礼拜请你们到我家做客。"还能说什么呢，我眼睛里只转泪花。这可是雨中追车送真情啊！

乌尔夫先生绝对是一个言必行，行必果的人，到家的第二天他就打电话邀请我们那个礼拜六到他家做客。他们是如此的好客，作为来自礼仪之邦的中国人来说，也不能空着手去呀！由于在德国期间朋友交往很多，家中几次托人带来的礼物都送光了，送点什么礼物好呢？想来想去，我只好用心来表示了，于是我写下了与他们在梅尔克的邂逅之情：

其一

客行梅尔雨纷纷

萍水相逢备感亲

多瑙河水五千里

不及雨中追车情

其二

雨中追车情谊深

真诚友好铭记心

问君何得亲如许

只因我是中国人

我特地找了纸和粗笔把这两首诗写好，作为礼物送给了乌尔夫和他的夫人，并用英语逐句讲解诗的含义。这两口子收下后十分激动，说要找一个镜框把它挂起来，留作永久的纪念。

在一段时间里，有的人认为外国连月亮都比中国的圆，我在 1988 年赠送给外国朋友的诗中竟然写道：问君何得亲如许，只因我是中国人。

在 1988 年 7 月我回到祖国后，杨嘉墀院士知道我在国外的情况，叫我把在欧洲的经历写成一篇文章，建议题目取为"只因我是中国人"，拿到报上去发表。

我说，用不着，因为我在国外所做的一切是每个中国人都应该做的，也是都能做到的。

飞船回收场突然耸起一座高层建筑物

2005 年国庆节前一天，我突然接到飞船工程总设计师王永志院士从酒泉卫星发射中心打来的电话，他在电话里说："祖贵，有一件事要请你想想办法帮我出出主意。"

我问道："王总，什么事呀？"

王总说："最近我们发现在飞船回收场地区的西北角，突然起来了几座高楼，而且还有高压线，这对飞船回收的安全有影响。你能不能给我想个办法，使得飞船返回时，落点远离这个地区。飞船眼看就要发射了，飞船计算机的软件已经不允许改动了，就要由你们在飞行控制时想办法把飞船控制到远离这几座高楼的地方去，记住飞船上不能动任何东西。要飞船再往东南方向多飞 10 多公里。"

我说："王总这个问题比较简单，只要通过地面的数据注入或修改飞行程序就可以解决这个问题。具体的办法我通过飞船工程办公室给你汇报。"

王总说："我等你的消息。"

我告诉王总："你在酒泉卫星发射中心，可以去找胡军，我会叫胡军向你汇报。"

我把解决的办法通过工程办公室传给王总后，王总又给我来电话说："修改飞行程序不行，因为测控地面活动站移动已经来不及了，前方已经讨论了，用数据注入的方法解决问题。"

神舟六号飞船最后通过注入数据后，安全着陆，离预定的着陆点距离误差一点几公里，圆满完成了飞船的控制任务。

据说是王永志总设计师和胡世祥副总指挥在神舟六号飞船发射前不久发现飞船回收场有高层建筑物的。真悬！

在北京中心，总装备部的副部长胡世祥遇见我时，对我说："贵，王总在

酒泉发射中心表扬你啦。他说，他给你提出飞船返回区内有高层建筑物如何避开的问题时，你立刻就给他提出了解决方案。我就对王总说，陈祖贵是飞船的老油子啦，飞船的事有哪个是他不知道的?!"

我听了后对胡世祥副部长说："胡部长，你说我是老油子，这是表扬我，还是在批评我?"

飞天圆梦前险些"下岗"

在神舟四号发射回收成功之后，飞船已经具备了载人上天的条件，我为之奋斗已经 20 年，圆我中华千年飞天梦想的日子快要到来了。就在这个关键时刻，上面突然来了一个通知，所有 60 岁以上的主任设计师都要免职，去当主任设计师顾问，让年轻的技术人员上岗。

在知道这个消息后，飞船系统 13 个分系统的主任设计师除个别早已退居二线外，绝大多数都面临着退居二线的问题。在看到飞船在自己的拼搏下由无到有，已经经过四次飞行试验的考验，我们中华民族的千年飞天梦想即将在自己的手中变为现实的时候，接到这样的通知，我们这几个老专家的心里实在不是滋味，这时要从自己熟悉的岗位、心爱的岗位上退下来，真的有点舍不得，也有点想不通。为什么不能让我们再多干一年，等把我们中国自己的航天员送上天后再退下来不好吗？多等一年就等不及了？但是军令如山，红头文件一到就要执行。

在飞船 13 个分系统中年过 60 岁的老主任设计师在神舟五号飞行试验前没有下岗的，中国空间技术研究院只有两个，一个是回收分系统的主任设计师李惠康，一个就是 GNC 系统的主任设计师我本人。我们两个人是如何被保留下来的，我至今都不知道，可能是这两个分系统都关系到航天员的生命安全，还是以稳定为好，或者是当时承担这两个分系统研制任务的单位还不是直属于院机关的单位，这两个所还有点自主权，我的所领导还需要我为最后的飞天圆梦这件事站好最后一班岗吧！每当我回忆起这件事时，对北京控制工程研究所的领导都充满感谢之情。

不管怎么说我还是非常幸运的，能够以分系统主任设计师的身份圆了我中华民族的千年飞天梦。

这正是：

翩翩神舟
Flying Boat 我 领航
I Navigate
一位神舟飞船专家的故事

飞天圆梦我有缘

我送杨利伟飞天

在神舟五号飞船发射成功后，胡锦涛主席在酒泉卫星发射中心发表重要讲话。胡主席最后说：同志们，为祖国、为人民、为民族建立的卓越功勋，党和人民永远不会忘记！

我当时听了非常感动，为人民做了一点事，党和人民都不会忘记！

要把中央的精神落实到基层的行动那就各有各的理解了。就在胡锦涛主席的话说过不久，就传来了飞船工程系统60岁以上的技术人员一律退居二线，有的退休，有的当顾问。说实在的，新老交替是自然界的客观规律，老的科技人员从岗位上退下是迟早的事，没有什么奇怪。可是你选择的时机是否合适？那时候神舟五号飞船的飞行试验总结会还没有开，庆功会还没有开，评功授奖还没有进行，你等这些事办完了，再让这些老科学技术人员（没敢提老的科学家）们高高兴兴地退休不好吗?!

全部退居二线、全部退休的做法是否科学，我们不想辩论。把有些正处于事业向巅峰发展的科技人员一刀切的做法是否合适，对国家的科技发展是否有利？2004年，我国一个获得国家重奖的科学家年纪已经80多岁，如果他60岁就退休，他能为国家作出贡献吗？世界上许多有贡献的科学家都是在五六十岁时出成果的，他们有经验又有精力，还可以培养年轻科技人员，为什么不再使用他们？这样一刀切是好是坏只能让实践来检验了。

我被聘任为GNC系统的主任设计师顾问，任期一年。

我有一次在一个老院士的办公室里，不到半个钟头的时间，这位老院士接了五六个电话，都是通知开会的。他很有感慨地对我说："贵呀，你看我已经80多岁啦，现在还这样忙，会议还不断。你们年富力强，却没有事干了。"

我回答说："我们怎能和你们相比呢，你们可是国家的宝贵财富呀！"

当时还有另外一个老院士在座，他们还在为中国空间技术研究院的发展、技术人员的培养操心哩！这个老院士就是不久前离开了我们的我的师长，一直关心我成长的杨嘉墀院士。几天后我在航天城和杨先生一起开了最后一次会，会上留下了我和杨老师的最后一张合影。每当我看到这张合影时，我就会想起杨先生对我的教诲和期望，以及他对我国航天事业的高度责任心。我感到惭愧，我对离开一线的思想准备还是不足。不让你干，你自己就不能像

234

在"曙光一号"飞船下马时自己去找卫星数字计算机控制技术研究那样去找一点对我国航天事业有益的科研项目来研究吗？

我写这些，可能也是提供别人批判的内容，但是为了使国家自己培养的、在国内成长起来的科技人员，特别是在上世纪60年代初期成长起来的这一代科技人员，能够充分发挥他们的作用，为发展我国航天事业作贡献，再受一次批判也在所不惜。他们是我国科学技术发展的中坚力量，充分发挥他们的作用对我国科学技术的发展对我国航天事业的发展是非常重要的。

翩翩神舟我领航

在神舟五号飞船发射成功之后，神舟五号飞船的承制单位中国空间技术研究院，要组织一个报告会，由神舟五号飞船各个分系统的代表来汇报本系统在飞船研制、发射中的工作情况，报告本系统在飞船工程中的作用、技术进步点以及经验教训。还说，报告的录像要送到我院京外单位去放，去宣传神舟精神。

从神舟三号飞船起，我们分系统的总结报告等我都让青年技术人员去作，这样好提高青年技术人员的知名度，对他们的成长有利。这次所里要我去作报告，是因为在神舟五号飞船飞行试验成功后，没有人宣传把杨利伟从太空安全控制回来、飞船落点控制精度达到当今世界先进水平的飞船的控制系统。王永志总设计师不是说别人不宣传你们自己去宣传吗，这次在院里作报告，是一个宣传 GNC 系统的好机会。大家是同一个单位的都知根知底，在这里作报告既是挑战也是比赛，是牛是马拉出来比比，让全院同志来当裁判。鉴于我在清华大学、人民大学和北京工业大学的报告效果很好，所以要我这个老将出马。

我们报告的题目原来不是"翩翩神舟我领航"，是"我为神舟谱新篇"，后来送到院里审查时才改为这个名字的，是政工部门改的。我认为改得很好，画龙点睛。飞船就是我们驾驭的嘛！是我们 GNC 系统把飞船从太空控制回来的嘛！取个名字领领航，有何不可！

在报告会前还预演了一次，预演后又对报告进行了修改。每个报告限时15 分钟，我的报告放宽到 25 分钟。

报告会在中国空间技术研究院白石桥大礼堂举行，全院京区各单位代表参加报告会，整个礼堂座无虚席。作报告的同志坐在主席台上，在主席台上就座的有飞船系统总设计师戚发轫院士。

　　我的报告共分五个部分，第一部分标题是"我们研制成功了具有世界先进水平的载人飞船制导、导航和控制系统"，主要介绍我们的 GNC 系统具有世界先进水平，神舟五号飞船的返回落点精度比世界上最先进的俄罗斯联盟 TM 飞船要高得多。这点得到国内权威专家的肯定。第二部分的标题是"我们 GNC 系统为飞船领航"，主要讲在神舟五号飞船飞行过程中所完成的主要任务，说明 GNC 系统在飞船工程中的重要地位。第三部分的标题是"一切为了成功，一切为了航天员的安全"，以生动的事例说明，我们在 GNC 系统设计工作中，处处为航天员的安全着想，主动挑重担，用新技术提高 GNC 系统的安全性和可靠性。第四部分的标题是"独立自主，自力更生的凯歌，老中青三结合的丰硕成果"，说明我们完全依靠自己的力量研制成功了我国第一个载人飞船 GNC 系统。同时发扬老中青三结合的光荣传统，培养了一代航天新人。第五部分的标题是"我们兑现了向航天员许下的诺言"，说明 GNC 人说话算数，我们兑现了在神舟五号飞船发射前向航天员许下的庄严承诺，一定把他们安全地从太空控制回来，让他们从太空舒舒服服地回来。报告的最后是我在酒泉卫星发射中心写的一首诗，当我朗诵这首诗时，把报告会推向高潮。这时会场上长时间地响起了暴风雨般的掌声。

　　当我从发言席回到自己的座位以后，会场上的掌声仍然不断，这种场面好久没有见过了，到会的中国空间技术研究院的同志们的爱国主义热情爆发了，我只好从座位上站起来，向到会的同志们鞠躬敬礼，相当于歌唱会的谢幕，会场才安静下来。

　　据说这样热烈的报告会好久没有见到过了。

研制"实践二号"的日日夜夜

自力更生的典范

1976 年春,我从干校回到所里。所里有了很大变化,室主任杨嘉墀先生当了 502 所所长,副主任张国富接替他任室主任,副组长孙全性当了组长。

这时"曙光一号"飞船已经完全下马,连留守任务也没有了,又没有新的卫星型号上马,只能在"实践二号"卫星控制系统中安排工作。那时控制系统方案工作已基本结束,主要工作就是控制系统的硬件研制和系统的试验工作。

控制系统总体组有几个对电子线路非常熟悉的同志,由一个老同志负责。他的专长是可靠性和电路设计,对卫星控制系统不太熟悉,抓起工作来有点困难。由于我是搞控制系统方案工作的,对控制系统方案比较熟悉,对系统试验的工作比较熟悉,孙组长就想到让我来抓工作,并征求我的意见。他说:"当前控制系统的试验工作已经成为整个控制系统研制的短线,但负责这项工作的几个同志对电路熟悉,对控制系统不太熟悉。党小组认为,你对控制系统熟悉,也有能力抓好这项工作。你从干校回来正要安排工作,建议你把系统试验组的工作抓起来。"

我知道控制系统技术总体在整个卫星控制系统中的重要地位。

作为卫星控制系统技术总体负责人,不仅要熟悉卫星控制系统方案,还要熟悉卫星控制系统的部件和控制电路。可是我只具备前一个条件,对电路是门外汉。我从来不认输,喜欢迎接挑战,就接受了这个任务。不熟悉电路就去学,没有拿过电烙铁就去拿。

1976 年 3 月，我正式参加"实践二号"卫星任务。由于"实践二号"卫星是我国第一颗对太阳定向、带有四块太阳帆板的自旋稳定卫星，国内第一次研制，领导上要求我除负责控制系统技术总体组的工作外，还要承担一个属于系统方案设计方面的任务，就是分析带有挠性太阳阵的"实践二号"卫星的姿态稳定性。分析挠性卫星的姿态稳定性是一个非常新的工作，当时国内很少有人研究，难度比较大。

我一年没有接触技术工作了，接到新任务十分高兴，就一头扎了下去，跑图书馆查阅有关挠性卫星控制技术的资料，对资料学习、消化，并针对我们的卫星技术参数分析研究。这时的我真是做到了两耳不闻窗外事，一心专读"技术"书。

最后我用"李雅普洛夫直接法"完成了"实践二号"卫星挠性自旋卫星姿态稳定性的分析任务。

我到技术总体组后，首先就要弄清楚"实践二号"卫星控制系统的飞行程序和对系统试验的要求，即根据"实践二号"卫星控制系统的组成、要完成的飞行控制任务和飞行试验程序，确定对系统试验的要求，确定试验的关键项目与试验大纲，研制姿态控制系统的测试装置，设计"实践二号"卫星姿控姿测系统的系统测试程序。此外，还要负责设计系统测试设备，赶快熟悉控制电路的有关知识。

让我这个拿笔杆子的书生，到实验室抓工作困难很大，我得抓紧学习电路方面的知识。于是，我买了清华大学编的电路技术书籍，学以致用，边学边用。我在彻底熟悉"实践二号"卫星姿态控制系统方案的基础上，编写了系统试验大纲，设计了系统试验程序。经讨论后，设计了试验程序控制电路，还自己设计了印刷电路板。与组内的同志一起，研制成功一套全数字式卫星姿态控制系统测试装置。重点型号卫星的测试装置都是由控制系统技术总体提出任务书，由专门研制测试设备的部门研制，可是"实践二号"卫星不是国家下达的任务，而是七机部自筹资金研制的卫星，经费有限，一切都要靠自力更生。

研制卫星姿态控制系统的测试设备，谈何容易，需要掌握更多的电子线路知识。我边看书，边设计电路，边做试验。回想起来有些好笑，别的同志都是把整个线路设计、电装完成后再调试，我可不敢这样做，而是一个单元电路一个单元电路地调试。这样显然比较慢，但是笨鸟先飞，通过早、晚加

班来抢时间。这就是我由外行变内行所走过的路，总算在要求的时间内，完成了全数字卫星姿态控制系统测试设备的研制。

在"实践二号"卫星控制系统的研制中，我们发扬了"独立自主、自力更生、艰苦奋斗"的精神。"实践二号"卫星钱很少，基本的研制条件都得不到保证。

"实践二号"卫星因为不是重点型号，所以没有所领导分管，研制工作中遇到了不少困难，例如，在卫星的正样产品投产时，缺少一种半导体组件20块，我们到器材科去领，却不给。器材库里有这种组件，是留给"东方红二号"卫星研制地面设备用的。非重点型号生产天上的发射卫星都不给，却留给重点型号的地面设备。没有办法。还是后来到总体部去借了20块器件来，才解了燃眉之急。

至于系统测试装置，更不能像重点型号那样请别人研制了，一切都要自己动手。就在这种条件下，我们自己研制成功了一台全数字化的卫星姿态控制系统测试装置。

研制系统试验的太阳模拟器，更是土得掉渣。我们用电信号源去检查太阳敏感器的电路工作是否正常，用简易的太阳模拟器检查太阳敏感器每个码道光电池的好坏。简易太阳模拟器是用照相机的闪光灯做光源，用一个高容量的电解电容来充电，用可控硅来控制闪光灯线圈的极化。用这样的土办法，因陋就简地完成了对太阳敏感器的检测任务。研制这个光源一共花了不到2000块钱。后来，听到一个重点型号研制一套小型太阳模拟器，报价高达几十万人民币时，我感到惊讶不已。

我们这套简易的太阳光源模拟器，不仅在分系统试验时用，在卫星系统联试时用，在卫星发射阵地测试系统性能时也用。我们用同样的方法，研制了简易的红外地球模拟器。

"实践二号"卫星发射前，上级领导到试验现场检查发射准备工作，所科技处领导向上级汇报时说，他们是如何支持"实践二号"卫星研制工作的。我听了气不打一处来，就顶了他一句说："你们是这样支持我们的工作：正样投产时差20块组件，你们宁愿留给其他型号做地面设备也不给我们，我们只好到外单位去借。"

我们的卫星控制系统是"曙光一号"飞船下马全组人没活干时，组长章仁为找来的活。不仅要负责系统试验，还承担了卫星姿态测量和姿态控制器的研制。控制系统各部件连接需要电缆，我还承担了电缆设计任务。

　　我从未做过电缆设计，是"赶着鸭子上架"。在好朋友王志江、席敦义的帮助下，完成了"实践二号"卫星姿态控制系统初样阶段电缆设计和控制线路箱内部连线任务。到了正样研制阶段，控制系统姿控、姿测线路箱的集成和电缆设计完全由赵子厚完成，我就全身心地投入到控制系统的试验工作中去了。

　　作为技术领导要负责全面工作，这就对他的技术水平和处理问题的能力要求很高。工作中经常会遇到有些技术问题，由于设计考虑不周，或者事先认识不够，需要对设计对产品进行某些适应性的修改。这时有的同志会大力协作，一起讨论修改方法。可个别人不是这样，总想往外推，不想改动自己的产品。特别是对技术水平不高的领导，有时就会被拿一把，动不动就说没有办法修改。有时干脆一句话顶过来："没有办法修改，不信，你自己来。"

　　这样一来有的领导就傻眼了，没有办法了。现在我是系统试验小组的组长，该我来负责这些技术协调了，也遇到了类似问题。

　　"实践二号"卫星进入发射阶段时，发现卫星总体把卫星的转动惯量算错了，卫星转动惯量的实际值比设计的理论值整整小了一半。自旋卫星的转动惯量是控制系统设计一个十分重要的参数，它一错，控制系统就要重新设计或做重大修改，需要对控制系统的控制逻辑进行修改，这样控制电路的印制板也要相应地修改。当我把修改内容告诉该印制板设计的同志时，他回答说："没办法修改。"我向他要了该印制板的线路图和布线图，在印制板布线图上将电路修改好了，就告诉这位技术人员说，你按这样修改就行了。这时这个同志有意见了，不高兴地说："贵，你这样不是把我们当工具使唤了吗？"

　　我笑着说："以后大家一起研究、研究，不要一上来就说修改不了。任务紧急，我不这样办怎么能完成任务呢？"

　　我们这个组大家协作搞得很好，互相帮助，共同完成了"实践二号"卫星控制系统的研制、试验任务。

红外干扰拦路两个星期

　　完成了控制系统正样产品的验收，产品上交到卫星总体。整星总装完成

后，开始整星电性能测试。但出师不利，控制系统的红外地球敏感器工作不正常，该出信号的地方不出信号，不该出信号的地方乱出。大家一看认为这是红外受到外界干扰。因为把红外地球敏感器取下来，进行单独测试是好的，而放到卫星上就不正确，说明在整星的条件下，红外地球敏感器受到了干扰。干扰是从哪里来的呢？

我对电路不很熟悉，负责系统试验是第一次，所以请来了所里负责研制红外地球敏感器的技术人员，请他们分析干扰源，结果干扰还是排除不了。又请来所里的红外专家、电路专家，还是一筹莫展。我们用故障排除法查找干扰源，先换掉红外探头的头部线路，用备份头部线路代替做试验，干扰仍然存在。接着我们用红外的备份信号处理电路去处理电路，干扰仍然存在。证明不是信号处理电路的问题。

后来我们用干电池代替红外的头部电源，干扰立即消失。证明干扰是从红外的头部电源进去的。但是卫星要长期飞行，不能用干电池作为红外的头部电源。

这也不行，那也不行，这个问题把我们难住了。时间一天天过去，两个星期过去了，问题还没有解决。可能是老天对我这个耍笔杆子的书生负责系统试验的惩罚吧。我突然想起为什么电性能卫星做试验很容易就完成了，没有这个问题？因此，我向总设计师杨嘉墀先生提出请总装厂把电性能卫星推出来，让我们做个对比试验。

电性能卫星被推出来了，我仔细观察了电性能卫星和正样发射卫星两者之间有何差别。通过观察发现除了控制系统的电缆走向和电缆的位置有大的不同外，其他没发现有何差别。就提出请总装厂的同志把正样发射卫星电缆走向按照电性能星电缆走向重新布置电缆。总装厂的同志认为没有必要，认为电缆走向对红外的工作不会造成这样大的影响。我坚持说："不要说影响大不大，因为电性能星就没有干扰，而这两颗星的电缆走向完全不同。请你按照电性能星的电缆走向重新布置电缆，再做试验看能否解决问题。"

我发现在正样卫星红外的探头上绕过一捆电缆，由于红外地平仪容易受干扰，我怀疑是它引起的，所以我坚持要重新布置电缆。电缆重新布置后再做试验，干扰就消失了。这个经验对我以后研制其他卫星和飞船受益匪浅。

我犯了一个人际关系的错误

1979年7月，在"实践二号"卫星即将进场发射的关键时刻，总体部把卫星的重要参数、卫星质量特性的实测值送给了我们。控制系统负责人、室主任孙全性发现卫星主轴的转动惯量比设计的理论值小了一半。

这是一个重大的技术问题，处理不好将会影响卫星按时发射。在处理这个技术问题时，我犯了一个人际关系的错误，教训深刻永远不忘。之所以要介绍这件事，就是希望后来的年轻人，不要犯我年轻时犯过的错误。

转动惯量是卫星的重要设计参数，这个参数对自旋卫星更为重要。因为，它影响到卫星的姿态动力学参数，如章动周期，也影响到卫星的姿态稳定性，影响到控制逻辑的设计和发动机推力大小的确定以及发动机最小工作脉冲宽度的选择。老孙说，为什么这个重要的设计参数比理论值竟小了一半？这是不可能出现的错误，可能是总体部把数据抄错了。请他们复查。糟糕！复查的结果是数据正确无误，是他们在计算时把数算错了。老天爷呀，你算错了，错一点就行了，干吗一错就小了一半呀！因为卫星即将出场发射，这个参数错了控制系统必须进行修改，搞不好还要重新设计，对于这样重大的问题需要赶快上报。

国防科委领导非常重视老孙的这个重大发现，立即召开紧急会议研究。会议决定：第一，卫星暂停进场发射，等待问题解决后再组织进场。第二，总体部组织有关技术人员对卫星的质量参数进行复查，拿出正确的参数。第三，502所根据总体部给出的参数，研究控制系统是否必须进行修改，如果修改，拿出修改方案。

总体部复查结果是拿出的正式参数就是实测参数，证明卫星的转动惯量确实算错了。问题搞清楚了，下面就是修改的问题了。讨论如何修改时，我首先发言说明了出现问题的严重性，认为自旋卫星的转动惯量是影响控制系统设计的关键参数，它一错，控制系统就必须进行修改。当我谈到这时，总体部一个同志突然插话道："转动惯量一个参数错了，影响哪里有这么严重。"

我一听火就上来了，顶了他一句："这个问题你是外行，你懂什么。"心想，你不想想为什么会把转动惯量算错，少了一半，反而认为这样重要的错

误问题不严重。

会议一散，我的好朋友、总体部负责"实践二号"卫星整星电性能测试的何正昌同志跑过来问我："贵，你知道刚才说话的人是谁吗？你敢说他懂什么。"我回答道："不认识，不知道他是谁。"

老何说："他是我们总体部新提上来的副主任某某某，你敢说他懂什么。"

我一听蒙了，我竟然不认识这样大名鼎鼎的大专家，还敢说出那样没有礼貌的话，真是有眼不识泰山，我真后悔。但是话已经说出来了，后悔也没用了。我这个人修养确实有问题，不仅对大专家不能这样讲，对任何人都不应该讲这样的话，这是对同志的不尊重。人各有专长，谁也不可能是全才，即使一个大科学家也只是在他精通的领域里是权威，在其他领域也可能知之不多，或者知之甚少。这没有什么值得奇怪的。动不动就说别人是外行，实际上是缺乏修养的表现。

说是改，但是江山易改，禀性难移。1999 年，在酒泉卫星发射中心发射神舟一号飞船时，我重犯这样的错误，为此付出了巨大代价。

这位名专家，后来成了我的顶头上司，我在他手下当卫星姿态控制系统的主管设计师，才知道说话不注意付出的代价。都说他是我国有名的航天专家，人品也很好。每当想起令他尴尬难受的场面，随时会让他想起我说过的对他不敬的话。以后在他主持的会议上，每当我发言时他总是打断我的讲话，不要我讲。我也很识相，凡是他主持的会我就躲得远远的不说话了。俗话说得好："惹不起你，可躲得起你。"但是，有时却躲也躲不开。在一个技术会议上，他和张国富所长在一个问题上意见对立，他不找张国富所长回答问题，而把我叫了起来，要我回答他的难以回答的问题，这是后话，这里不作介绍。

这个技术难题还是我解决的，我这个人就是嘴巴没有遮拦，干了活，出了力，帮了忙，还得罪了人。

我想了一个简单办法，解决了这个技术难题。就是把自旋转速计数器的计数脉冲频率和喷气发动机工作时间的计数脉冲频率提高了，只需在印制板上跳一根线就解决了。这使得控制系统没有重新设计，印制电路板也没有作大的修改。我的这个简单的修改方案既解决了问题、节约了经费，又保证了进度。

发射"实践二号"卫星遭遇的挫折

1979 年 8 月，我们乘专列从南苑出发，奔赴酒泉卫星发射中心，那里是航天人向往的地方。我坐在车厢内，望着窗口，心潮澎湃，浮想联翩。经过 5 年的奋战，"实践二号"卫星终于出场发射了。于是我写下《西去列车的窗口》一诗，中间有这样几句：

> 坐上西去的列车，
> 心潮起伏难平。
> 肩负着祖国的重托，
> 人民的期望，
> 到
> 茫茫无边的沙漠，
> 去
> 为祖国放卫星。
>
> 坐上西去的列车，
> 心潮起伏难平。
> 绿色的原野渐渐远去，
> 迎面黄沙滚滚。
> ……

这是我第二次去酒泉了。

第一次去酒泉是 1978 年，当时发射"第一代返回式"卫星第 3 颗星，是我和阮光复同志一起去的。那次是去实习，为发射"实践二号"卫星做准备。那是一个大冬天。腊月的沙漠，寒风凛冽，滴水成冰，生活条件非常艰苦。那时没有职称、奖金之类的东西，但是人们那种不怕困难、不怕艰苦、忘我工作和乐观主义精神真是令人感动。我在那里，看到了尖兵人艰苦奋斗的精神。

　　我第一次看到巍然耸立在大漠上的铁塔，心里高兴极了！尽管这里地势高，气压低，我和阮光复同志还是陪伴着任新民教授一口气爬上了塔顶，在塔顶瞭望了基地的风光。

　　那次卫星发射非常成功。我们是和张国富副所长一起乘专列回北京的。我喜欢坐专列，几百人在一起，有说有笑有玩。不论你是领导还是群众，大家一律平等，一起玩。张国富副所长喜欢玩桥牌，我也喜欢，就一起玩。

　　一次我拿到一副牌一看可绝了，竟然是清一色的13张红心！从52张牌中，同时拿到13张相同花色牌的机会几乎没有。我正感到奇怪时对门开叫，他叫了7个梅花，上来就叫了个大满贯，我的上家接着叫7个方块，表明他拿了13张方块。接下来自然是叫7个红心和7个黑桃啦。

　　大家感到纳闷，心想4个人全拿13张同样花色的牌，这样的概率几乎为零，可今天就遇上了。大家正纳闷的时候，看到阮光复同志在笑，我猜准是他洗牌时搞了鬼，一问果然如此，接下来大家一阵大笑，这就是我们在专列上的生活。

　　这次我们乘坐专列赴酒泉，途中专列要开3天3夜，途经河北、内蒙古、宁夏和甘肃。专列途中要避让正常来往的客车和货车，所以开得比较慢。

　　到"实践二号"卫星发射时，卫星的设计师系统才建立，总设计师是杨嘉墀先生，副总师是总体部四室副主任，卫星发射前不久才加入"实践二号"卫星队伍的。因他是卫星总体部"实践二号"卫星总体室副主任，是总体部参加该任务的最高行政领导，按照五院总师是从501部出的惯例，他行政职务又最高，尽管他刚到"实践二号"卫星工作，对工作并不了解，但来了就当副总师。又按照我们系统的惯例，卫星发射成功后成果都是领导的，后来"实践二号"卫星发射成功后，杨嘉墀教授早已经功成名就，所以"实践二号"卫星发射成功的全部好处都归于这位刚来的副总师了。从此这位副总师就一帆风顺，顺风顺水。

　　这就是："人走运气马走膘，兔子走运枪都打不到。"

　　到达酒泉，我们住在7号技术阵地附近，住宿条件比起今天的酒泉神舟宾馆差多啦，但在当时条件就算不错了。

　　到技术阵地后第一项工作是展开地面设备，连接测试电缆，准备整星电性能测试。地面设备展开后，就用工艺件的控制系统进行测试，测试结果证明卫星姿态控制系统的地面设备正常。

在整星测试准备中出了一个大问题，就是在插整星脱落插头接插件时方向插反了，这样地面测试设备用的220伏电源串到卫星上去了。

我们有的技术负责人，如总设计师和副总设计师之类，名不副实，有的总师有真本领，在关键的技术问题上他们能够拿主意、拍板定问题。而在分析、解决220伏交流电上卫星问题时，前面提到的那位副总师就说不上话、插不上手啦，只能站在后面伸长脖子看。用我们四川话来说，叫做"伸长脖子望水鸭"。

幸亏他手下有两个得力助手，一个是搞测试的，一个是搞卫星总体方案设计的，每次开会就带上这两个助手，如果讨论卫星测试就叫负责测试的上，如果讨论卫星系统问题就让负责方案的上，他基本上不动脑筋。在处理问题和测试过程中，稍微正派一点的领导都会发现谁是真正的技术骨干，是谁在工作中作出了重要贡献。在"实践二号"卫星研制中，这位副总师的产出投入比是最高的，他没作出多大的贡献，却几乎享受了这颗卫星的全部成果。这就是现实。我和总体部的何正昌在排除故障中，为试验队领导和战友们所了解、所认识。院机关的领导看到我俩在忙碌，看到我俩真是能解决问题，就觉得：啊，看来这两个人技术上还有两把！

220伏交流电上卫星问题解决后，就开始整星电性能测试。一通电发现整星各系统工作都不正常。在强大的干扰影响下，卫星各系统都无法正常工作。经过查阅电缆设计图和印制板线路图，发现继电器的供电绕组没有设计消火花电路，这是常识性错误。加上消火花电路后系统工作就正常了。问题解决后，技术阵地规定的技术流程就全部结束了。

我们有幸在著名航天科学家杨嘉墀教授领导下工作，在排除两个重大技术问题过程中，他始终与技术人员共同查找问题，分析问题，解决问题。

业余时间杨先生喜欢玩桥牌，我们就在晚上一起玩。晚饭后，在没有会议的时候，杨先生就早早来到我们宿舍。我和他配合，孙全性与阮光复配合进行比赛。杨先生的桥牌打得不错，我出错或者叫错牌时，他从不埋怨。

我们在杨嘉墀教授领导下共同战斗在大漠中，我从杨先生那里学到了许多东西，许多美德。如杨先生一般不把自己的意见强加于人，总是从技术角度，从理论方面说服人。他对技术问题一点也不放松。

完成技术阵地的电性能测试后，卫星转移到了发射阵地，与运载工具进行的联合试验非常顺利，一切准备就绪，只待择机发射了。

　　卫星发射前的晚上，发射阵地放映露天电影，片名是《画皮》。我一看到这个电影名字心里一愣，心想为什么这个时候放映这部电影？中国人有看吉凶预兆的习惯，干什么事都要选个黄道吉日。《画皮》是聊斋，讲鬼的故事，我心里有点不舒服，这不是迷信，凡是鬼戏我都不愿意看。

　　我们的唯物主义政党不相信迷信，但个别领导还是信的。如果你不信，请看看某些大机关小汽车的牌号，凡是以数字6和8结尾的车牌，车的主人肯定是该单位的领导。

　　一次吃饭，我听同桌、某上级机关的参谋说："现在三讲，有的领导把自己说得像一朵花，什么缺点都没有，连说个政治学习抓得不紧都不行。其实他们非常迷信，你看我们单位的小汽车，凡是车牌尾号是6和8的都是首长的车，以4结尾的车牌他们都不要。我们这里还发生过一个笑话，某总师是技术领导，他的车牌不是以6和8结尾。一天晚上他在机关开完会后，汽车就出不了机关大门。原来机关有规定，晚上除了首长的车外，其他车一律不准出大门。警卫看了他的车牌后，不准开出大门。司机告诉门岗，这是某某总师，是首长。门岗说：'你别逗啦，他能是首长？你看他的车号是几？是6吗？是8吗？'"这个参谋说话时那个领导也在座，我走过去问他："某总，有这回事吗？"这位领导笑了。

　　旁边另一位首长对这位喝得半醉的参谋说道："你还在这里胡说乱讲，你还想不想往上升呀！"

　　普通老百姓也有这个习惯，这样做就是图个吉利。为什么第二天就要发射卫星了，头天晚上让我们看《画皮》，心想这不是活见鬼了吗？

　　卫星发射当天晴空万里，发射时间选在当晚12时。我们提前5小时进入了发射阵地地下室，执行发射前的技术流程。这时天气突然骤变，狂风四起，飞沙走石，天昏地暗。地下室的人们心里都扑通跳了一下，心想哎呀鬼真的来了！大家都问这样的天气，卫星还能发射吗？

　　隔了不久传来指挥部的通知，大风在半小时后就会停止，卫星今晚照常发射，发射流程继续进行。基地气象预报真准，半小时后风真的停了，月亮又在天边露出了笑脸。心想《画皮》是电影，与我们发射卫星有什么关系。此时发射程序一切正常，两小时准备正常，一小时准备正常，30分钟准备正常，10分钟准备正常，最后进入一分钟准备又是正常，我心里非常高兴。一切正常意味着我作为主要技术骨干，工作后亲手研制的第一颗卫星即将取得成果了，怎能不高兴哩！

接着进入发射前 10 秒钟倒计时，这时地下室寂静无声，只听到发射指挥的大声读秒声：10，9，8，7，6，5，4，3，2，1，发射！紧接着听到轰隆一声巨响，从地下室的电视屏幕上看到运载火箭吐着巨大火球，踏着火红的祥云冉冉升空。

这时人们的心已经提到嗓子眼上了。从广播中不断传来好消息：一级分离，渭南发现目标，莱阳发现目标！二级分离！可这以后广播里就再没了任何消息。火箭在上升段飞行已经过去了 10 分钟，仍然没有任何消息。这时地下室的领导和技术人员都坐不住了，只听到不断地呼叫"渭南"、"渭南"的声音。因为那时我国的卫星测控中心还在渭南，卫星发射是否成功的消息都由那里来发布。我们给渭南战友打电话也打不通，因为这时向那里打电话的人太多了。如果卫星已经入轨，过 90 分钟就该飞回来了，但仍接收不到卫星的遥测信息。我们心里都明白了，"实践二号"卫星的第一次发射失败了。

最后从渭南卫星测控中心传来正式消息，由于运载工具"风暴"的游动发动机故障，卫星没有入轨，卫星掉到澳大利亚去了，我的第一次卫星飞行试验以彻底失败告终了。这时大家心里都非常难受，有的同志突然问我："为什么运载工具要取名'风暴'呢？风暴一吹不就把卫星吹跑了吗？"

后来，有同志跟上海搞运载工具的老朋友开玩笑说："这次我们不该看《画皮》，你看，看的结果是好心（星）遇到了坏蛋（弹）。"

据说，由于末级游动发动机工作不正常，卫星没有入轨掉到了澳大利亚。为了避免外交纠纷，当时的国家主席李先念还专门到澳大利亚大使馆去做解释哩。

发射失败后，我们垂头丧气地回到了北京。航天战线向来是以成败论英雄，专列到达南苑火车站自然不会有那热烈欢迎的场面了。

回来后，我们认真地总结了经验教训，又信心百倍地投入到第二颗发射星的研制中去了。经过一年多的准备，到了 1981 年，我们的卫星发射试验队又出发到酒泉卫星发射中心去。这次再进东风，卫星的测试工作非常顺利，技术阵地没有发生大的技术问题，因为问题基本上在上次发射时已经解决了，卫星很快就转移到发射阵地。

在发射阵地，卫星控制系统发生了一个大的技术问题。一天早晨 9 点左右，在做星箭联合试验时，我们姿态控制系统的一个关键部件红外地球敏感

器没有信号输出。我们很吃惊，因为前天下午做分系统检查时还是好的。是不是早晨气温低，影响该仪器的工作？尽管是 9 月份，可气温为 17 摄氏度，对电子器件是最合适的温度了。为什么过了一个晚上，就突然没有信号输出了呢？到了 10 点左右温度高了些，又正常了，红外地球敏感器又有了输出信号，你说怪不怪？

红外地球敏感器是卫星的关键部件，试验队对这个问题非常重视，召开了故障分析会。国防科委领导、七机部任新民副部长和杨嘉墀院士等参加了故障分析会。由于卫星已运到发射阵地，竖立在发射台上等待发射，大家不希望推迟发射，都来找我。都认为是受到了干扰，太空的环境比发射场好，卫星进入太空就会没有问题了。会上我首先介绍了故障现象和我们的初步分析：红外敏感器 9 点钟时没有信号输出，在什么都没动的情况下到了 10 点钟就恢复正常。说明这个仪器并没有失效，只是在 9 点那个时刻受到了外部干扰。

杨嘉墀院士不同意我的分析，他认为是这个仪器质量有问题。说是干扰，一点都不像。干扰是信号有波动，有起伏，不会在长达一个钟头的时间内一点信息都没有！他分析说，可能是这个仪器的温度工作性能不好。早上气温低仪器又刚通电，该仪器不能正常工作，到了 10 点气温高了，通电时间长了仪器内部的温度也高了，因此又恢复了正常。如果是干扰，为什么另外一个红外却工作得很好？杨院士建议把这个红外取下来，换上备用件再做试验。会议采纳了杨院士的意见，决定第二天派人返回技术阵地把备用的红外地球敏感器取来，换上后再做试验。

沙漠里的戒严

第二天吃过早饭，我和两个同志乘车返回技术阵地取红外。车行驶到发射阵地与东风航天城的交叉路口时，被解放军拦了下来，说已经戒严了，人和车辆都不能通过。

我一听感到很新奇，大沙漠里还戒什么严呀！走几十里都遇不到一个人，戒严干什么？我下车走到战士面前说："同志，我们有急事，要回 7 号技术阵地取急用的仪器，请让我们过一下吧。"站岗的卫兵摇摇头说不行，戒严是上级下达的命令，谁也不能通过。

军人就是要服从命令，我知道再说也没用，只好耐心等待。不久一个车队奔驰而过，前面还有一辆开道车，后面跟着几辆红旗牌和上海牌小轿车。当时国内红旗牌轿车只有高级首长才有资格坐。车过之后我们才离开那里，乘车直奔技术阵地。事后才知道那是时任国防科委主任陈彬同志的车队，我听到后心里真不是滋味。

在北京像陈主任这样的领导成千上万，如果他们出巡都要戒严的话，那老百姓就没路可走了。在基地除了基地官兵就是航天战士，对他们还不相信吗？尤其不能为此耽误发射工作。可能出行戒严也不是陈彬主任的本意。据说在发射"返回式"卫星时，国务院的一个副总理到东风看发射也是戒严，把到发射阵地执行任务的试验队的车队堵了很长时间，不仅影响了正常工作，而且在烈日炎炎的大戈壁，实验队员被封闭在汽车里，闷热难当。试验队员与执行戒严任务的解放军同志还差一点动武。何苦呢，这样的事情。我在执行神舟五号发射任务时也遇到过一次。一次我从东风一号招待所回神舟宾馆，走在路边的人行道上，突然有几个战士走过来非常客气地对我说："对不起，老同志，我们首长过来了，请你让一下路。"

我一听对方如此客气，就让开了路，从人行道走到汽车道上去了，心想可能是一个老红军、老革命来看飞船发射了，让就让吧！等走近一看，什么老红军、老革命呀！原来是几个年纪不算大的少将和大校。我真是哭笑不得，是他们该给我这个老头让路，还是我该给他们让路？我回来后对战友们说："我们是法制社会，凡事都应该有法可依。应该给基地张司令员提个建议，请他们制订一个《基地让路法》。该法应明确规定享受让路待遇的条件，让路的地区范围，和对不让路的人的处罚规定等等。"这里是一个插曲。

有些领导口上常说他们是人民的公仆，可这些公仆何时才能和自己的人民真正打成一片呢？

我们从技术阵地取回了备份的红外地球敏感器，换好之后再到发射台做星箭联合试验，整个控制系统工作正常。杨嘉墀院士的分析是正确的，不是发射阵地有干扰，而是产品本身有质量问题。从这次红外质量事故的处理过程中，我从老一辈科学家身上学到的不仅是分析问题、处理问题的科学方法，而且学到了敬业精神，也使我们认识到我们需要的是什么样的总设计师。

1981年9月20日，"实践二号"卫星发射顺利入轨，工作正常。经过7

年的艰苦奋斗，卫星终于成功了。当天我乘转场飞机与任新民副部长、杨嘉墀院士等一道去渭南卫星测控中心参加卫星的飞行控制工作。经过3天的监视、测试和试验证明卫星工作正常，发射取得了圆满成功。由于这次发射是用一个运载工具同时发射了三颗卫星，三颗卫星运行都正常，因此发射试验又称为"一箭三星"。

"一箭三星"发射成功的消息发布后，在全世界引起了极大震动。世界各大媒体纷纷报道，说我国在进行多弹头分导试验。当时的国务院总理赵紫阳还打电话到七机部问道："你们做这样重要的飞行试验，为什么不事先通知国务院？"

在"实践二号"卫星发射成功的总结会上，我十分高兴地写了一首小诗：

群英会戈壁，
火箭送三星。
苦战七年整，
一鸣天下惊。

"实践二号"卫星失踪了！

10月3日那天，我正在家吃午饭，屠善澄所长和张国富副所长突然一起到我家。我很奇怪，从来没有来过我家的两位所长怎么今天一块来看望我了？还没来得及请他们坐下，屠善澄所长开了口："陈祖贵，快到所里我的办公室开会，'实践二号'卫星在天上出问题了！"这时候我看到两位所长脸色很不好看，从屠所长开口叫我"陈祖贵"，就感到不妙，因为他平时总是叫我"贵"。

我们一起来到所长办公室，一看七机部任新民副部长、"实践二号"卫星总师杨嘉墀院士等都在场。会上任新民副部长首先介绍从渭南卫星测控中心传来的消息："'实践二号'卫星10月2日突然失踪，在此前发现卫星的转速在慢慢增加。"会上决定我和副总师王壮以及遥测遥控系统负责人一道火速奔赴渭南查清故障，排除故障，挽救卫星。

我们赶到渭南卫星测控中心时，卫星已经消失两天多了。从南京紫金山天文台发来的消息说，通过光学观测仪器发现，"实践二号"卫星已经分解成卫星本体和四块太阳帆板五大块。总之，卫星在飞行 13 天后彻底失效了。尽管卫星成功运行了 13 天，但是没有达到设计寿命，飞行试验任务算是失败。

我们查看了卫星故障前的飞行遥测数据，发现卫星是在轨运行的第 12 天开始出现故障的。发现遥控系统不断地发送各种遥控指令，其中就有我们控制系统的卫星加旋指令。"实践二号"卫星是一颗对太阳定向的自旋稳定卫星，自旋转速为每分钟 16 转。如果由于大气阻力作用卫星的转速下降时，通过遥控加旋指令可以控制卫星转速体改到要求的标称转速。由于姿态控制系统接到遥控系统的命令，加旋发动机不断地工作，使卫星的转速不断地升高，卫星的转速高到一定程度（从遥测数据看是每分钟 120 转）时，由于离心力作用卫星解体。它的四块太阳帆板被星体甩断，卫星被肢解为五大部分从而失效。由于我国测控的弧段受到限制，有相当长的时间卫星不通过国内，在此期间，卫星的健康状况只有通过延时遥测来判定。延时遥测的数据的存储量有限，16 帧数据才存 1 帧，即便这样也查到遥控加旋让卫星增加转速每分钟 50 多转。由于能查到的概率为 1/16，因此，故障调查组得出结论："实践二号"卫星飞行 13 天后突然失踪，是由于遥控系统乱发遥控指令造成的。

回到北京后，院里召开"实践二号"卫星故障分析会，我和所里几个负责具体工作的同志参加会议。

由于遥控系统划归其他兄弟单位负责，院里不便深究，而我们控制系统除了有遥控加旋控制指令外，还设计有自动加旋指令，卫星被错误加旋到每分钟 120 转，是什么原因呢？

一次卫星总体开故障分析会，突然把我一个人叫去了，此时所领导依然不露面，我一个人在那里受围攻。会上，总体部主任对我说："贵，现在要刺刀见红啦。我们认为'实践二号'卫星飞行试验失败是你们姿态控制系统误发'自动加旋'指令造成的。"

卫星失败是遥控系统误发各种遥控指令造成的，这是故障调查组的结论。我非常生气地说："主任，大家都知道卫星飞行的第 12 天后遥控系统不断地、轮流地误发各种遥控指令，其中包括我们的加旋指令。由于延时遥测 16 帧往下传一帧，能够查到遥控加旋指令的概率只有 1/16，这点我想大家是同意的。在这种情况下我们就能查到遥控误发的'加旋指令'已经占了卫星错误加旋转速的一半以上了，为什么你们非说余下的 30% 左右的卫星转速是控制系统造成的呢？"

任中国航空航天代表团科学顾问

1984年，所里评高级技术职称时我没评上，所领导安排我出国一次。那时候出国是件不容易的事，除了某些学术会议外，一般都是领导才能出国。让我这个普通老百姓以中国航天工业部代表团顾问的身份出国，在五院不是破天荒第一次的话，也是第二次或第三次。我想这就是某些领导惯用的胡萝卜加大棒政策在我身上的具体运用。评职称给你当头一棒，让你评不上，但又离不开你干活，于是就安抚一下安排你出国一次，并且规格还很高，去当中国航天代表团的科学顾问。

一天我收到航天部外事司欧非处的电话通知，让我到外事司报到，协助他们办理代表团出国准备工作。因为团长和其他组成人员都是部级、司局级领导，准备工作只能由外事司干事和我这个一般群众做啦。所谓准备，就是填写一些表格，如护照申请表之类。领导们都有护照，只有我第一次出国，需要申请护照，到西德大使馆办签证。

我问外事司，出国的事五院外事处为什么没有通知我呢？他说："你的政审材料我们催了多次还没送来，只好通知你先来工作，边工作边等材料送来。我们已经和政工部门说好了，你的政审材料什么时候送到就什么时候批。"原来是所政治部迟迟没有把我的政审材料送来。

等到我的政审材料送到部政工部门时，我们预订的中国民航到西德的航班已经错过了。为了准时到达，只好改乘俄罗斯航空公司的航班到莫斯科，再从莫斯科转汉莎航空公司的航班到西德。

临行前一天晚上，西德驻华大使馆设宴为中国代表团送行。那天上午我还在部外事司帮助做出国准备，下午要到出国人员服务部买出国服装。买回服装时天快黑了，就穿好西装急急忙忙到位于白石桥的院部去。我从中关村乘车到民族学院下车，下车后朝五院机关大院飞奔而去，因为赴宴要在那里上车。一不小心我的脸碰到了路边固定电线杆的铁丝上，把我的眼镜弹飞了。天黑了，到哪里找眼镜啊！我高度近视，没有眼镜寸步难行，只好到院办公室，借了办公室主任的眼镜，管它合适不合适呢，赶紧乘车参加西德大使馆举行的欢送宴会。

由于眼镜度数不对，戴与不戴差不多，但总算掩饰了一下脸面，否则别人看到你被眼镜压伤了的眼眶，那可难看死了。

宴会上，我根本看不清桌子上的菜肴，幸好五院副院长韦德森在座，给了我很大帮助。韦副院长的名字和德文的"再见"同音，德国人说再见就是"韦德森"。按程序要介绍双方人员，当介绍到韦副院长时，德国朋友开玩笑说："怎么刚见面就要说再见啦？"

在这里，我们代表团全体成员才第一次聚会。团长是五院院长孙家栋，团员有部外事司司长、长城公司总经理、科技司总工程师和后来成了我好朋友的外事司欧非处副处长钱继祖先生和翻译蔡舜华女士，蔡舜华女士是我的四川老乡。

第二天我们到首都机场登上去莫斯科的飞机。飞机到达莫斯科机场后，我们下了飞机，等候去德国的汉莎航空公司的飞机。等的时间比较长，中国驻莫斯科大使馆的人到机场准备接我们到莫斯科红场参观，可惜我们不是外交护照，当时中苏关系紧张，不允许我们出关。代表团团长有外交护照可以出去，但他和团员们同甘共苦，没到红场去。我们就在莫斯科机场等了几个钟头的飞机。

我在机场没有休息，在与钱继祖先生和蔡舜华女士互学互教外语的技术名词。因为钱继祖是代表团的英文翻译，蔡舜华女士是德文翻译，他们对航天的技术名词，特别是航天控制技术名词不太熟，而这次谈判合作项目集中在航天控制技术上，因此我们一路上都在学习有关的技术名词。例如卫星的姿态，英文是哪个单词，它的意思是什么？卫星的姿态控制英文怎么说，它的意义是什么？就这样我们在机场开启了临时的学习班。钱继祖说："我陪同代表团出国许多次啦，只有这次你才是真正干活的人。在旅途中还在学习，还在做谈判准备工作，这是第一次。"从这时起，我们成了好朋友。

这次出国，我第一次亲身体验了作为资本主义的德国是怎样尊重知识、尊重专家的。

我们到科隆后，德方外事司司长狄克博士和外事秘书洪森安女士接待我

们，安排我们的住宿和生活。到德国的第二天，德国宇航院院长宴请中国代表团，宴请地点设在科隆一家古老的饭店。据说这家西餐馆有好几百年的历史，是特别安排在这个地方宴请中国客人。我是第一次吃西餐，一切都要学。餐前一杯红酒，叫开胃酒。我不喝酒，代表团团长对我说，这杯酒应该喝，喝了暖和肚子，这样吃西餐肚子不会出问题。

招待员穿着白色衣服，黑色裤子，打着领结，而且女招待好像都是精心挑选的，个头一样高，一样苗条，一样美丽。在这儿用餐还是一种艺术享受呢。

在代表团里我的地位排在最后一位，前面几位都是副部级、司局级的干部，钱继祖也是外事司的处级干部，只有我是平头百姓。可在这 14 天里，我享受的是尊敬知识、尊敬教授的优厚待遇。

我是代表团科学顾问，德方就想当然地认为我是教授，参加宴会时我的面前总是放着写有 "chenzugui professor" 的牌子。每当参观对方科研机构和宇航公司时，德国的航天专家总爱和我坐在一起交谈，好像和我有许多共同语言。

到西德第三天正赶上一个宗教节日，要放假。MBB 公司用飞机把我们接到慕尼黑度假。到该公司总部访问时，我第一次遇到了大名鼎鼎的国际宇航科学家戈彩。她是航天控制方面的专家，我们有共同语言，开会时我们坐在一起交谈，休息散步时我们走在一起，宴会上我们也坐在一起。后来我们应邀到 MBB 公司一个副总经理家做客，我们也坐在一起交谈。我在离开慕尼黑回国的那天清晨，这位女科学家还专门到我住的宾馆来送行，还送给我一个工艺品，非常漂亮的圣诞蜡烛。代表团团长和司局级领导们可没有这个待遇。

在波恩，西德研究技术部部长举行宴会招待中国航天代表团。宴会在波恩一家高级宾馆举行。我们在主人的陪同下步入宴会厅，按照主人安排的座位入座。我与团长分别安排在德方部长的左右，而代表团的其他领导却安排得很靠后。我走过去问孙院长："我坐那个位子行吗？"他说："客随主便，坐。"

这时才想起，我现在的身份不是一个工程师，而是中国航天代表团科学顾问，他们认为我是教授。

宴会时间很长，代表团的翻译主要是为团长服务，代表团的司局级领导她无暇顾及。领导们长时间坐在那里实在无聊，于是我主动去当翻译让他们与外国朋友交谈。

出国前代表团团长曾问我："陈祖贵，你的外语怎么样？"我说："能自己对付自己。"现在我还可以去当当翻译，团长看了很高兴，回国后向航天部领导汇报出国情况时，为此还专门表扬过我。

这次出国我亲身体验到资本主义德国是怎样尊重知识、尊重专家教授的，他们绝对不会把专家当"臭老九"。

这次出国我当了一次假教授，是外国朋友强加的。他们想当然地认为政府代表团科学顾问一定是教授。后来在神舟飞船研制队伍中，上上下下又叫我"陈老总"，我没有当过任何型号的老总，应该也是一个道道地地的假老总。有人知道我出访西德这一段经历后，与我开玩笑说："贵，你造假可有前科呀，1984年就造过一次假！当过一次假教授。"

我是第一次出国，团里专门给我讲了外事纪律，其中记得最清楚的就是在国外不得一个人外出。第一次出国好不容易，千万别犯错误，我非常遵守团里规定。在科隆期间住的是一家名叫贝多芬的旅馆，它坐落在莱茵河边上，我每天早上都要到河边跑步。

我们到科隆的一家百货店去买有密码锁的公文包，这东西比国内贵多了，国内卖不到一百元的公文包，这里卖一百多马克。我忍不住说了一句："这种公文包在西单商场只卖几十元。"

后来买了公文包，拿过来一看忍不住笑了。原来想买个外国货，结果还是中国货。公文包上明明白白地写道：台湾制造。

在访问德国期间，德方还安排我们去参观游览。下午我们在德方外事负责人狄克博士和洪森安女士的陪同下兴致勃勃地参观了科隆教堂。汽车停下，我们走下汽车，此时一阵冷风吹来，感到一阵寒意。现在已经是圣诞节前夜，到处都可以看到圣诞树了。代表团领导们已多次访问西德，科隆教堂他们早参观过了，不想再参观。团长征求我们意见，翻译小蔡对我说他们已经来过了，我们不知道什么时候才能再来，上！于是我对团长说，我们想到教堂顶上参观。于是外事司的干事老钱、小蔡和我三人在狄克博士和洪森安女士的陪同下开始攀登科隆教堂。我们攀登到教堂的屋顶，在这里可以观看科隆全景。

代表团的任务，最终目的是签订中国与西德民用空间技术合作协定。双方谈判还是很激烈的。德方要求把某些条款写进协定中去，我方认为不合适，

这样就达不成协议，德方就不在我们起草的合作协议上签字，他们起草的协议我们又不同意。直到访问结束，代表团要离开慕尼黑回国时，德方的科技部长才坐飞机赶到慕尼黑机场签字。

合作协定内容有这样一条：每年五院要派专家到德国进行民用空间技术合作研究。502 所每年要派两名科学家，到德国航天运行中心参加国际航天科学技术的合作研究工作。

这次代表团圆满地完成了任务，为我国航天参与国际科技合作开辟了道路。

这次访问德国我一直身体不适，这是我第一次坐飞机长途旅行，还没有到目的地，已经是头晕目眩，又吐又拉，吃了乘晕灵也不顶用。代表团团长要我每次吃饭前先喝几口红酒暖暖肚子，可能是临阵磨枪，效果也不大。这次出访 14 天，我是基本上病了 14 天。

在慕尼黑附近的德国航天运行中心参观与谈判时，我病得很厉害，但是那天谈判项目与我所直接有关，涉及我所的技术领域，我是内行，非参加不可。在那次谈判中，我第一次见到了后来的合作伙伴郎格先生和施奈德先生。谈判中由于我经常要呕吐，不断地离开谈判桌到洗手间去，真是难受极了。

我们接受 MBB 公司邀请，从科隆到慕尼黑度假和从慕尼黑返回科隆都是乘坐的小型飞机。飞机颠簸得很厉害，我坐上不久就呕吐。回到科隆那天，德方举行的宴会我实在无法参加。德方外事司狄克博士用汽车把我送到他家，安排在他的书房里，他还帮我烧好开水沏上茶，才匆匆忙忙赶去招待代表团其他客人。我多次向他表示感谢，我们之间建立了友谊。

在回国的飞机上我头晕得很厉害，还呕吐，好不容易才到了首都机场。在从机场回中关村的路上，因为呕吐还请司机停了几次车。对我来讲，出国真是件苦差事，以后再也不想了。

难忘的 1992 年

乌云滚滚为何来

1991 年，我完成了载人飞船的 GNC 系统的夺标任务，完成了资源一号卫星的立项论证任务，完成两个型号返回式卫星的研制任务，完成一项科技情报的预先研究任务，在这一片大好形式之下，到了 1992 年的春天，形势突变，某些人竟然要把我从我热爱的岗位上撤下来，把我调到其他单位。事情从我们所的体制改革试点开始。

1992 年，我们所把搞控制系统方案设计的两个总体组作为体制改革的试点，改革的目标就是把我室与高轨道卫星控制系统总体室两个室中从事方案设计的技术人员集中起来，再与另外一个研究室合并组成一个新的研究室。为此成立了筹备小组，我是筹备组成员。由于原来那个研究室的主任将退休，需要任命新的研究室主任，据说就在筹备组成员中产生。所长找我谈过两次，认为我技术水平和组织能力都不错，希望我把新的研究室好好抓起来。因为，这个研究室是卫星控制系统方案设计总体室，是龙头，地位重要。

后来任命的室主任并不是筹备组成员，而是我们组唯一的一位研究员、原来我们工程组的副组长。

我由于承担两个型号的返回式卫星控制系统的设计任务、载人飞船 GNC 系统的方案论证任务和资源二号卫星控制系统的立项论证任务，而且其中有的卫星还是要发射的卫星，我的工作够我忙的了，不担任行政职务，我好集中精力完成好我承担的卫星和飞船的研制任务。

事情并不像我想象的那样简单。3 月份的一天，负责第二代返回式卫星和

第三代返回式卫星研制的副所长来找我，问我的一个问题使我大吃一惊："你愿意到卫星总体部去工作吗？"

心想我正为你干活，你负责的第三代返回式卫星今年就要发射，这时候问这个问题是什么意思？我反问道："第三代返回式卫星今年就要发射啦，我在这个时候离开你看对工作有利吗？"

这位副所长说："你不愿到总体部工作是吗？这就好！这就好！"

这让我知道，调我到总体部不是他的本意。他负责的卫星即将发射的时候，把他的技术干将调走，傻子也不会干。

过了几天，我和负责资源二号卫星研制的那个副所长、吴宏鑫及席敦义乘同一辆车到院部开会。在车上，负责研制资源二号卫星的那位副所长突然问我："贵，你愿意到总体部工作吗？如果你愿意，我推荐你。"

此人对我一贯不怎么样，他怎么关心起我的工作调动来了?!

到院部后，我立刻去找负责组织飞船研制队伍的张副院长，了解是否要把我调到飞船总体部去，因为那里急需控制技术方面的人。

张副院长说院里没有调我到总体部的意思，希望我在502所把飞船的制导、导航与控制系统抓好，要我哪儿都不去。

我又找了几位老院士、老专家，征求他们的意见。他们一致意见是我哪里都不去，就留在502所。

1991年，我完成了几项重要任务：载人飞船制导、导航与控制系统的立项论证任务，第二代返回式卫星发射前的试验与准备工作，第三代返回式卫星姿态和轨道控制系统方案设计工作，资源一号卫星姿态和轨道控制系统喷气控制、逻辑的设计，"卫星应急控制器"设计，资源二号卫星姿态和轨道控制系统的立项论证工作，航天控制技术中一项关键技术"全姿态捕获技术"的研究取得了重要的阶段性成果。完成任务量之大、成绩之大有目共睹，但当时我的处境十分困难，可以从我的诗中看出。

明志

路途多舛世事艰，

横遭嫉妒实胆寒。

为党工作忠心耿，

光明磊落可对天。

成果再多他不见，

人不承认莫怨天。

不能折腰事权贵，

留得正气在人间。

陈祖贵 1992 年 3 月 15 日

那时，两个好朋友站出来支持我，鼓励我。他们是自动控制理论专家吴宏鑫（后来的中科院院士）、科技处袁正宁女士。吴宏鑫是实践二号卫星研制时合作的战友，袁正宁女士也是实践二号卫星开始研制时与我共事的。当时她正和我一起承担载人飞船方案论证任务。常言说得好：患难见真情。对这些朋友我至今仍感谢不尽。当一个人走霉运的时候，势利小人远离你而去，真正的朋友在你需要的时候站出来支持你。

顶住压力完成两颗卫星的发射任务

我有不服输的脾气，从来不向逆境低头。只要你没把我工程组长撤掉，没把我返回式卫星姿态和轨道控制方案主管设计师拿掉，没有把我的工作拿走，就要把承担的任务完成好。

当时我负责控制系统设计的两颗卫星都要发射，这两颗卫星成功与否对航天部影响巨大，因为此前几项重要飞行试验都失败了。航天巨龙急需龙抬头，鼓舞士气。我全身心投入到两颗卫星的发射准备中，就把被调出的烦恼抛到九霄云外了。第三代返回式卫星研制发射，占用了我很多时间。我之所以要多介绍一点研制工作的幕后资料，是因为这颗卫星的成功是我一生命运的转折点，是我以后负责"神舟"飞船控制系统研制的技术基础。

第二代返回式卫星成功之后，返回式系列卫星研制人员没有停止前进的脚步，又瞄准了更高的目标，这就是第三代返回式卫星。它是我国第一个同时具有姿态、轨道控制功能的卫星控制系统。该卫星还担负着新的卫星控制技术的飞行试验任务。其中，最重要的就是三机容错计算机系统和对提高卫星飞船安全性、可靠性具有重要意义的"全姿态捕获技术"。我是卫星姿态和

轨道控制方案的主管设计师，除负责设计外，还负责研究卫星"全姿态捕获技术"。由于该技术对发展航天控制意义重大，下面将专门介绍。

中低轨道卫星轨道控制任务之争

那一年要发射的第三代返回式科学技术卫星是我国第一颗同时具有轨道控制和姿态控制功能的返回式卫星。中低轨道卫星采用轨道控制技术，目的是提高返回式卫星落点精度。卫星轨道控制是院里为502所规定的姿态控制、轨道控制和程序控制三大任务之一。在竞争激烈的年代，这个任务也面临着激烈竞争。

我是主张引入竞争机制的，是在公平的基础上竞争，靠实力竞争。对第三代返回式卫星轨道控制方案竞争非常激烈。我是控制系统的主管设计师，更感到责任重大，绝不能由于我的无能让别人把502所轨道控制这一项重要任务从我们手中抢走！我常说："争任务要靠两个法宝。第一是实力，有了实力，才能立于不败之地。第二是靠宣传，让上级领导和专家知道你们真有本领，能干出来。你有实力而竞争不过那与你无关，因为非技术方面的东西往往起作用太大，这是命！若你没有实力把任务丢了，那是活该。"

那年4月，飞控组在西安卫星测控中心开会讨论第三代返回式卫星第一颗卫星轨道控制方案。根据分工，轨道控制属于我所的任务。可是轨道控制和卫星的飞行任务又密切相关，属于总体性的任务，因此卫星总体部对轨道控制任务也非常感兴趣。两个单位都感兴趣的任务如果安排不好，就会产生无序的竞争，对工作不利。如果处理得好，正当竞争则有利于工作的推动和发展。但在很长一段时间里这个问题处理得不好，因此竞争相当激烈。这次会上要讨论轨道控制方案，采用谁家的控制方案必然有一争。可我所轨道控制系统方案设计的计算工作还没完成，设计报告还没出来，要去竞争，近乎天方夜谭。

由于承担这项设计任务的同志要赶着计算，赶在卫星发射前两个月（6月份）拿出结果，他们没时间来开会，所里派我去开会。给我的任务就是，一定想办法采用我所的轨道控制方案。我赤手空拳去开会，又要采用我所的方案，可以想象完成任务难度之大，可以说是无法完成的。真是为难呀！我们的方案没有赶在别人前面拿出来，而别人已经有了正式报告！

　　我研究了总体部和西安测控中心两家的控制方案报告，发现他们对硬件不熟悉，从工程实现讲存在两个共同问题。第一，按照一般的轨道控制方法，也就是通常采用的方法，在某些初轨条件下，轨道控制燃料可能不够。第二，轨道控制发动机的推力误差大时，会影响控制精度，这两个问题当时他们没有提出解决方法。

　　发现问题后，根据我多年搞卫星控制的经验来找解决这两个问题的方法，这就是合理使用轨道控制燃料。采用超前控制的方法可以大大提高燃料的使用效率，通过对发动机推力的实时标定提高轨道控制精度。

　　开会那天我竟然没带任何材料就到了会场，会议由西安测控中心总工程师、飞控组组长主持。会上，总体部和西安测控中心分别报告了他们的控制方案。报告之后，我最后一个上台发言。我一个一个地指出他们方案的不足，认为都有问题不能采用。这时西安测控中心总师、第三代返回式卫星第一颗卫星飞控组组长（我是副组长）、一位少将就说："陈祖贵，你说我们和总体部的方案不行，就你们所的行，那就把你们所的方案拿出来，今天不拿出方案你就不要下讲台。"

　　这时我实在为难。做工作的人没来，如果说我所没带方案来，就等于承认竞争失败。必须发言介绍我所的方案。我首先指出他们的问题，针对他们的问题提出上面的两个解决方法，谈了我们的控制策略。第一个办法是超前控制和瞄准返回圈升交点赤经的控制策略，这样既保证了轨道控制精度，又保证卫星返回落点精度满足任务要求。第二个办法是对轨道控制发动机的推力进行在轨标定，提高轨道控制精度。第三是采用超前控制的方法，这样燃料使用效率高。这些控制策略全是根据过去的经验临场想出来的。因为轨道控制发动机掌握在我们手里，它的性能我熟悉，他们两个单位并不熟悉。超前控制是我们在姿态控制系统控制规律设计时经常采用的方法，我把它用到这里来了。大方向对，他们驳不倒。这就是我所的轨道控制方案。尽管是临时逼出来的方案，我相信从工程实现来看，应该是正确的。

　　我的话刚讲完，西安卫星测控中心一位同志发言说："陈老师的方案是对的！"一看，他是西安卫星测控中心有名的轨道动力学专家，发言分量较重。他发言支持我，会场立刻成了一边倒，我们所在这一回合的竞争中获得了初步胜利。飞控组组长要求我们发射前两个月把实施方案送到西安。这次会议

我们胜利了，但说实在话，有点胜之不武。

双星高照

1992 年 8 月 9 日，第三代返回式卫星的第一颗星发射入轨，卫星飞行正常。卫星发射成功后航天部任新民副部长，著名的航天技术专家、返回式卫星前总设计师王希季院士以及卫星的现任总设计师和控制系统的主任设计师等都坐飞机来到西安参加卫星的飞行控制和回收工作。

卫星在轨飞行 16 天后，安全准确地回收。第三代返回式卫星第一颗卫星飞行试验取得圆满成功。卫星的轨道控制试验进行得非常顺利，轨道控制精度相当高。

卫星安全准确地回收，卫星落点精度优于 30 千米，达到了世界最先进的水平。这就是 502 所人对我国航天事业作出的重大贡献！

可惜卫星回收后，我们利用遗留在太空的仪器舱进行的卫星全姿态捕获试验意外地失败了。通过对试验结果的分析，证明失败的原因不在于我的"全姿态捕获"方法，而是由于其他分系统的故障引起的。总师和总指挥决定在 1994 年发射第三代返回式卫星第二颗卫星上继续进行试验。这样就给了我两年时间，以对该技术进行改进。

卫星回收后不久，在怀柔 511 站召开总结大会。在上午的总结会上，航天部一个副部长在庆祝会上讲话的时候，左一个黑格尔如何说，右一个费尔巴哈如何说，意思是说胜利的时候应该看到不足。可是他过多地讲卫星发射前地面测试出现的问题，还要求把这些问题写成白皮书，对取得的成绩没有充分肯定。参加总结会的技术人员很不理解，会场上冷冷清清。接着院长讲话，又重复这位副部长的讲话内容，对取得的成绩仍然不给予充分肯定。这哪里是技术总结会呀，是故障分析会，是批判会。人们开始三三两两地离开会场，会开得死气沉沉。

下午王希季院士来了，开会前技术人员向他诉苦，希望他扭转大会的气氛，给大家鼓鼓劲。王总在会上高度肯定了我们仅用 28 个月就完成了一颗新型卫星研制并发射成功的拼搏精神，对我国第一颗同时具有姿态和轨道控制功能卫星的发射成功，给予高度评价。他讲话的过程中，掌声不断。上、下午会议，真是冷热两重天。看得出，官员们并不了解普通技术人员，不知道普通技术人员在想什么。这些领导根本不知道技术人员们经过 28 个月的艰苦奋斗，终于把卫星成功送上天后的喜悦心情。28 个月研制并发射一颗新型卫星，是世界航天界的创举。你批评太多，不是给大家头上泼一盆冷水吗？老专家们平时与普通技术人员工作在一起，战斗在一起，了解技术人员，技术人员把老专家看做亲人，技术上有困难时找他们求教，在受到委屈时找他们诉苦。老专家讲的是我们的心里话，我们也愿意听他们讲话。所以，王总讲话时会场上不时响起暴风雨般的掌声。

1992 年的 10 月 6 日，我国又成功发射了一颗第二代返回式卫星，两颗卫星连续发射成功，航天巨龙实现了龙抬头，全部上下为双星高照而欢欣鼓舞。我是这两颗卫星姿态控制系统方案的设计负责人，得到了五院和航天部有关领导的肯定。

评研究员前，返回式卫星总指挥王副院长到我所对所长说："陈祖贵在你们所人缘不好，这次评研究员院里直接给他一个奖励名额，不要你们所里投票表决啦！"我知道此消息后一方面对院领导的关怀表示感谢，另一方面心里不由感到一丝悲哀，深深地为自己不会处理人际关系，说话不计后果而"人缘不好"感到懊悔，今后千万要注意，争取办事时"原则要坚持，方法要得当"。

为了庆祝第一代和第二代两颗返回式卫星相继发射成功，我写了一首诗作为纪念。连同前言照抄如下：

双星高照

1992 年，我国两颗返回式科学技术试验卫星相继发射回收成功，扭转了我国航天事业由于几次发射失败而出现的不利局面，航天巨龙开始得以抬头。这两颗卫星的控制系统方案均由我负责设计，这两次的成功，使我多年在航天战线的辛勤劳动开始结出硕果，我的劳动成果开始为人们所承认。从此我的航天事业走上了康庄大道。这次双星高照，时逢党的"十四"大召开之际，特写小诗以作纪念。

捷报连着捷报，

双星今又高照。
巨龙腾飞神州喜,
航天形势大好。

卫星遨游太空,
迄今颗颗成功。
"十四大"前献厚礼,
神州欢声雷动。

我们热爱航天,
科学高峰敢攀。
航天精神要发扬,
默默无闻奉献。

一次惨痛的失败

事物的发展绝对不是一帆风顺的，在我们欢庆双星高照巨大胜利的时候，又一个重大挫折正在向我们迎面袭来。

1993年10月，第二代返回式卫星第5颗星飞行试验失败，我一辈子也不会忘记那揪心的7天7夜。

第二代返回式卫星发射成功4颗后，已经完成了预定的发射任务。为了废物利用，就把试验用的电性能星加以改造，各个分系统将仓库里的备用件加以调试，凑成了一颗卫星，这就是第二代返回式卫星的第5颗发射星。这颗卫星在总装厂做电性能测试时，没有发生任何问题。在酒泉卫星发射中心的技术阵地测试和发射阵地测试，整个卫星都非常正常，做到了靶场开箱合格率百分之百，测试合格率百分之百。领导大会小会表扬，认为这是一个了不起的成绩。

就在这以前不久，我们航天部门的一位领导对新闻界说："我国发射成功了14颗返式卫星，回收成功了14颗，成功率达到了百分之百。这次靶场表现比历次都好，发射、回收成功肯定没问题，一定会创造一个连续发射、回收成功15颗返回式卫星的新纪录。"可是常言道：天有不测风云，人有旦夕祸福。有时天老爷作弄人，让你哭笑不得。从靶场开箱合格率百分之百，测试合格率百分之百，到卫星回收百分之百失败，反差如此之大，让人跌破眼镜，让人始料不及。

1993年10月8日，第二代返回式卫星第5颗星发射，此时我在西安卫星测控中心，是这次卫星发射的飞控组成员。卫星从酒泉卫星发射中心升空，运载工具将卫星成功地送入了运行轨道。从卫星和运载工具分离时控制系统的遥测数据发现，控制系统工作出现异常。以前发射的14颗返回式卫星，当卫星和运载工具分离后的100秒钟内，卫星的俯仰姿态从低头负30度左右一直被控制到0度近，发动机就立即停止喷气。可是这次发动机一直不停地喷

气，而俯仰的姿态输出也不正常，初步判断卫星控制系统出了问题。

由于遥测数据处理不能正确反映卫星的工作状态，不可能一下子就得出故障的结论。由于卫星控制系统没有备份，也没有故障应急措施，一旦得出控制系统发生故障的结论，就等于宣布这次飞行试验彻底失败。因此，还需要进一步观察。我是飞行控制组副组长，深感责任重大。如果价值上亿元的卫星失败，给国家造成的损失是多么大呀。

通过仔细分析遥测数据，发现卫星的姿态控制系统出现异常，卫星的姿态测量仪器滚动红外地球敏感器输出正常，而俯仰红外地球敏感器的姿态输出异常。但是由于俯仰遥测数据是 4 度循环，0 度可能是 4 度，也可能是 8 度等等，这给故障判断、分析带来了困难。我们控制系统几个技术人员把异常现象向卫星总设计师林华宝和总指挥作了汇报。他们让我们继续观察，设法挽救这颗卫星。

消息传到北京，可炸了锅。家里忙于组织专家进行故障分析，进行故障对策。他们由于没有第一手资料，从北京找我了解情况的电话不断。在这段时间里不但没有休息的时间，连想问题想对策的时间都没有。

当时我们还没有掌握"全姿态捕获技术"，如果卫星在天上发生翻滚，卫星发射肯定会失败，上亿元的卫星就会变成空间垃圾。我判断：这颗卫星失败了，无法抢救了。当专家们从北京不断来电话，通过其他试验队员向我了解卫星抢救的情况时，我有点沉不住气了，对问我的那位试验队员说：卫星基本上无望了，神仙老子来也救不了了，如果他有办法、有能耐，请他赶快坐飞机到西安来，不要遥控指挥。

更糟糕的是卫星飞了三天后，遥测数据还是那个样子，让你摸不清卫星到底生了什么病，卫星姿态到底是多少也不知道。我们几个技术人员挖空心思想办法，想弄清楚卫星的姿态角到底是多少。每当卫星过境，我两眼死死盯着显示屏，总希望有奇迹出现，但是奇迹没有出现。卫星到底出现了什么问题、卫星的姿态到底是正常还是不正常，这是迫切需要知道的问题。要解答这个问题，首先要知道卫星的姿态到底是多少。这个问题一直萦绕在我的心中，让我吃不好，睡不好。在飞行的第三天晚上，我实在睡不着，一直思考如何才能定出卫星的姿态。睡到半夜我突然想到了一个办法，用一个太阳敏感器和红外地球敏感器的信息来近似确定飞船姿态。

第二天天刚亮，就叫来工程组一个年轻技术员何旻，我说："今天你不要上街啦，给我编一个程序，用来确定卫星的姿态。"这几天由于卫星出了问题，几个老的技术人员在想办法解决问题，没有事的试验队员就上街去了。由于我想出了个办法，就让他留下来编制程序，想办法确定出卫星姿态。小何是硕士研究生，脑子很灵活，把想法一讲，他就知道了，很快就编制出程序。我们把卫星姿态敏感器的遥测数据代进去一算，姿态算出来了。一看姿态显然不对，卫星姿态肯定失去了控制，而且将不同时刻的姿态敏感器数据代进去发现卫星姿态在不断地变化，但是仍然不知道卫星的准确姿态数据。

飞行控制组开会商讨，卫星飞行的时间到了要不要回收？答案很简单：返回式卫星当然要回收！不回收卫星肯定回不来，回收还有回来的希望。因此，决定按时回收。这是死马当活马医，没有办法的办法。到第七天中午，卫星开始回收。卫星的控制逻辑还是正确的，你叫卫星绕俯仰轴转 –113 度，它就老老实实地绕俯仰轴转 –113 度，看到这里，我还暗存一丝侥幸心理。如果初始姿态在 0°附近，那卫星就回来了。可是事与愿违，事后才知道卫星的姿态刚好差了近 180 度，卫星由制动减速变成了加速。卫星不仅没有返回地面，反而飞向遥远的太空，这次飞行试验彻底失败了。这对我来说真是犹如五雷轰顶，一下呆住了，坐在那儿一动不动。战友们看到我痴呆的样子，不断地叫我的名字，真担心我挺不过，承受不了失败的打击。这颗卫星搭载有许多毛主席像章和毛主席纪念金表。这些东西也随着卫星于两年半后坠落在大西洋里了。

试验队回京后，永生难忘的苦难日子开始了，故障"归零"无休无止。首先是航天工业总公司成立了故障调查委员会，各级机关分别成立了故障分析小组，我是所故障分析小组的当然成员。故障分析和故障"归零"是一件非常认真严肃的工作，是在掌握了大量的第一手资料，包括系统的设计资料、系统试验纪录以及飞行试验的遥测数据的基础上，进行科学的实事求是的分析研究，找出故障原因，发生的部位，再进行故障复现的试验，最后做出正确的结论。

在这个问题上，我十分佩服原返回式卫星控制系统主任设计师冯学义同志，他顶着压力实事求是地写"归零"报告，主动承担责任。

出问题的真正原因是，认为卫星飞行 7 天可能不会出故障的设计思想不正确。飞行时间短失效的机会小，即使可靠性高到百分之九十九，出故障的概率只有百分之一，但是谁也不能保证百分之一的故障机会不会发生，谁也不能保证在卫星刚入轨时故障不会发生。因此必须掌握卫星在发生故障后的挽救技术。这个经验是用失败的惨痛教训换来的。

老翁醉卧在他乡

　　到了 1987 年，我国已经成功发射了近 10 颗返回式卫星。每次卫星的返回舱回收后，仪器舱被当作空间垃圾遗留在太空，其实卫星的控制系统、遥测遥控系统、能源系统等都在仪器舱上，它本身就是一颗卫星，如果能够把仪器舱的姿态从翻滚的姿态控制到正常工作姿态，就可当作一颗应用卫星，用它进行空间科学实验。我国著名航天控制专家、两弹一星元勋杨嘉墀院士在我们开始设计第三代返回式卫星的控制系统时给我们提出了这样一个问题："美国为了发展航天技术，专门发射航天新技术试验卫星，如 ATS 卫星。我国没有专门研制这种卫星，可是返回式卫星的仪器舱本身就是一个完整的卫星工作平台，返回式卫星返回舱回收后，把仪器舱遗留在太空成了空间垃圾。你们能否想个办法将仪器舱重新控制回来，当作一颗科学试验卫星用呢？用它可以做好多控制新技术试验，可以推动我国空间控制技术发展。"

　　我听后觉得很有道理，应该研究并解决这个问题。解决这个问题的关键是掌握"卫星全姿态捕获技术"。"卫星全姿态捕获技术"是航天控制领域中的一项重要技术。当卫星或飞船在飞行中由于某种偶发故障，而在太空翻滚，失去姿态基准时，可以用全姿态捕获技术来消除卫星或飞船的翻滚，并且重新建立正常飞行姿态，从而挽救卫星或飞船，避免失败。当时我国尚未掌握这一新技术，在我国没有人研究过这个课题。既然需要，说干就干。我的工作得到了返回式卫星总设计师林华宝和主任设计师冯学义等人的支持，决定在第三代返回式卫星姿态和轨道控制系统的研制过程中攻克卫星"全姿态捕获技术"这个难题。如果研究成功了，就在第三代返回式卫星飞行中试验这个新技术。

　　我首先对国外"全姿态捕获技术"进行了力所能及的调查研究，查阅的结果发现，在公开发表的技术文件中，研究这个问题的文章很少，从仅有的几篇文章中发现，国际上通用的全姿态捕获技术一般有两种方法，即"'太阳—地球'全姿态捕获"和"'地球—太阳'全姿态捕获"。所谓"太阳—地球"捕获是先将卫星的一个特征轴，例如偏航轴对准太阳，再绕太阳矢量转动，寻找地球，确定卫星的三个姿态角。而"地球－太阳"捕获是先将卫星的某一个特征轴，例如偏航轴对准地球，再绕地垂线转动，最后确定卫星的姿态。这两种捕获方法的理论基础是"双矢量定姿原理"，就是说要想确定卫星相对参考坐标系的方位至少需要选用两个参考天体，一般来讲这两个天体是太阳和地球。卫星的质心和这两个天体中心的连线构成两个矢量，如果知道这两个矢量在参考坐标系中的方向余弦以及在卫星体坐标系中的方向余弦就可以定出卫星的姿态。这就是所谓的"双矢量定姿原理"。

为了测量太阳在卫星体坐标系中的方位和在太空搜索太阳，卫星姿态控制系统中需要有大视场的模拟式太阳敏感器和精确测量太阳方位的数字式太阳敏感器。为了测量地垂线矢量在卫星体坐标系中的方位，又要有地球敏感器。为了测量卫星姿态变化速度来消除卫星的翻滚，还要有陀螺仪表。

用外国的方法需要的敏感器多。由于需要用太阳敏感器，所以全姿态捕获只能在卫星照得着太阳的地区进行。当时我们这颗卫星上没有安装全姿态捕获用的大视场数字式太阳敏感器，能否只用地球敏感器和陀螺就能完成卫星的全姿态捕获任务呢？能否在卫星飞行轨道的任何位置都可以完成卫星的全姿态捕获任务呢？这些问题国内没人研究过，也未见国外有文献报道。不管三七二十一，我就潜心钻研这个问题。能否只用地球敏感器和陀螺完成卫星的全姿态捕获任务，这就要求我们只用地球敏感器和速率陀螺就可以定出卫星姿态。消息一经传出，有的同志就和我一道解决研究过程中遇到的难题，范如鹰同志就是我最好的合作伙伴。我负责方案设计、解决方案和方法方面的难题，他负责全姿态捕获软件的编制，在编制软件中发现问题就找我讨论，我们合作得很好。也有好心的同志提醒我："老陈，你不用太阳敏感器只用地球敏感器就想定出卫星的姿态，不是违反了'双矢量定姿原理'吗？"

我的态度是对来自各方面的意见都虚心听取，从工作中找出不足并加以改进。常言道："道吾过者，是吾师。"能够指出我的错误或不足的人是我的老师。

我研究这个问题达到如痴如醉的程度，1992年春节，还在家里钻研卫星全姿态捕获技术。我用一个大苹果当地球，在上面画一个圆圈当作卫星运行

轨道，再用一个小一点的苹果插上三根牙签当作卫星，研究两者间的几何关系。突然脑子一亮，发现如果保持一根牙签相对大苹果上圆圈所在的平面（即卫星轨道平面）的夹角不变，另一根牙签跟踪地垂线，这样两个等效的矢量不就出来了吗？这样一个极其困难的技术问题就变得如此简单，它竟然难住我半年多啊。有的困难就像一层窗户纸，只要将窗户纸戳穿了发明就成功了。

这天我所在研究室的领导正好到家里来进行节日慰问，她看到我正在摆弄苹果，笑着说："老陈真有你的，大年初一还像孩子一样用心玩苹果呢。"我听后哈哈大笑说："玩苹果，玩苹果，可把难了我半年多的大问题解决了。"

接着我将设想变成了数学公式，在计算机上进行了大量计算。在仿真计算完成后，编写了方案设计报告和软件需求报告，通过了评审。此后再有人来说我的方法不行，我听后除了思考一下他的意见有无价值外，只能一笑置之，因为我对自己的发明充满信心。至此一切工作准备就绪，只待在第三代返回式卫星的第一次飞行试验中考验了。

考验的时刻到了。1992年8月9日，我国第三代返回式卫星进行第一次飞行试验。这时我已是该卫星姿态及轨道控制系统的副主任设计师了，又是那次飞行试验飞行控制组副组长，参加并组织了这次飞行试验工作。这颗卫星是我国第一颗同时拥有姿态和轨道控制功能的卫星。由于有了轨道控制功能，卫星的返回落点精度优于30千米，达到世界先进水平。

10月25日卫星回收，当天晚上12点左右进行卫星全姿态捕获试验。当仪器舱和返回舱分离后，在轨道上翻滚的仪器舱飞进我国地面测控区时，只听试验指挥员响亮地喊了一声："发全姿态捕获指令！"接着从广播中相继传来报告："全姿态捕获指令发出！""全姿态捕获指令执行！"我两眼紧盯着测控大厅中的数据显示屏。从遥测数据看，地面发出的全姿态捕获遥控指令确已执行，可是到仪器舱飞离地面测控区时为止，全姿态捕获的第一个任务，即消除卫星的姿态翻滚，这个任务我们称之为速率阻尼，还没有完成，仪器舱就飞出我国的测控区。只好等仪器舱下一圈飞回国内时再看结果。

隔了90分钟（卫星又绕地球飞行了一圈）左右，仪器舱又飞回来了。可是一看从天上传来的遥测数据，大事不好。仪器舱的控制系统仍然处于全姿态捕获的速率阻尼阶段，而且仪器舱的燃料已经耗光。这样，第一次全姿态捕获试验就彻底失败了。

这时我的压力可大了，尽管第三代返回式卫星第一次飞行试验获得圆满成功，可全姿态捕获试验失败，在我的心中蒙上了一层阴影。没完没了的故障分析开始了。

通过遥测数据分析，仪器舱 10 千克左右的燃料都耗光了。根据"角动量守恒原理"，燃料产生的角动量增量应该等于仪器舱角动量减少的数量。为什么仪器舱的翻滚还没有停止呢？我的战友们都很理解我的心情，没有人说"你违反常规"的话，都认为我的捕获方法没有问题。分析得到的结论是：由于仪器舱和返回舱分离时的初始条件差，分离后仪器舱转速太高，速率阻尼需要燃料，速率阻尼将燃料消耗完了，下面捕获模式无法进行是失败的根本原因。这时总体部传来分析结果：由于返回舱和仪器舱没有完全分开，有一根应该在分离前割断的电缆没有完全割断，因此仪器舱和返回舱在制动火箭点火时距离很近，在制动火箭点火时火焰直接吹到了仪器舱，使得仪器舱高速旋转。原因查清。后来总体改进了两舱的分离条件，准备在 1994 年发射的第三代返回式卫星第 2 颗星的飞行中再做试验。

一分耕耘必定有一分收获，问题查清并彻底解决，离成功的日子已经不远了，接下来的就是胜利！

1994 年 7 月 3 日，我国第三代返回式卫星第 2 颗星发射成功，7 月 19 日下午 2 时安全、准确回收，西安卫星测控中心一片欢腾。此时，作为该星姿态和轨道控制系统副主任设计师的我又在干什么呢？正在西安卫星测控中心测控大厅会议室参加会议，卫星全姿态捕获技术飞行试验的准备会议正在紧张地进行。

这是继我国在 1992 年发射第三代返回式卫星第 1 颗星上进行过全姿态捕获技术后的第二次飞行试验。

这次试验准备会由该星飞行控制组组长巫致中主持，我在会上重申了全姿态捕获飞行试验的要点和对飞行控制的要求。我国著名航天科学家、中科院院士王希季参加了试验准备会，王总在会上特别讲了飞行试验的重要注意事项及如何做好故障对策。

晚上 12 时，将对第三代返回式卫星的仪器舱进行全姿态捕获试验。11 时，参试人员早已坐在西安卫星测控中心的测控大厅内，等待着试验时刻的到来。王希季院士和中心主任李恒星少将已亲临试验现场，当我看到已年过七旬的王希季院士深夜亲临现场指导时，心里非常激动。已是自己老师辈的

老科学家对航天事业的责任心、执着的追求精神深深地感动了我。我走到王院士面前轻轻地说道："王总，您到招待所休息吧，我会把这次试验做好。"王总回答道："去休息，不行！我从北京到西安来，主要是看这次飞行试验的。"

看到王总那满头的白发，听到他那响亮有力的声音，我饱含激动的热泪，回到测控大厅控制系统监视台前坐下。想到试验队的某些领导此时或正在招待所里玩"拖拉机"或早已进入梦乡，对比之下，不由得使我对这些德高望重的老科学家更加尊敬，并下决心学习他们热爱航天事业的敬业精神。这才是十分宝贵的活生生的航天精神呢。

突然电话铃声打破了激战前的沉静，有人喊道："老陈，电话！"

"喂！哪一位？哦，是杨先生！我是贵呀！"

原来是我国著名航天控制专家、"863"计划发起人之一的中科院院士杨嘉墀从北京打来的电话。

"贵，试验进行了没有？什么时候进行？"

"11 点都过了，杨先生，这样晚了你还没有休息？"

"没有，贵，这次试验非常重要，希望你一定要把它做好，试验准备工作要周到，要仔细，同时要做好故障预想和故障对策工作，一定要做好试验数据的记录工作，"

"是！是！是！请杨先生放心，我们一定把试验做好，争取圆满成功。"

电话筒中传来杨先生预祝全姿态捕获飞行试验成功的声音。两位年过七旬的功勋卓著的老院士在晚上 12 点过后，一个坐在现场指挥试验，一个在北京关心着这次飞行试验，他们用行动为我们航天人树立了榜样。什么是航天精神，这就是航天精神！

这时传来了试验指挥员的口令："全姿态捕获试验 15 分钟准备，青岛？"

"到！"

"青岛？"

"青岛到！"

整个测试大厅一片寂静。这时，突然传来青岛站的报告声："青岛发现目标！"

"青岛跟踪正常！全姿态捕获指令发出！全姿态指令执行！速率阻尼正常……"

"渭南捕获目标！渭南跟踪正常！卫星开始捕获地垂线……"

在地垂线捕获完成之前，卫星已经飞出了测控区，仪器舱的遥测信号消失。试验的第一个模式和第二个模式的前半段进行得很正常，但关键的第二个模式的后半段和第三个试验模式的结果还不知道，只有等待卫星下一圈飞回国内测控区时才有最终结果，只有等待。大厅中没有人走动也没有人说话，都在耐心地等待试验最终结果的到来。

90 分钟过去了，卫星飞回来了。

"渭南发现目标！渭南跟踪正常！"

哈，哈！试验成功了！

从太空传来的遥测数据清楚地表明，仪器舱的姿态翻滚已经消除，卫星的偏航轴正指向地心，偏航姿态已经小于2°，全姿态捕获试验取得圆满成功。当从指挥员那里传来全姿态捕获试验圆满成功的好消息时，试验大厅响起经久不息的掌声。王希季院士、李恒星将军高兴地从座位上站起来握住我的手，热烈祝贺，大厅里一片欢腾。此时我赶快给北京的杨嘉墀院士打了长途电话，报告了试验成功的喜讯。

第二天飞行控制试验队会餐，庆祝飞行试验的圆满成功。席间试验队员们个个喜气洋洋，欢天喜地，互相祝酒，庆祝全姿态捕获试验圆满成功，欢庆第三代返回式卫星返回故乡。整个宴会厅洋溢着欢乐的气氛。502 所试验队队长突然站起来，高举起酒杯说："请同志们举杯，为第三代返回式卫星第 2 颗星发射和回收圆满成功，为全姿态捕获技术飞行试验圆满成功干杯！"

试验队员们纷纷起立，喝了这杯庆功酒。试验队长接着又举起第二杯酒说："同志们，下面这一杯酒敬给我们的贵老总、我们控制分系统的副主任设计师，祝贺他发明了一项重要的航天控制新技术，卫星全姿态捕获技术的飞行试验取得圆满成功！"

话音未落，宴会厅响起了长时间有节奏的欢呼声："贵！贵！贵！"试验队员们边呼着我的名字，边用手中的筷子敲打着餐桌和杯盘，整个餐厅充满热情洋溢的欢乐气氛。开什么玩笑！整个试验队给一个普通的试验队员敬酒，向一个普通的试验队员欢呼，这种情景在试验队中从未见过。

我太激动了，喝了一杯又一杯，头有点发晕了，站起来看着同一工程组的战友们问："谁来帮我喝?"以前替我喝酒的小何到美国去了，另一个年轻同志又累倒了，剩下几个老同志都帮不了忙。正在此时，身后突然响起了银

铃般的声音："陈老师，我来帮你喝！"我回头一看原来是试验队里的一个女博士谌颖。我笑了笑说："你喝还不如我喝！"我哪里舍得让这位能干、美丽的女博士代我喝酒呢？

试验队聚餐刚完，西安卫星测控中心主任李恒星司令员又请客，我们又被请去参加。席间基地的参谋干事及技术人员们又来凑热闹，纷纷前来给我敬酒。这个说："我要敬陈总一杯。"那个说："我要敬陈老师一盏。"你一杯、我一盏，我高兴得有点忘乎所以，满脸通红，晕晕乎乎，醉矣！

我从当晚10点一直睡到了第二天中午还没起床。招待所门前的汽车已经坐满了回北京的飞控试验队员们，可我还没有来。队长敲门，没有回应，糟了，出事了！贵是否喝醉出问题了？试验队长赶快叫来招待所服务员开了门，只见我仍在昏睡之中。两个试验队员将我从被窝中拖起架着下了楼，扶上了去火车站的汽车。

事后我想起这件事连说："险哉！险哉！"从此以后我滴酒不沾，戒酒了！为了纪念这一难以忘怀的夜晚，写下一首诗：

美酒醉他乡

西凤美酒扑鼻香，
将军设宴劝君尝。
畅叙千年飞天梦，
笑谈卫星返故乡。
敲盅击筷齐助兴，
贵！贵！贵！贵音绕梁。
战友纷纷来敬酒，
络绎不绝竟成行。
杯杯盏盏战友情，
点点滴滴暖胸膛。
生平何见此情景，
热血沸腾心欢畅。
人逢喜事千杯少，
李白斗酒谱华章。
可笑老朽不自量，

酣然醉卧在他乡。

返回式卫星全姿态捕获技术试验成功后，在航天界引起了极大反响，好评如潮。1994 年 8 月 5 日，《人民日报》在头版报道了这一重要消息。消息说"我国开辟卫星可靠性的新途径"，"证明我国卫星更强的生命力和仪器舱可以继续留轨再执行任务的可能"。

在科技成果鉴定会上，由我国著名的航天技术专家组成的鉴定委员会对这项成果给予非常高的评价："该技术的试验成功为我国提高卫星和飞船的安全性和可靠性开辟了新的道路，该技术和国外同类技术比，具有简单、可靠、捕获速度快、不受飞行时间和地点的限制等特点，达到了当今世界的先进水平。"

戚发轫院长指出："返回式卫星'全姿态捕获技术'试验成功的意义，比成功回收一颗卫星还重要。怎么评价都不过分。"

这是我为我国航天事业作出的一项重要贡献，在以后发射成功的技术试验卫星中起了极其重大的作用。这是 502 所返回式卫星队伍勇攀航天科技高峰的又一重大成果。

返回式卫星全姿态捕获技术于 1996 年申报科技进步奖，这次申报由我操办，才体会到发明新技术不容易，申报成果更困难，要填的表格一大堆，真是烦人。

这一年，我获得了航天奖。这是航天部给有突出贡献的技术人员的最高奖项。

"空间垃圾变卫星"的创举

全姿态捕获技术试验成功后，又计划在 1996 年发射的第三代返回式卫星的第 3 颗卫星上进行"空间垃圾变卫星"的科学试验。以前返回式卫星返回舱回收后，仪器舱被遗留在太空成为空间垃圾，这次要把它变作一颗应用技术试验卫星，为我国的载人飞船和科学技术应用卫星做新技术试验。

不花一分钱的一颗新技术试验卫星即将诞生。

这次安排了三项重要的新技术试验。第一项试验是"921"工程（即载人航天工程）轨道舱留轨的新技术试验，第二项是对地观察试验，第三项是卫星控制系统的新技术试验。

盼望了多年的这一天终于到来了。试验的那天晚上，我国载人航天工程总设计师王永志亲临现场指导了这次重要的飞行试验。试验前他对我说："老陈，你可要把这次试验做好，这是为我们'921工程'轨道舱留轨提前进行的免费试验。这个技术对保障航天员生命安全十分重要，对飞船轨道舱的留轨飞行具有重大意义。"

首先进行"921工程"轨道舱留轨的新技术试验。当晚 12 时，当与返回舱分离后在太空翻滚的仪器舱再次飞进我国地面站的测控范围内时，只听试验指挥员高喊一声："发全姿态捕获指令！"接着听到报告："全姿态指令发出！"隔了一会又听到报告："全姿态捕获命令已经执行！"

第一个飞行试验成功了，测试大厅响起了热烈的掌声。空间垃圾变卫星的试验成功了。接下来做的是一项重要的对地观察试验。过去我国为了进行这项重要的科学试验，曾经发射过两颗对地观察卫星，均未取得满意的结果，这次要用我们的仪器舱再次进行试验。试验进行得非常顺利，通过遥测和数据传输系统不断传来的观察结果，试验一个又一个地成功了。

1996 年，空间垃圾变卫星的试验取得了圆满成功，我非常高兴，写下打油诗三首。

贺第三代返回式卫星留轨试验成功

高新技术建奇勋，
空间垃圾变卫星。
世间奇迹谁创造？
我们中国航天人。

空中垃圾变卫星，
国家投资不用增。
空前奇迹谁创造？
我们中国航天人。

卫星颗颗游太空，
团结奋斗立新功。
默默无闻作奉献，
我们中国航天人。

利用我设计的全姿态捕获技术将原来作为空间垃圾遗留太空的返回式卫星仪器舱变成了一颗新的卫星，进行了一系列空间科学技术试验，实现了空间垃圾变卫星的壮举。

在这次飞行试验中，还进行了其他重要科学技术试验。先是航天控制技术的新技术试验，包括控制计算机的切换试验，红外地球敏感器的备份技术试验，单红外地球敏感器的全姿态捕获技术试验。这些备份技术在卫星正常飞行时不能进行试验，一旦卫星控制系统发生故障就要应用，不进行试验是有危险的。有谁给你创造这样的试验机会呢？现在利用这颗不花一分钱的卫星进行了这些重要控制新技术试验，为以后在卫星和飞船上使用这些新技术打下了坚实基础。

当人们说我国载人航天工程的重大特点之一，是轨道舱的综合应用，我们创造了太空舱由神话变现实的奇迹时，却忘了多说一句话，这些重大特点是如何具有的？这个奇迹是如何创造出来的？不是靠别的，是靠我们创造发

明的卫星全姿态捕获技术。试想如果没有这一挽救卫星和飞船的秘密武器，如果飞船的姿态失去稳定就没有办法挽救，就会造成船毁人亡的严重后果，神舟五号飞船敢上天吗？可以说全姿态捕获技术的试验成功是我国航天界单项技术发明意义最重的大项目之一。试验成功后，立即推广应用到其他的应用技术卫星，直接应用到"神舟号"载人飞船，为圆中华民族的千年飞天梦作出了重大贡献。

在该技术的推动下，我们又相继研制成功了其他配套的全姿态捕获技术，如国外公用的"太阳—地球"捕获技术和"地球—太阳"捕获技术。

不管你承认也好，不承认也好，历史总是历史。尽管由于科技界的某些腐败现象影响，真金有时会被灰尘覆盖，不能显示出真正的价值，但是当我知道自己研究成功的卫星全姿态捕获技术，在具有重大经济价值和政治影响的神舟五号飞船及其他的应用技术卫星中成功应用的时候，我由衷地感到自豪和骄傲，因为我把聪明才智献给了我们伟大的祖国，献给了我为之奋斗了一生的我国的航天事业。泥沙俱下，鱼龙混杂，但是科学会战胜愚昧，科学的东西永存！唯一遗憾的是返回式卫星没有得到国家级科技进步奖。从它推动我国航天控制技术的重大作用和它对提高我国卫星和飞船的安全性和可靠性的重大意义来讲，从在科学技术上的创新以及它的推广应用所带来的经济价值来讲，从它对神舟五号载人飞船飞行试验成功的重大贡献来讲，这样重大的科技成果没有得到国家奖，我感到非常遗憾。但是我将自己的知识奉献给了自己的祖国，看到自己的发明正在我国航天事业中推广应用着时，心中又感到无比的欣慰。

QINGQIAN
JIUYI

第五辑
情牵旧忆 〉〉〉

我和航天真有缘

神舟五号顺利返回地面，当我看到航天员杨利伟健步走出返回舱时，我禁不住热泪盈眶。我看到我国首次载人航天飞行圆满完成了！我们中华民族的千年飞天梦想今天变成了现实，我们向祖国立下的保证、向航天员许下的诺言完全兑现了！我们胜利了！我为之奋斗了 20 年的中国载人航天事业终于结出了丰硕的果实，我怎么能够不高兴哩！回想我的航天历程，我不由得想起人们有时说过的一句话，你一辈子干什么工作，都是老天爷注定的，是缘分，我与我国航天事业真是有缘！

时间回到 1957 年，原苏联发射了世界上第一颗人造地球卫星，那时我还在江津一中念书，站在江津一中新修的教学大楼前的山坡上遥望飘渺、浩瀚无边的太空，搜索由西北向东南飞去的原苏联的红色卫星，我的思绪早已随着消逝的卫星而飞向太空。而我的航天路开始于 1957 年。

在那年我考上了成都电讯工程学院，现在的成都电子科技大学，报考并被录取在无线电系。当我到学院报到时，报到处的老师告诉我，你已经被转到了电子自动化系，问我有没有意见。我那时候是刚离开家门第一次到大城市的穷孩子，哪知道什么是电子自动化系，什么是无线电系呀！何况那时我们受的教育都是要服从组织分配。到电子自动化系后，我才知道这是成都电讯工程学院新成立的一个系，是培养导弹控制人才的一个尖端、保密的系。被选到这个系的学生家庭出身好，所谓出身好就是指出身在工人、贫下中农家庭的，同时被选到这个系来的学生成绩也要好。可能我这两条都符合，所以被选到电子自动化系来了。这一个转折十分关键，因为我到导弹控制系来学习导弹控制，这样我的脚就迈进了航天领域的大门。

第二次大的转折是在 1962 年，那年我大学毕业，听说毕业后被分到辽宁葫芦岛海军基地，我非常高兴，因为我家里非常困难，当时部队上待遇比较

好，这样我能够有较好的条件来帮助家庭，特别是帮助正在北航上大学的弟弟。正在这个时候传来了一个消息，中国科学院自动化研究所要到成都电讯工程学院招收一名研究生。"文化大革命"前的研究生不像现在这样遍地都是，真是凤毛麟角，特别是科学院的研究生更是少之又少，考科学院的研究生更是难之又难，感到特别神秘。我们班上有几个同学来邀我一道去报考，看看科学院的研究生到底多难考，多神秘！我说："你们要考你们去考，我不去。我分到葫芦岛海军基地去了，你们去考吧！"

我的几个要好的同学说，考上科学院的研究生谈何容易，我们去考的主要目的是看看他们考试的题目有多难。我最后被说动了，与同学们一道去试试，心想我又不准备、不复习，肯定考不上，试就试吧。

有心栽花花不发，无心插柳柳成荫。我毫无准备地进了考场，我记得考了四门功课，是自动调节原理、电子线路、外语和政治。考过不久录取通知书来了，被录取的不是别人，而是没有准备考试的去看看科学院研究生有多么神秘的我。这下我可急了，我找到学院负责人事的黄艾民党委副书记，提出来不到科学院去，理由是家里困难，急需出来工作，不能再念书了。黄书记听了摇头说："不行！招收研究生是国家任务，不能够你愿意去就去，不愿意去就不去！"我找黄书记软磨硬泡，没有用。最后黄书记告诉我说："学院领导定了，你到科学院去当研究生最好，如果你不去当研究生我们也不让你到葫芦岛海军基地去，分配也要把你分配到科学院去。"这种情况下我到了科学院自动化所当研究生。如果不是这一转折，我可能就在海军基地当兵，而进不了航天部的大门了！这就是第二次转折。

第三次大的转折发生在1965年。1962年到了科学院自动化研究所，到那里我才知道自己报考的专业错啦。我报的是自适应、自调整专业，我心想这个专业是自动化领域中最新的尖端专业，肯定是和我大学所学的导弹控制有关，是与国防有关的专业。可是这次搞错啦。

我的导师是工业控制方面的权威，他是搞工业控制方面的自适应控制的，因此我由导弹控制转向了民用的工业控制。我跟随导师到过兰州炼油厂，搞计算机控制工业过程的国家试点任务，看来航天领域离我越来越远了。

可是1965年科学院进行体制调整，把科学院自动化所从事工业自动化研究的研究室全部调整到东北沈阳工业自动化研究所，这样我又面临跟随导师到东北。自动化所的老所长来找我，问我为什么要到东北去，"你在大学是学导弹控制的，留在北京搞国防科研更为合适。"这样我取得导师童世璜教授的同意就留在北京了。这次如果不是吕强所长挽留我，我可能现在正在沈阳机器人研究中心研究水下机器人。因为现在机器人中心就是原来的沈阳工业自动化所，从北京调过去的科技人员是我国开发机器人的主力，其中号称机器人之父的蒋新松院士就是我在北京时的战友。

第四次大的转折发生在 1967 年，在"文化大革命"的高潮中，为了统一、加强空间科学发展，特别是加强第一颗人造地球卫星的研制领导工作，国家决定成立中国空间技术研究院，负责飞船和卫星的研制工作。空间技术研究院由原来中国科学院新技术局承担东方红一号卫星研制的厂、所以及部分原七机部的技术人员组成，新建的空间技术研究院的建制隶属于当时的国防科委，我所也被划到了中国空间技术研究院。由于体制改革的需要，所里成立了体改小组，我是所体改小组成员，也参与我所在研究室技术人员的划线工作。所谓划线就是查你的家庭出身，看你家庭是属于红五类或黑五类。所谓红五类就是指你的家庭出身是农民、工人、革命干部、解放军和各民族的知识分子，所谓黑五类是指家庭主要成员中有地主、富农、反革命分子、坏分子、右派分子，后来又加上叛徒、特务、走资派和反动学术权威。如果某一个同志的家庭是属于所谓黑五类，那他就被划到线外，就不能搞航天，就被划到科学院。现在看来不可理解，但是当时就是这样干的。我是体改小组的成员，我也不理解，为什么我们一些同志是共产党员，他能参加无产阶级的先锋队，但是他不能在航天部门工作。我们研究室有 30 多人，只有几个人被划到线内，搞控制理论的只有我和李宝绶两个被划到线内，其余都被调到科学院自动化研究所，其中包括现在著名的自动控制理论家×××院士。我非常幸运不仅被划到线内，有资格从事卫星和飞船的研制工作，而且我研究生毕业立即被分配到当时 502 所的飞船、卫星控制系统总体室工作，参加到"曙光一号"载人飞船制导、导航与控制系统的研制工作。

从上面 4 次重大转折来看，任何一次都有可能被分到其他的领域，而与航天技术无缘，可是每一次转折，我都有惊无险，一步一步地迈向航天领域。

我和飞船的不了情

我四十年的航天生涯中，有二十多年贡献给了载人航天事业。

1967 年，我刚研究生毕业就遇到了聂荣臻元帅为了统一卫星和飞船的研制工作，成立中国空间技术研究院（新五院）。五院负责卫星和飞船的研制。我被分配到"曙光一号"飞船控制系统总体研究室工作，任飞船制导、导航与控制系统方案设计组副组长，航天员手动运动控制系统的组长。谁都知道制导、导航与控制系统是飞船的关键系统，有飞船大脑之称。有的人把它比作飞船的舵手，有的人把它比作飞船的心脏，可见其在整个载人飞船工程中的重要地位。这个任务难度最大，要求最高，责任也最大，是最具有挑战性的任务。我这个人就喜欢挑战，因此能够承担这样重要的任务是我的幸运。

从 1967 年到 1975 年，我在"曙光一号"飞船的队伍中一呆就是 8 年。在这 8 年时间内，我和战友们设计成功了第一个航天员手动运动控制系统、研制成功了航天员姿态和平移控制手柄的样机以及全姿态显示仪表、航天员用时钟的样机，和宇航医学工程研究所合作研制成功第一个培训航天员的手动运动模拟器，还在单轴飞行台上进行了航天员手动运动控制的全实物模拟仿真试验。还完成了飞船制导、导航与控制系统的方案初步设计，研制了飞船惯性平台导航系统平台的样机，研制成功了飞船导航控制计算机的样机，为卫星和飞船的计算机控制技术的发展奠定了基础。可是由于当时的技术经济条件的限制，到了 1972 年"曙光一号"任务被迫下马，又由于是毛泽东圈阅过的任务，谁也不敢说下马，我留守该任务直到 1976 年参加"实践二号"卫星姿态控制系统的研制工作，这是我与飞船第一次说再见。

1990 年，在国家 863 计划的推动下，五院正式成立了载人飞船方案论证组，由张国富副院长直接领导，论证组组长是范剑锋研究员，副组长是李颐黎教授。我们 502 所负责飞船制导、导航与控制（GNC）系统的方案论证，由我负责，还有冯学义和李果两个同志参加。到了1991年，航天工业总公司正式开始以方案论证的方式来开展我国载人飞船的方案论证工作，参加投标的有一院、上海航天局和五院。五院论证组在原有基础上加强了论证队伍，张国富副院长仍然负责论证的全面领导工作，刘济生协助组织调度工作，我们502所也充实了GNC系统的研制队伍，具体人员有冯学义、孙承启、邵久豪、袁正宁和我。由于三家投标，竞争非常激烈。在那个时候我还负责两个即将发射卫星控制系统的设计工作以及资源二号卫星姿态与轨道控制系统的方案立项论证工作，特别是第三代返回式卫星要在1992年第一次发射，与总体、西安卫星测控中心的协调任务很多，我经常外出，在五院飞船论证组开会时，我有时缺席未到。当时论证组的顾问王希季院士说，老陈太忙，开会经常不到，影响论证工作，建议502所另派他人。我就这样第二次和载人航天工程说拜拜。

过了没有多久，GNC系统的论证报告书上交到院里论证组，张国富副院长对这个论证报告不满意，论证组的顾问屠善澄院士说："陈祖贵是GNC系统论证组中唯一参加过'曙光一号'飞船GNC系统研制工作的老同志，我看还是让他回来继续参加飞船论证工作吧。"由于屠善澄院士和张国富副院长都是我的老领导，他们了解我的工作能力，他们支持我，这样我又第三次进入了载人航天领域，为圆我中华民族的千年飞天梦想而工作。有人说飞船离不了我，我也不愿离开飞船，就这样一直战斗在载人航天工程的第一线，一直战斗到2003年10月15日，第一个航天员杨利伟被送入太空，我在载人航天战线奋战了二十年。

这正是：

　　我与飞船真有缘
　　三进两出造飞船
　　中华民族飞天梦
　　老陈圆了二十年

深山 "虎啸"

我自幼家庭贫苦，父亲早年去世，母亲是个文盲，小脚老太太要拉扯我们兄弟几个长大实在不容易。母亲给人缝补衣服，洗衣服，绩麻纺线，历尽千辛万苦。在这样的家庭里，我从小就参加劳动，力所能及地干活，帮助家庭，我捡过破烂，打过柴，少年时候当过棒棒军。下面几章介绍我的成长过程。

从长江里拾来柴火，只是解决自己家烧火做饭的问题。长江里拾来的柴火不能卖钱，因为没有人买。此时家中这种柴火已经堆积如山，我和邻居的孩子们就开始上大山去拾柴火了，在大山上找来的松树枝和干柴易燃，还可以卖钱。我们家住在长江边上，附近没有大山，在长江的对岸有深山老林，我们就到长江对岸的大山里去找柴火。每天清晨，我和邻居的孩子们就背着柴背篼到江边码头赶渡船过江。

从对岸的德感坝镇到长满树木的大山断石龙有几十里路要走，这可是艰苦的长途跋涉。路是崎岖不平的小路，有的地方铺有石板，人们称之为石板路。夏天烈日高照骄阳似火，在烈日下走山路真是汗流如注。那时口干了没有现在的可乐、没有汽水，连茶水都没有，我们走到半路的山崖上，行善人家在山崖石壁上面刻了一个大石碗，清凉的山水从崖上源源不断地流下，过路的行人口渴了，就喝这个碗中的水，这个碗里的水终年四季都是满满的，这个地方远近闻名，人们叫它为"一碗水"，因为不管你任何时候去喝，这碗里的水总是满满的。再往前走，快到目的地深山老林中的"断石龙"时，路边有个小饭店，我们称之哑巴店，这里卖的只有稀饭和咸菜之类，是供过往的穷人们休息打尖吃饭的地方。我们走到那里放下背篼，花上 3 分钱，买一碗稀饭和一盘蚕豆充饥。这个幺店子的老板和老板娘我们都很熟悉，到那里还可以免费喝口热汤热茶哩。到现在我都不知道为什么我们当时叫这个地方为哑巴店，当时的店老板和老板娘都不是哑巴，也许他们的父辈有是哑巴的，或者是因为这里寂静无声的缘故吧。

再往前走就到"断石龙"了，"断石龙"是一条大的石头山梁，据说被雷从中间打断，好像一条巨龙被拦腰切成两段。这个断口成了进山的通路口。走过断石龙，迎面而来的是一片黑压压的大树林，地上铺满厚厚的枯松树枝以及松树和杉树叶子。还有一种草叫"蕨鸡草"，遍地都是，晒干了特别好烧。这些东西用来引火非常好使，我们用耙子将它们收集在一堆，装在背篼里。有时发现一些枯死的小树也将它砍断，装在背篼里。在深山里有一些大树上有乌鸦的窝，我们叫做鸦雀窝，全是用干枯的树枝堆成的。每当发现这样的鸦雀窝时我们非常高兴，因为只要有这样一个鸦雀窝，我们几个孩子的柴背篼就装满了，我们当天找柴火的任务就算完成了，下来的事就是如何把它运回家了。那时还真的不知道保护野生动物资源之类的。

有一次我们正在拾柴时，突然从密林深处传来几声动物的巨大吼声，"嗡，嗡，嗡，嗡"，在深山老林里听见这样的吼声，令人毛骨悚然。我们中间有一个小孩突然叫了一声："老虎来了!"这一下可吓坏了小伙伴们，我们十来个小孩扔下柴背篼就往外跑。我们一口气跑出了断石龙，边跑嘴里还在喊："老虎来了! 老虎来了!"直到遇到了运送煤炭的马帮。马帮的叔叔伯伯们把我们叫住，问："娃儿，你们跑什么?"

我们上气不接下气地回答："老虎、老虎、老虎来啦!"

马帮的大人们说："这里哪里有老虎啊!"

我们说："我们刚才听到老虎在叫。"

马帮的叔叔们和我们一起回到刚才的地方，这里的一切已经变得非常安静，什么事都没有! 是老虎走了，或是真的没有老虎，还是我们听错了，我们也不清楚。当我们回家把这件事告诉爸爸妈妈时，他们都说我们听错了，我们这一带听说见过豹子，还没有听说见过老虎。

走"稀牙坡"

四川人在说哪个小孩哇哇大哭，就说那个小孩在走"稀牙坡"，言外之意是说这个孩子张着大嘴巴稀着牙齿在哭。我可真的走过一次"稀牙坡"。

那是 1951 年的事了，那时我已经 13 岁了，人也大了些，为了帮助爸爸妈妈渡过家中的困难，我的责任也更大了一些。那时期我除了拾柴火、挑水、搬运粮食之外，每逢附近农村赶集，我就和邻居的叔叔阿姨们一起去赶集，我们叫做赶场，到那里买点蔬菜瓜果豆类等到城里去卖，好赚点钱来补助家里。

有一次我去赶先锋场，买了些南瓜和绿豆之类，挑着担子回家。从先锋场到江津走陆路有 30 多里，挑上五六十斤东西从中午动身回江津笃定没有问题。可是上帝专门捉弄没有钱的人，我挑着担子，哼着小调兴致勃勃回家的时候，扁担突然断了。担子没有扁担就没有办法挑了，买的南瓜绿豆又不能不要，情急之中突然看到路边的黄瓜架，黄瓜架是用斑竹搭的。我赶快跑到路边拔起一根斑竹，当扁担挑起就跑。为什么要跑呢？怕黄瓜架的主人看到了不让我走，说白了是偷了一根斑竹当做扁担来挑的。扁担的问题解决了，我的问题可大了。扁担是扁平的，担子挑在肩上受力均匀，人好受。可是斑竹是圆的，挑在肩上接触的面积小了，压力大了，所谓应力集中，压在肩上没有多久，就疼痛难当，我把担子一会儿换到左肩，一会儿又换到右肩，真的疼呀！东西又不能扔，挑起来又疼，走几步休息一会，休息一会走几步。我的肩头被压得刺心地疼。眼看太阳要落坡了，天也渐渐地黑下来，离家还远着哩。这时我哭了。哭又有什么用呢？还得挑起担子走，边哭边走、边走边哭。我就这样真的走起了大人们常说的"稀牙坡"来了。

在晚上 6 点钟左右我总算走到了江津城关镇的大西门，在那里，我看到在苍茫的夜色中，盼望儿子归来的抱病在身的老父亲。我放下挑担，来到父亲的身边，当看到父亲的眼中流露出无比痛苦、伤心的眼神时，我本想扑到父亲的身上伤心地哭一场的想法戛然中止，挑起担子一拐一拐地跟随着父亲回家。因为父亲有病，我不能再让他伤心了。直到现在我不敢讲这一段经历，因为每当讲到这些事时我总会情不自禁地泪流满面。

少年棒棒军

我在 11 岁左右就开始了少年棒棒军的生涯。在四川，所谓的棒棒军就是指苦力，在码头上帮别人搬运货物、行李的人。在电影《山城棒棒军》出来之前，我的老家把这些人称之为下力的。

我干得比较多也比较苦的活是起甘蔗和运甘蔗。什么叫起甘蔗呢？江津在长江边上，长江上用来短途运送货物的木船叫做揽载。它把江津附近农村的土特产运到江津来，把江津的货物运到农村去。在甘蔗成熟的季节，揽载就把上游农村的甘蔗运来，船到了码头后，要把船上的甘蔗搬到岸上来，这就叫起甘蔗。这个活是由几个小孩子组成一伙来承包的，我就干这个活。甘蔗皮上有很多毛，刺人，掉到身上很难受。但是孩子们都是抢着干，有时为了抢地盘还打架。有一次为了争着起甘蔗，我还被推到寒冷的长江里。

运甘蔗是帮那些卖甘蔗的小贩，或者那些买甘蔗不愿意自己搬运的有钱人运送甘蔗，一捆甘蔗有二十根，搬运路程几里路，工钱是一捆两分钱。干这个活我和我的弟弟一起干，我一次在肩上扛两捆甘蔗，弟弟扛一捆。兄弟俩运一次可以挣得六分钱。这个活更难干，甘蔗扛在肩上，甘蔗的皮就和颈子摩擦，甘蔗皮上的毛刺得颈子十分难受。甘蔗从这个肩膀换到那个肩膀，肩头都被压肿了，十分疼痛，但是我从不叫苦不叫累，还总想跑快点，好给家里多挣一点钱。我在工作中那种不服输，总力争上游勇攀高峰的精神可能与此有关。

帮邻居挑水，帮酱园厂挑水是我干的另一个活。酱园厂需要用的水很多，一般一个星期至少要去挑一次。那时候没有自来水，饮水、用水都是到长江里去挑。用一对大木桶挑水，一挑水重 100 斤左右。长江里和江边全是鹅卵石，赤脚挑水，光脚板特别难受，可是那时候哪里还管难受不难受啊，挑着水桶跑得可欢了，为了多挑一挑还和其他小孩比赛，看谁挑的次数多，看谁跑得快。我在中学跑 1500 米得过全校第三名，在大学参加 5000 米竞走得过全院第四，可能就是那时打下的功底。

给粮食公司搬运粮食是我和我的少年棒棒军们经常干的工作之一。这是我提起就感到害怕的工作，因为搬运粮食全是用人力，那时没有起重机之类的运输机械，我们把粮食从长江边上挑到江津城隍庙的粮食公司已经是气喘吁吁，还要上几米高的囤包。当挑着100多斤粮食踏上长长的跳板往囤包上走时，脚一闪一闪，人真像要倒下去似的。有一次上囤包，我实在没有劲了，从囤包上摔了下来，蚕豆撒得满地都是。粮食公司的工作人员没有埋怨我，他们帮我把蚕豆从地上扫了起来，还问我摔着没有，因为他们知道面前是一个只有十一二岁的小孩子呀，这个年龄的有钱人家的孩子还在父母亲身边撒娇哩！

这样的条件培养了我吃苦耐劳的精神，培养了我坚强的意志和力争第一的精神，这些东西使我在今后的学习和工作中受益匪浅。

初中升学，县考状元

尽管家庭困难，我读书还是比较用功。1949 年我小学毕业考初中，考了个全县第十七名，这在我的母校江津成德小学引起了不小的震动。因为家庭贫穷，父母亲是文盲，学习条件又不好，我读初小时成绩很差，又加上衣服破旧，家里卫生条件又差，所以班主任老师很不喜欢我。记得有一次我到老师办公室交作业，班主任老师嫌我脏，用手捂住鼻子，要我赶快出去，在我幼小的心灵中留下难以抹去的创伤。

可是到了读高小，不知怎么搞的，我的成绩突然上去了，数学成绩还特别好。这个原来在班上被人看不起的穷学生突然吃香起来，那些有钱人的孩子突然对我也好起来了，考试时还要我给他们打 PASS。我座位前面的一个同学是当地一家工厂老板的儿子，是班上的霸王，我旁边坐的那位女同学是江津县银行一个经理的女儿，他们在考数学时要我把答案写成条子递给他们。有一次在递条子时被班主任老师抓住了，他们两个人没有事，我挨了打。

高小毕业考初中时，我以县考第 17 名的资格考上江津一中，老师们都很高兴，认为给学校争了光。可是家里没有钱交学费，我就失学在家。

1951 年，我再次参加中学的升学考试，这次我竟然以同等学历的身份考了个全县第一名。由于解放了，穷人的孩子能上学了，我在这一年的秋季成了著名的四川省江津一中的学生。我的班级是 77 班，而我们的开国元勋聂荣臻元帅是我的学长，他是江津一中 7 班的学生，1935 年前聂帅曾经在这里读书。

我边读书边劳动，每天放学回家还要去当棒棒军，干活干到很晚，因此每天上课，第一节课就打瞌睡，我成了闻名全校的瞌睡大王。但是就是这个瞌睡大王在第一年就得到全班第一名，以后一直成绩很好，还获得了学生成绩优良奖状。

感谢班主任田家法老师

我每次在外作报告，或者在回忆过去的往事时，都要深情地提到我的班主任老师田家法。田家法老师是四川省江津地区有名的数学老师，把代数讲得出神入化，深入浅出，生动活泼，我们的课堂上总是有笑声，他在快乐的氛围里把知识教给学生。在川东地区盛传"田代数，李三角"，这两个著名的数学老师都在江津一中，田代数就是我的班主任田家法老师，李三角是我的另一个数学老师李德安。我非常有幸，有田老师这样的班主任。

我上高中的第一堂数学课就打瞌睡睡着了，田老师用粉笔头朝着我的头扔了过来，他的脚还使劲往地板一蹬，口中还喊了一声"中标"引起同学们一片笑声，课堂里的笑声把我惊醒。田老师抽我到讲台上去做代数题，我擦了擦眼睛，拿过粉笔很快就做好了，而且演算正确。班主任老师田家法说，你虽然打瞌睡，但是你还做得起，你虽然做得起，你也不应该打瞌睡。从那以后我就被选为数学课代表。

田老师很喜欢我，为我第一堂课就打瞌睡感到奇怪，他就到我家进行家访，通过家访发现我成为闻名全校的瞌睡大王的原因，就向学校领导汇报，决定给我助学金，让我吃住都在学校，安心读书，只准我星期天回家帮助家里干活。从此我就在党和国家的培养下成长，享受人民助学金一直到大学毕业。

我对恩师田家法老师，非常尊重非常热爱，每次我从北京回到故乡，都要去看望我的恩师。神舟六号飞船飞行试验成功后，我回到母校作报告，报告前我起立为自己的恩师田家法老师默哀，因为田家法老师已经在95岁高龄的时候与世长辞。

我对党和人民的恩情终身不忘。1987～1988年期间我在德国工作，那一年我负责设计姿态控制系统的新型返回式卫星第一次发射成功，同时还发射

成功另外一颗返回式卫星。喜讯传来我十分高兴，在 1988 年元旦到来的时候，我给我所在研究室的党支部书记写了封信，信中有一首诗，其中有这样两句：

> 饮水不能忘思泉，
> 人民恩重如山。

乡下孩子进城

1957 年夏天我考大学，考上了成都电讯工程学院。从江津到成都坐成渝铁路火车，行程 13 个小时左右。我第一次坐火车远行，晕车，路上不断呕吐，恶心。真是难受极了。

到校后新生报到处告诉我，我已经从无线电系调到了电子自动化系，问我有没有意见。一个刚从小城市来到大城市的孩子，没有见过世面，在这些大学老师面前什么话都不敢说，加之对于这两个系到底学什么我根本不知道，就说没有意见，心想我头晕得不行，赶快办了手续好到宿舍睡觉。后来才知道，这次转系对我一生影响极大，使我迈进了航天领域的大门。因为我考上的是无线电系，学无线电，我转到电子自动化系，是学导弹控制，这就为后来献身我国航天事业创造了先决条件。

接待的老师把我带到宿舍——成都电讯工程学院第二单身职工宿舍的 128 号房间。这是一个能住十多个人的大房间，进门看到两个同学在那里下棋。我一看自己的床上堆满了其他同学的东西，小提琴、二胡以及一些包裹。我刚要动手把这些东西搬到空的床上去，这两个同学站了起来不让我动他们的东西，他们叽里呱啦说的话我一句也听不懂。在我们老家称这种话叫下江话，认为讲这些话的人都是从长江下游上海南京一带来的人，故曰下江话。我看他们很不礼貌，心想我惹不起你们这些大城市的人。实际上是自己不知道规矩，搬动别人的东西应该先征求别人的同意。后来知道这两个同学一个是上海人，一个是江苏人。

我整理好自己的床铺后倒下就睡，感到床好像还在抖动，难受极了。在班上只有我一个是从江津来的，一个熟人都没有，同学大多数是来自大城市上海、南京、成都、重庆和北京，我家里穷，穿的衣服也比较旧，而且可供换洗的衣服也不多，人也很瘦，在班上感到很孤独，很想回家。

我也没有钱买讲义，所以在大学阶段我上课没有讲义，我的讲义就是学院图书馆里的书。当时班里要求同学们集体上自习课，我没有讲义，必须到图书馆去，这样我就成了一个不参加集体活动的自由散漫者。

学习好是硬道理

　　我在大学阶段不爱参加集体活动，比较自由散漫，可是班里的同学们包括党团组织对我的印象却比较好。这主要是由于我爱劳动，凡是参加劳动，如到农村支援贫下中农搞三秋之类，我干活总是跑在前面，这是因为我从小就养成了吃苦耐劳的习惯。在大学我得到了劳动奖励一等奖，全班只有三个人，我是其中之一。另外我肯帮其他同学，学习上凡是有同学问我的我总是尽自己的力量去帮助他人，加上我的出身好，所以尽管我自由散漫，班里领导对我还比较好，没有把我列入落后同学的行列。特别是在第一学年第一学期的期末考试之后，我这个自由散漫者竟然是全优生。在大学里学习好是硬道理，我考了全优后，情况就变了，那些以前看不起我这个乡下佬的大城市的同学们，都纷纷向我表示友好，而且有几个上海、南京的同学后来成为我最要好的同学。

　　我们班上有三个工农速成中学来的同学，他们是四川省公安厅的干部，送到工农速成中学学习 4 年后被保送到大学，起初他们成绩不太好，有的同学就看不起他们。我和这些同学的看法不一样，认为来自工农速成中学的同学用 4 年学完了一般同学用 12 年才学完的课程，能跟上班就是很了不起，所以我像对自己的兄长一样尊敬他们，因为他们的年纪比我大得多。我抽时间帮助他们复习功课，他们也很关心我。我们成了好朋友。

　　我记得三年级时我们年级考随机函数课程，采用开卷考试的方式。我抽了题，在 30 分钟内做完并答辩，得了 5 分，离开了考场。整个考试一直从上午 8 点持续到晚上 12 点。考试结果，全年级有三分之二以上的同学不及格，和我一起复习的工农速成中学的同学和几个过去成绩比较差的同学都及格了。同学们再也不敢看不起我这个穷学生了。

参加军训

1958 年的暑期是我一生最难忘的一个暑期。那一年由于大炼钢铁，成都要在江油修建成都钢铁厂，我的同学要去支援成都钢铁厂的修建工作。临行前，年级党支部把我和一个上海同学留下了，原来成都高校在那年的暑期要在凤凰山机场举办军训。党支部说我自由散漫，要送我去接受军训。我这个自由散漫分子实际上也是因祸得福，因为这次军训除了组织纪律性要求严格外，很好玩，没有其他十分艰苦的活干。

到暑期结束，我和到成都钢铁厂劳动的同学会面时才知道到成钢劳动的同学们吃的是什么苦了。在那里劳动量大，修钢铁厂大学生们能干什么，就是搬运建筑材料的苦力活。这些在大城市长大的大学生们哪里吃过这样的苦呀！天下大雨，照样干活，同学们的衣裳全被雨淋透了，没有换的。男同学还可以赤膊，女同学们怎么办？她们也会想办法，把水泥袋上面挖一个窟窿，头从那里伸出来，水泥袋的两边各挖一个洞，两只手就从那里伸出来，可见他们艰苦的程度。但是青年同学们政治热情高涨，并没有人叫苦叫累。

还有个同学因工伤事故长眠在成钢，没有回到成都。一天他在挂吊车的钢索时，吊车漏电，最终被电身亡。

让我去参加军训，实际上是照顾了我，成都钢铁厂的艰苦劳动我躲过去了。我到凤凰山机场接受军训，生活很好，出早操，讲三大纪律八项注意和三大作风，对大学生们进行纪律教育和传统教育。结业时组织了打靶。用三八式军用步枪打靶。打靶那天下着毛毛细雨，我趴在地上瞄准靶心。由于眼睛近视，我戴上眼镜才能看得清楚。可是讨厌的细雨落到我的眼镜片上，我看不清楚靶标，又用手去擦镜片上的雨水，这下可糟啦，手上的稀泥糊到了镜片上，什么也看不见啦。结果三枪都脱靶，打了个大烧饼，为此我没有评上五好战士。

　　最后一天是夜袭凤凰山机场。由解放军战士扮演敌人，我们去偷袭敌人。这天晚上天漆黑，一颗星星也没有，细雨纷纷，真是一个演习的好天气。我们到了山上，一个"敌人"都看不见。我们从暗藏的"敌人"身边走过，也没有发现。暗藏的"敌人"故意弄出声音，我们就冲了过去，把"敌人"按在地上。地上全是稀泥，这时"敌人"说话了："你们抓着就行了，地面全是稀泥巴。"这时我们才想起这是在演习。

　　参加军训结束后，我就转到成都人民南路修筑工地。

误入"白虎堂"险上加险

修人民南路劳动量很大，很艰苦。主要工作是运送、安装下水道的水泥盖板。

在这期间发生的一件事使我这一辈子都忘不掉，差一点葬送掉我的一生。

事情是这样的。在修筑人民南路期间，我们住在人民南路附近的一所中学内，这所中学如果我没有记错的话可能是成都四中或十四中，我记得好像有个四字。我们的任务是运送下水道的水泥盖板，并帮助工人师傅盖好水泥板。劳动量相当大，对我们这些大学生来讲，劳动的艰苦程度可想而知。

一天活干下来，筋疲力尽，浑身是汗。吃完晚饭后，我们都要去洗澡。第一天我去浴室洗澡，洗完澡回来后发现自己的香皂盒遗留在澡堂里了，我赶快回到澡堂去找，因为那个时候对我来说，一个小小的香皂盒，也是一笔不小的财富呀！我顺着去洗澡时走过的路线返回去，进了浴室。刚走到刚才淋浴的小隔间，正准备伸手去拿香皂盒时，只听见临近的隔间里传来一阵女同学的笑声，我抬头从迷茫的水蒸气中隐隐约约看到女生们的头部和白色的胸部。这一下我可被吓蒙了，香皂盒也不敢要了，拔腿跑了出来，尽快地离开了浴室。

这真是不幸中的大幸，过道里没有灯，灯是挂在洗澡的小隔间里，过道里很暗，这些女同学没有看到我，我跑出来时，也没有遇到其他的人。我连呼好险！好险！直到现在回想起当时的情景都有些后怕。

后来才知道当时男女同学是合用一个浴室，洗澡安排是按时间来划分的。如果第一场是男同学，第二场就是女同学，反之如果第一场是女同学，第二场就是男同学。据说是通知过，但是我却不知道。当时我心想东西落在浴室里，必须赶快去拿，如果被别人拿去，这个损失对我来说是太大了，因为那时我们家太穷了！谁知这一去，差一点葬送了自己的前途。试想，如果我进

入浴室时被人看见了，弄个进女生浴室偷看女同学洗澡的罪名，这个罪名可不小哩，这才真是有口难辩，头上戴个流氓的罪名，我这辈子还会有前途吗？我这个航天专家也当不成了。

我为什么要说这一段经历呢？我想到后来文化大革命中的许许多多的冤假错案，想到人有时是会蒙受不白之冤的。所以希望我们学校的领导和老师对青年学生们的错误要加以分析，有时还应该有点宽容，不要把他们想得那么坏。

我的父母亲在我小时候请人给我看过相，说我两个耳朵很大，是个福将。我家有个邻居重病在床，看相的人说他要收一个干儿子病就会好。因听说我有福相，就来求我的父母亲。在收我做干儿子后，这个邻居的病居然好了。1953年我，父亲重病在床，家里急需钱用的时候，我在长江里拾柴火，捡到了一顶5斤重的纯银的头盔，到银行卖了旧币80万元，解了家里燃眉之急。所以我的父母亲对人说我是福将。

这次我之所以能躲过这一劫，可能也和我是福将有关吧。

福将自有天照应
老总逃过这一关

无心插柳

1962 年我大学毕业。毕业前夕各单位已经开始到学校要人。我的一个好同学是系党总支的委员，从他那里知道我被葫芦岛海军基地选中了，要到海军的一个单位去工作了，我知道这个消息后心里非常高兴。在当时参军是一件很光荣的事，自己能到解放军这样一个大学校里去工作，感到非常荣幸和骄傲。另一方面当时解放军的待遇比地方好得多，除了工资要比同班的同学高一级外，衣服、鞋帽都是部队发，不要钱。而我家里很困难，这个消息对我来说是场及时雨。

正在这个时候又传来一个消息说中国科学院自动化研究所要到成都电讯工程学院招收一名研究生，我们系是电子自动化系，我所学的专业是导弹控制，专业对口，因此这名研究生可能就要在我们系里招。这个消息在同学们中间反响很大，因为文化大革命前的研究生招收得相当少，那时候的研究生一个所只收一两个，不像现在这样到处都是研究生，那时研究生非常神秘。有几个同学就说："科学院的研究生非常难考，非常神秘，我们去试试，看到底是怎么样的神秘法。"有几个要好的同学来动员我和他们一起去报名参加考试，看一看科学院研究生的考试题有多么难，看一看科学院的研究生有多么神秘。因为到当时为止科学院还没有到成都电讯工程学院招收过研究生。我说："不行，我需要赶快出去工作，我的母亲和弟弟都需要我供给，我不能再念书了。"

我的同学又劝我说，只是去试一试，不一定考得上，据说科学院的研究生比高等院校的要难考得多。如果万一考上了，你不去当研究生还是照样可以去海军工作嘛！

我一想可也是，像我这样一点功课也没有复习，肯定考不上的。试就试嘛，反正考不上，去试一试还可以知道科学院研究生的考试题是否像传说中

的那样难。

既然报名考了还得准备一下，如果考个"零光蛋"那不是太丢人了！考试科目共有四门，第一门是自动调节原理，第二门是电子线路，第三门是外语（英语和俄语随考生选），第四门是高等数学。由于学电子线路课时我正在北京航空学院进修，错过了这门重要功课的学习，所以我就集中精力复习这门功课。至于外语，在于平时的积累，临时抱佛脚是来不及的，所以我干脆一点时间都不花。

到了考试那一天，第一门考的是自动调节原理，自己感觉考得一般。第二门考的是电子线路，可能我是福将，又有菩萨在暗中保护啦，打开卷子一看，哈哈，临时抱佛脚可抱上了，我在考试前在一本参考书上看到的例题，出现在考试卷上了。第三门是考外语，发了两张卷子，一张是英语试题，一张是俄语试题。我先把俄语试题答完，一看还有时间，再翻开英语卷子一看，我这个自学英语的半罐水还能答得起，就一口气把它也答完了，把两张卷子都交了。在考完政治课之后，我的任务也就完成了，自己给自己打的分是考得不怎么样，但是自己已经尽了最大的努力了。我还是在继续做我当解放军的美梦。

没有多久，研究生的录取通知书来了，录取的不是别人，而正是我。这一下我可傻眼了。我是去考着玩的，并不想再念书了，我的家庭条件也不允许我再念书了。眼看我到葫芦岛海军基地去当兵的梦想要落空了，我赶快去找学院的党委黄艾民副书记，提出来不能够到科学院去念研究生，理由很简单，家里经济困难，急需立刻工作，我的母亲要靠我奉养，我的在北京航空学院念书的弟弟也需要我供给。

黄副书记听了，严肃地对我说："科学院到我们学院来招研究生，这是国家的任务，你想去就去，你想不去就不去，行吗？你说家里困难是事实，但是你在大学时每个月的人民助学金是13元，现在你在研究生学习期间助学金是每月42元，13元你都过来了，42元还过不去？"我又找黄副书记的夫人、当时我们学院干部部门的负责人软磨硬泡，强调家里经济困难，请求还是分自己到海军去工作。最后黄副书记的爱人摊牌了，说："不行！国家的招生任务必须完成，如果你愿意去当研究生，你就去继续学习，如果你不愿去当研究生，那他们分配工作也要分配你到科学院自动化研究所去。"

我们系的系主任许德纪教授告诉我，系里想和科学院自动化研究所搭上关系，一直没有机会，我现在到那里去当研究生，这是一个极好的机会。他还告诉我，自动化所的副所长杨嘉墀是他的好朋友。这时我们班上的同学也来做我的工作，其中有我最要好的朋友、后来代替我到葫芦岛海军基地去工作的顾涵铭同学和我们年级的党支部书记陈素梅同学，他们说："要珍惜这个进一步深造的好机会，好多人想当研究生还当不上，你倒好，考上了还不去。你大胆去，以后如果有困难，我们帮助你。"

在这种情况下，我只有一条路了，这就是到科学院去当研究生。到科学院念研究生，这才真是有意栽花花不开，无心插柳柳成荫。同学们想要试一试科学院的研究生入学考试有多神秘，我这个被他们请来陪绑的却考上了。这一步跨出去是福是祸，只能听天由命了，我还得赶快准备到北京报到。这就是我考研究生的来龙去脉。

这也是我一生的一个重大转折点，因为自动化所于1966年全所划归中国空间技术研究院，使我成为航天战线上的一名科技人员。

短暂的初恋

　　要离开故乡到遥远的自己向往已久的祖国首都北京去念书，离家几千公里，根据自己家的经济条件，以后回家看老母亲就比较困难了。所以我在去北京报到之前，先回家去看看自己的老母亲。回到老家重庆江津后，我考上中国科学院研究生的消息在江津那个小城镇已经传遍了，因为那个年代研究生已经是凤毛麟角，何况还是科学院的研究生。

　　我的母亲因为自己的儿子考上研究生十分高兴，逢人便说："我们老幺有出息。"我的两个哥哥都在重庆工作，想到以后见面不容易，我就和母亲一道到重庆去看两个哥哥。我的一个哥哥在重庆第三钢铁厂工作，另外一个哥哥是建筑工人，住在重庆菜元坝烂泥湾六八巷，房东姓王，我哥哥租借他家楼下的一间房子。那时的房子非常简陋，只放得下一个双人床和一张饭桌。我每次到重庆时都是住在我三哥的这间小房间里。这次我和母亲一起去，三个人住不下，我母亲就住在房东家。其实住在烂泥湾里的无论是房东或者是房客都是穷人，有钱的人家谁会住在这里?! 我哥哥和房东的关系很好，还认了干亲戚，我哥哥叫女房东为四姨妈。房东有一个女儿，年龄和我差不多一样大，比我小一点的话，也不会小多少。我每次去我哥哥那里，都会看见这个长得十分秀丽活泼的女孩子。每当我拉二胡的时候，这个小姑娘都会跑过来站在一边听。我的二胡拉得不好，可还有一个热心的听众。她有时候还腼腆地叫我一声陈叔叔。因为我哥哥和她的母亲结拜，所以他叫我三哥为叔叔，尽管她和我差不多一样大，还得叫我一声叔叔。但是我和女孩一般不打交道，我们基本上没有谈过话，也只是认得而已。后来这位姑娘被四川省某个运动队看中，当了运动员，曾经多次打破世界纪录，成了我国有名的运动健将，还被选为全国人民代表大会代表和重庆市人民代表。这次我到重庆后又住在她家，非常凑巧，她也从成都回重庆探亲，时隔多年后我和她又遇上了。她的母亲知道我考上了中国科学院的研究生后，对我非常有好感，把我考上中国科学院研究生这件事告诉了她的女儿。而且请我和我的母亲到她家和她的女儿一起吃饭，这样给我和她的女儿一次接触的机会。那是我第一次和女孩子单独交谈，说实在的，我被这个姑娘的美丽和气质所倾倒，但是心里很紧张，不知道谈什么好。留给人的感觉那只是一般的交谈，根本说不上是在谈恋爱。我在离开重庆回江津之前，我们互相留了一个通讯地址。

我回到成都后，就紧张地做离开学校去中国科学院报到的准备工作。由于家庭困难和自己的性格，我不爱和女同学接近，所以从中学到大学很少接触女同学，更谈不上交到女朋友啦！到大学毕业时我的几个好朋友都先后有了女朋友，这时我才感到生活中少了点什么。回到成都后，这个女孩的身影老出现在我的脑海里，我这时才真正知道了什么叫"辗转反侧"。我终于下定决心拿起笔写了我给女孩子的第一封信。第一次给女孩子写信，不知道该写什么，我的第一封情书的大意是：这次回老家见到了你非常高兴，我希望能和你经常联系，请到我们学院来玩。其他的话也不敢写，信就这样交出去了。对方是四川省的名人，全国人民代表大会代表，她会不会理自己？会不会给自己回信？在那时是我挂在心上七上八下的问题。几天过去，一封来自四川某运动队的信到达我的手中，信封上她用秀丽端庄的笔迹写下了陈祖贵同志收。当我接到这封信时，心都高兴得快要跳出来了。是她来的信。

这是我收到的第一封来自女孩子的信。信上她答应愿意和我保持通讯联系，增进互相了解，并以女性固有的温柔口吻要我注意自己的身体保养。短短的一封信真是令我高兴欲狂。但是她们的运动队住在成都的远郊，我们根本没有见面的机会。可是什么事情都要靠缘分，常言道有缘千里来相会，无缘咫尺不相逢，我们在一个十分偶然的情况下竟然在成都市中心相会在一起。

我借了学校一本书，书名叫"控制论"，一次我在马路上边看书边走路时不小心和一辆马车相撞，书掉在地上，被马蹄踩破了。我在离开学校前必须要还图书馆这本书，于是一天下午，我到成都市中心的盐市口的旧书店去买这本书。我刚走到盐市口，忽然从我后面风驰而过一辆敞篷的载重汽车，上面站着几个女同志，车厢的两旁写着四川省某某运动队，这不正是她所在的运动队吗？我正在思索的时候，那辆载重汽车突然在前面不远处停下来了，从车上跳下来一个身手矫健的穿着蓝色运动服的女运动员，朝着我奔跑过来。我一看真是喜出望外，跑过来的不是别人，正是我日思夜念的那位女运动员。

这样大的成都市，没有相约，突然遇到，她在飞驰而过的汽车上竟然能够一眼认出在路边行走的我，这真是太巧了，这真是太意外了，太有缘了。意外相逢我们两个人都高兴极了，我们两人的手紧紧地握在一起。我和一个女孩子这样紧紧地握手这是第一次，我的心在怦怦地跳，别提多高兴了。

原来她是要回重庆开人代会，进城办事做准备的，正巧在这里遇到了我。她告诉我第二天晚上她要回重庆开会，问我要不要给家里带东西。那时还处在三年困难时期，我的母亲喜欢吃藏族的酥油，她就靠这个维持她的营养，就是靠这个度过来的。我请她给自己的母亲带点酥油。我们约定第二天上午在成都劳动人民文化宫她的朋友家会面。我和她分别后，到春熙路的商店买好酥油，兴高采烈地回到学校。

第二天早上，我按时来到成都劳动人民文化宫附近那位女孩子的同事家，见面之后，我们握手时，我的心情是真的激动万分，因为这个女运动员非常美，握着她那只细嫩的手，就好像触电一样，而且看得出来我们在成都的这次约会她也是非常高兴的。我们手牵着手在春熙路散步，互相都没有说话。我第一次和女孩子约会，不知道该讲什么好。还是这个女世界冠军见过世面，请我到劳动人民文化宫看电影，看的是西德的电影，叫做《神童》。这是我第一次和女孩子单独一道看电影。我第一次和女孩子坐在一起，真是感到手脚都没有地方放。她那女性的清香一阵一阵飘进我的鼻孔，有时她那长长的秀发飘到我的颈子上，真是有一种异样的感觉。我太紧张了，坐在那里动也不敢动。外国电影男女性爱的镜头，在这时看了心中不动情才怪呢，可是我非常拘束，连大气都不敢出。看完这个电影后，我们一道漫步到成都市人民公园电影院，又去看电影，电影的名字叫《爱情的传说》，是前苏联和波兰合拍的。顾名思义就知道这个电影的内容了。她选的这两个电影的含义是很明显的，可是我这个书呆子，在看到电影中比较露骨的性爱场面时，却连一点表情都没有，说实在的第一次和女孩子在一起，实在是太紧张了。看完电影后我们牵着手走出电影院，她含情脉脉地看着我，问我有什么感想，我的回答可能令她非常失望，我竟然回答的是，很好，很好，没有什么感想。走到公园门口，她突然停下来，走到小卖部买了一根冰棍，递给我，我这个书呆子竟然一个人把这根冰棍吃了，也没有去买一根冰棍来给她吃。直到现在我也不懂她买一根冰棍是什么意思，是不是我应该买一根送给她？还是该两人一起吃？我这个书呆子太不懂女孩子的心意了。可能太伤别人的心了。这可能已经注定我的初恋是十分短暂的。

看完电影后我把买好的酥油，装在铝饭盒里，请她带给母亲。我们就这样分别了。她是晚上到重庆的车，按理我应该请她到成电休息，晚上送她到车站，因为成电离成都火车站很近。可是我因为年级有活动，没有邀请她到我们学校。临分别时，她问我你晚上就不来送我吗？我说班里有事，晚上送不了她。从她那失望的眼神我应该知道自己的初恋已经结束了。

我离开四川到北京后，赶快给那个世界冠军写了一封信，希望继续发展关系，不久收到的回信是那样令人失望，结果不说也知道，但是我一点也不怪她，而是怪自己，怪自己与她无缘，没有这个福分。她信中说，她们运动队要求严格，在四年内不许谈恋爱，要我四年后再联系。可能是真的，也可能是假的。从重庆见面到最后分手不到 30 天，反正我的短暂的初恋已经结束。

这正是：

> 说是有缘却无缘，
> 初恋短暂三十天。

在我研究生学习阶段，她的影子常常出现在我的脑海里，有一次我进城看到了一本全运会的画册，上面有她和刘少奇主席、周恩来总理和西哈努克亲王的合影，尽管画册价格非常贵，50 元一本，对于每个月助学金才 42 元的我来说，是一个天文数字，我还是买了一本送给她。到了 1966 年，我研究生毕业，四年之约的期限到了，我赶紧给她写了一封信，信寄出之后一直没有回信，这时我才真正地意识到自己和她是今生无缘了，但是仍然衷心地希望她一生美满幸福。

好多年过去了，我们各自早已成家立业了，这个姑娘的影子还不时浮现在我眼前。特别是当我听到我的哥哥说，他听人说，她后来的生活可能有点困难。我认为这也有可能，因为他们运动员，运动生命结束后，可能会遇到点困难。对此，我对于当初我处理这个问题不当感到内疚，因为我们之所以会很快分手，我认为完全是我自己的问题，因此应该设法帮助她。已经 48 年过去了，没有联系，音信渺无，哪儿去找她呀。

在《重庆青年报》记者采访我的时候，我曾经讲到过自己和这个姑娘的故事，并登载在报上，希望能够以此和她取得联系。2005 年的 3 月，我在成都朋友的帮助下找到了她，得到了她的电话和通讯地址。我真是高兴极了，

立刻和她通了话。当她在电话中知道是我时，从声音中听出她也很激动，她问的第一句话就是：我等你等了四年，你到哪儿去了？

我们后来通了信，我给她寄去《重庆青年报》采访自己的长篇报道和一张我在神舟六号飞船发射期间一个记者在北京航天城给我照的一张照片。

5月13日，我收到了她的一封长信，从她信中我才知道，我的信她为什么没有回。原来那时正在文化大革命中，她是名人，正受到冲击。她被软禁，哪里能收到我的信呀。她在信中写道她当时迫切盼望我去解救她的心情，信中她有一首诗是这样写的：望断云天无人影，千万心事无法言。饱尝初恋相思苦，双眼望穿盼燕来。

她还说，非常高兴你有了一位贤内助，一个支持你的、关心你的、爱你的漂亮的妻子，有了一个美满的家庭。从此我就少了一份对你的牵挂、一份担忧。过去，每当中秋佳节来临时，都会思念你，这么多年啦，你究竟在哪里？过得怎么样？身体好吗？工作好吗？家庭幸福吗？……

我为有这样一个初恋的女朋友感到幸福。正如她在信中所说的那样：虽然由于阴差阳错，我们失去了爱情，失去了亲情，但是我们还有友情不是吗？

是的，还有友情。她一共寄了十张照片给我，其中有爱她的老伴，她的儿子、媳妇，她的女儿和女婿以及她的孙子和外孙，她有一个幸福美满的家庭，我为她感到高兴，我相信我们之间的真诚友谊会保留在我们的心中。

饮水思泉

1987 年，我们国家成功发射了两颗返回式卫星，实现了双星高照。其中有一颗新型的返回式卫星的姿态控制系统是我负责设计的，在这颗卫星中我国第一次应用小型卫星星载数字计算机控制卫星，这个系统是我多年来苦心研究的成果。那时候我正在德国工作，当我从夫人的来信中知道这个好消息时，非常高兴，写了两首诗表达我当时的心情。其中一首诗是这样写的。

欣闻我国新型返回式卫星发射回收成功有感

1987 年 11 月初，接家书，知道我国新型返回式卫星发射回收成功。这颗卫星装有我国第一个卫星星载计算机姿态控制系统，这个控制系统的方案是由我负责领导和我的战友们共同设计的。十几年来，我致力于卫星数字姿态控制技术的研究工作，如今终于得到成功的应用，填补了我国卫星计算机控制技术这一空白，为发展我国航天控制技术作出了重大的贡献。喜讯传来，热泪纵横，夜不能眠，欣然命笔。

专研数控十七年，
道路遥遥险而艰。
七三成果①也初见，
应用还要靠机缘。
创新道路多险阻，
唯见两鬓白发斑。
生适逢时是幸事，
人不承认岂怨天。

忽闻卫星飞天外，

热泪纵横湿衣衫。

人生能有几多搏，

星游太空心自宽。

往事历历如在目，

酸甜苦辣在其间。

注①七三成果：我于 1970 年开始研究卫星计算机姿态控制技术，1972 年完成方案设计，1973 年在国内第一次完成了卫星姿态控制系统的星地计算机对接试验，取得了初步的研究成果。

在 1988 年元旦的前夕，我给老伴写了一封信，把我写的一首诗邮寄回国，表达我对祖国的一缕情思，诗是这样写的：

家书飞传捷报

喜闻双星高照

百尺竿头再努力

研制新的型号

如今身在异国

节日倍思家园

饮水不能忘思泉

人民恩重如山

献身航天事业

甘洒一腔热血

海外赤子回祖国

看我中华飞跃

1988 年 7 月，我离开欧洲回到自己的祖国。

"我的祖国对我更好"

我常说：我在国外，我就代表中国，我就代表中国空间技术研究院。有人说：谁叫你代表的？我说：是我自己！

我在国外期间赢得了友谊，赢得了尊重。1988年中国政府代表团访问德国，在听了中德合作双方的研究工作汇报后，代表团的团长对我说，你们为祖国赢得了荣誉。当时的团长是中国空间技术研究院的院长。代表团回国后，他在中国空间技术研究院全院干部大会上还表扬了我在德国期间的表现。

我在国外工作期间和外国朋友关系极好。在我回国的前半个月，我的外国朋友们纷纷邀请，为我送行。在一个星期天，有三个外国朋友邀请，我辞去了两家。我所在单位的头头代表单位请了一次，接着在星期六又邀请。我说，海勒尔博士，你们前天不是已经请了一次，不用再麻烦了。

海勒尔博士说："这不是一回事。前天我是代表我们研究室请你，明天是我和我的夫人请你。"第二天他和他的夫人请我和我的朋友到一个风景区去玩，坐帆船，这老夫妇俩一直操纵风帆船在风景如画的湖面上漂荡。这是我生平第一次坐帆船，可能也是最后一次啦！回家时已经是晚上10点过了，还有许太太和她的孩子们等着哩，他们也是来给我送行的。

我的合作伙伴鲁勃先生为了给我送行，他的父母亲也从300多公里外的老家赶来。他父母亲走后，鲁勃先生对我说：Mr. Chen，my mother love you very much．

我对鲁勃先生说：You can not say love，you must say like．

鲁勃先生问我：陈先生，你为什么要急着回去呀，留下来我们继续合作不是很好吗？

我回答说：我想家呀！

鲁勃先生说：把你夫人接来不就行了吗？

一位神舟飞船专家的故事

我回答：不行。

鲁勃先生又问：是我们这里对你不好吗？

我回答说：你们对我很好，我们相处的关系很好。但是我的祖国对我更好。

接着我给他讲述了自己的成长经历，讲述了自己在国家的培养下从一个拾破烂的穷孩子成长为航天科学家的过程。

当时有个同行的青年博士对我说：陈老师，你不要给他们讲你苦难的过去了，你过去这样穷，他们会看不起你的。

我说：不，在国外一个人受不受到尊重，不是因为你有没有钱，而是看你有没有本领。

我在国外期间受到外国朋友如此的欢迎，有人问这是为什么？

我认为：你要受到外国朋友的尊敬，首先你要自尊。只有自尊才能受到别人的尊敬。这就是你要热爱自己的祖国，应该为自己是一个中国人感到自豪。第二是你要努力工作，要有真正的本领，没有能耐的人在哪里别人都是看不起你的。第三是待人要热忱，诚恳。

这里还有一个插曲，1992 年我到德国出席国际自动化学会空间自动控制专业委员会召开的学术会议，我再次来到了德国。我德国的朋友们纷纷来邀请我，在邀请我的同时还邀请了与我一起去开会的杨嘉墀院士和 502 所的副所长。安排我们参观巴伐尼亚皇宫和慕尼黑自然科技博物馆，并到我的朋友鲁勃先生家做客，晚上还举行了欢迎宴会。整个接待过程安排得非常热情周到，安排得井井有条。杨嘉墀院士很有感慨地说，他们的安排周到极了，并不比我们单位接待外宾的安排差，这是他们私人的邀请呀！

这正是：

外国朋友私人邀请，

安排周到胜待外宾。